体育运动训练
与科学方法探析

符　巍◎著

中国出版集团

中译出版社

图书在版编目（CIP）数据

体育运动训练与科学方法探析 / 符巍著. -- 北京：
中译出版社, 2023.11
ISBN 978-7-5001-7602-2

Ⅰ.①体… Ⅱ.①符… Ⅲ.①体育运动—运动训练—
研究 Ⅳ.①G808.1

中国国家版本馆CIP数据核字(2023)第211319号

体育运动训练与科学方法探析

TIYU YUNDONG XUNLIAN YU KEXUE FANGFA TANXI

著　　者：符　巍
策划编辑：于　宇
责任编辑：于　宇
文字编辑：龙彬彬
营销编辑：马　萱　钟筏童
出版发行：中译出版社
地　　址：北京市西城区新街口外大街 28 号 102 号楼 4 层
电　　话：（010）68002494（编辑部）
邮　　编：100088
电子邮箱：book@ctph.com.cn
网　　址：http://www.ctph.com.cn

印　　刷：北京四海锦诚印刷技术有限公司
经　　销：新华书店
规　　格：787 mm×1092 mm　1/16
印　　张：14.5
字　　数：289 千字
版　　次：2023 年 11 月第 1 版
印　　次：2023 年 11 月第 1 次

ISBN 978-7-5001-7602-2　　　定价：68.00 元

前　言

现如今，人们越来越重视现代体育的作用，体育已成为增强人们体质、丰富大家文化生活的一项重要手段。同时，体育与政治、经济、社会发展的关系越来越密切，在一定意义上讲，体育代表了一个国家的综合国力，是社会发展的第一国际性语言。

当前，世界各国之间的激烈竞争除了表现在政治与经济方面外，在竞技体育方面的表现也越来越明显。因此，要增强我国的国际竞争力，必须高度重视体育运动以及体育事业的发展。在体育运动中，训练是一项极为重要的内容。它对运动员运动能力和运动成绩的提高具有重要的作用，而且运动训练的发展在一定程度上决定着体育运动的发展与水平。因此，要发展体育运动和体育事业，必须注重运动训练的发展。

本书不是采用纯理论推演的方法，而是密切联系我国体育事业的发展和体育改革的实践，为体育改革提供相应的理论模式或理论参考。通过学习，要能够运用相应的理论知识，正确认识和理解体育实践中的问题，提高分析问题和解决问题的能力，促进未来工作的顺利进行。另外，本书在内容上仍采取从抽象到具体，从原理到操作，层层推进又自成体系。既强调应有的理论深度，又注重具体的操作运用。全书首先对体育运动的意义与实施进行简要概述，介绍了体育运动的价值及体育运动教学的开展方法等；其次，对体育运动训练的基本理论及安全的相关问题进行梳理和分析，包括体育运动训练的学科基础、体育训练的营养补给、体育训练的外部环境、体育运动训练的伤病防治等多个方面；最后，在体育运动训练科学方法的应用上进行探讨，内容涵盖了球类运动、有氧运动、塑身运动、户外运动、休闲运动等等。本书期望能为当前体育运动训练及其对科学方法相关理论的深入研究提供借鉴。

目　录

第一章　体育运动的意义与教学

第一节　开展体育运动的价值

一、体育运动在现代社会中的地位

随着现代社会的不断发展，体育的价值不断增大，社会地位也越来越高。在现代社会，体育早已超越身体锻炼与竞技本身，它已渗透到社会生活中的方方面面，涉及的范围越来越广，影响力越来越大。这充分说明了体育运动在现代社会中的重要地位。

（一）体育成为学校教育的重要内容

国民体质是一个国家发展的根本，人民的健康状况非常重要，世界上绝大多数的国家都把体育纳入教育体系中，从青少年时期起就反复灌输和强化。体育课，再加上早操、课间操和课外活动等，基本上可以保证广大青少年学生每天都参加体育活动。

（二）体育成为人们日常生活的重要组成部分

现代生活节奏的加快，是社会发展和人类进步的必然趋势，它提高了生命的效率，能为社会创造更多的物质财富和精神财富。同时，生活节奏加快，可使人精神振奋，生活充实，朝气蓬勃。生活节奏的加快对于整个社会来说，具有不可逆转的性质。生活节奏的加快也可能给不适者带来许多健康方面的麻烦，有悖于一部分人的生理习惯，但人们必须与之相适应。体育运动具有多方面的价值和作用，因此其逐渐成为人们日常生活的重要组成部分，甚至已经成为很多人的生活方式，在闲暇之余进行体育锻炼已成为很多人的习惯。

在现代社会，体育人口越来越多，这是体育运动不断发展的趋势之一。在现代，人们对体育的重视已经不仅仅停留在参与体育活动方面，它已经成为人类重要的生活方式之一。近年来，竞技运动在许多国家迅速进入了社会生活的各个领域，日益成为人们感兴趣的社会活动之一。人们对国际重大比赛，例如奥运会、足球世界杯等所表现出来的热情，

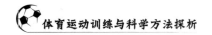

更是达到了狂热的地步。

二、体育运动的健身价值

（一）体育运动对身体发展的促进作用

就体育运动的功能而言，促进人的身体发展是其最基本的功能。体育运动对人的身体发展的作用主要表现在以下四个方面：

1. 促进身体形态的正常发育

青少年阶段是人的身体形态迅速发展的关键时期，身体形态的可塑性较大。实践证明，经常参加体育锻炼对促进身体形态的正常发育具有重要作用。参与体育运动可帮助处于发育期的运动者养成正确的身体姿势，让身体更加强健，培养健壮的体格和匀称的体形。

2. 提高身体机能水平

经常参与体育锻炼可有效提高身体的机能水平。主要表现为：增加肺活量，有效改善呼吸系统；增强心脏活力，加快新陈代谢，从而使身体机能的各个器官系统的功能水平得到改善；改善神经过程的均衡性和灵活性；促使骨组织的血液循环，使骨骼更加结实强壮。在这个基础上，使运动者的免疫能力、抗病能力、适应不同环境的能力得到提高，保证人的身体健康。

随着科学技术手段在生活中的运用，生产力和生产方式不断发展，人们开始从繁重的体力劳动中解放出来，脑力劳动逐渐增多。这就导致人们在日常生活中的运动严重不足，从而使人体产生了各种疾病，尤其是现代"文明病"严重威胁着人们的健康。长期进行相应的体育活动能够在一定程度上增加血液中高密度脂蛋白胆固醇（简称"HDL-胆固醇"）的含量。HDL-胆固醇能把沉积在动脉壁上的胆固醇运送到肝脏进行代谢，从而减慢主动脉粥样硬化斑块的形成与发展，防止疾病的发生，同时，还可以增强机体对各种复杂多变环境的适应能力和抵抗力，消除现代"文明病"对机体的侵蚀。

人体的免疫功能分为非特异性免疫和特异性免疫两大类。它在人体的生理系统中起着三大作用，分别是生理防御、自身稳定、免疫监视。

（1）生理防御

生理防御是指人体对外来的如病毒、细菌、真菌等生物致病因素及其他有害物质的识别、抵抗直至消灭的功能。

（2）自身稳定

自身稳定是指维持机体内环境的稳定和个体特异性。比如，对自身组织的调节和衰老细胞的清扫，对异体组织的排斥。

（3）免疫监视

免疫监视是指消灭自身体内的突变细胞，如恶性肿瘤细胞，以免诱发癌变等恶性病变。

因此，免疫功能对人体质的强弱、抗病能力的大小、恶性肿瘤诱发的机会起着举足轻重的作用。长期适宜的体育运动，不仅可以使人在活动中得到愉悦、交流思想，而且可以增强机体的免疫功能。通过对进行慢跑、气功和太极拳等锻炼活动的老年人观察研究，发现他们的免疫功能都得到了改善和增强。

3. 促进体能的全面发展

要想获得体能的全面发展，就需要以运动实践为基础进行科学合理的锻炼，从而为体能的全面发展创造有利条件。在进行相应的体育运动时，人们通过对运动项目的反复练习，以取得较高的心肺耐受力、柔韧性、肌肉耐力、灵敏性、平衡性等，达到发展体能的目的。

4. 延缓衰老

适宜的体育运动是保持健康、延缓衰老的有效措施之一。我国传统养生理论重视运动的作用。随着人们年龄的增长，人体会逐渐生长发育，当人体生长和发育成熟之后，人体的各种机能和身体素质会呈现出老化现象。人到中老年之后，随着体质的下降，各种疾病极容易发生。适宜的体育运动则可以有效预防疾病，如坚持适宜的长跑，人的心肺功能将得到改善，肌肉组织力量将增强，骨质钙化将得到促进，关节韧性将加强，精神也得到有效的调节。

（二）体育运动对人的心理发展的促进作用

通过参与各种形式的体育活动，能够使运动者的心理水平获得提高，促进其身心的全面发展。体育运动对人的心理发展所产生的作用主要表现在以下三个方面：

1. 促进运动者智力的发展

智力包括思维能力、观察力、想象力、记忆力等多种认知能力，是人的认知能力发展和学习能力发展的重要因素。通过开展各种各样的体育活动，可以促进运动者智力的发展。各种运动项目可以促进运动者神经系统的发育，这就为智力的开发奠定了生物基础。各种体育运动可以调动人体的多个感官，刺激活化大脑细胞，使人对外界的感觉更加灵敏，思维能力更强。另外，很多体育运动可以开发人的想象力、培养其观察能力、训练其

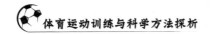

记忆能力以及提高其思维能力，对提高运动者的智力具有十分重要的作用。

2. 培养运动者优良的道德品质

优良的道德品质是积极健康心理状态的反映，而体育教学是培养优良道德品质的重要内容和手段，对学生形成正确的人生观、价值观和个体社会化过程具有重要意义。体育运动中竞技和合作的运动项目能让人认识到基本的道德和信念，并且在体育运动这个模拟的社会环境中，使这种信念和道德感得到强化。参与体育运动能够培养运动者积极的个性品质，如勇敢、顽强、坚韧不拔、自制力等，同时培育运动者的集体主义和爱国主义精神以及责任感和荣誉感。

3. 促进运动者情感的健康发展

体育运动在很大程度上还有助于运动者情感的健康发展。消极的情感表现有不愉快的意识、忧虑的情绪、缺乏自信等，这些都严重阻碍了人的情感的健康发展。而体育运动项目的多样性、丰富性和趣味性既能在很大程度上调动运动者参与的积极性，也会让运动者兴致高昂、分散注意力、缓解心理压力、转移不愉快的情绪；体育运动中运动者之间的合作和互助行为以及运动竞技中积极向上、奋发努力的乐观主义精神和在体育锻炼中得到的尊重和满足，都对积极情感的培养有着积极的促进作用。

（三）体育运动对人的社会适应能力的促进作用

社会适应是指个体或群体通过自身或周围环境的调整，不断对自己的观点、态度、习惯和行为进行改变，以适应社会的条件和要求的过程。这一变化过程也是个体不断社会化的过程。社会适应能力，是个体有效地满足自己所处环境需要的能力，即正确的价值观念、良好的人际关系、平等和参与意识、合作精神和能力等。这种能力是运动者实现社会化，通过顺利与他人交往实现自身社会价值必备的一种能力。在提高运动者的社会适应能力方面，体育运动可起到以下几个方面的作用。

1. 培养交际能力

在社会适应能力方面，体育运动可起到提高与他人之间的交往能力的重要作用。在体育活动中，所有参与者必须经过联系和交流才能达成一致意见，并顺利进行体育活动。体育运动提供了一个人际交往的时间和空间，增加了运动者之间接触和交往的机会。因而，经常参加体育活动有助于培养运动者正常的人际交往能力，提高其交际能力。

人们在参与相应的体育运动过程中，会相应地扩大人与人之间交往的范围，从而促进人际交往能力的形成。活动过程中，相互间的某些相似特征、互补作用、能力体现、空间上的邻近与熟悉等，均可促进人与人之间的相互吸引。

2. 培养竞争意识

体育运动在一定程度上还有助于培养人的竞争意识。在体育活动中，竞争是普遍存在的，在体育运动过程中，也处处存在着挑战。这是在统一规则与要求下所进行的公平竞争，是对所有参与者的考验。体育运动不但激励学生追求成功，而且锻炼人的受挫折能力和勇于拼搏的精神，从而形成良好的竞争意识。

竞争是现代社会生活中不可缺少的现象，也是人们需要养成的重要思想意识。如今各行各业都存在着激烈的竞争，为了使自身得到更好的生存和发展，必须具有一定的竞争意识，并不断提高自身的竞争力。体育运动对人的竞争意识和手段的培养主要体现在以下几个方面。

（1）体育比赛是以实力取胜的

在任何体育竞争运动中，最讲求现实、不论资历，任何优胜者都一定会经过严格的锻炼，吃苦耐劳，勇于拼搏，不断提高自己的身体技能、心理水平、战术意识和团队精神，并具备把握机遇的能力，才能取得胜利。在体育比赛中，任何不劳而获的结果都是不被允许的。因此，每位参与者都将从比赛竞争中懂得取胜的结果是来自强大的实力，让运动者明白只有通过不断的努力才能获胜。

（2）体育比赛最体现公平性

由于任何一项体育运动的竞争，都是在严密、严格的规则和规程约束下进行的，因此，体育的竞争最讲求规则，而不徇私情，它不承认个人身体、心理以外的任何不平等的因素。从这一意义来说，比赛竞争教育每位参与者要养成公平竞争的意识，并且以公平的体育竞争方式来应对人生旅途中一次又一次的挑战。

（3）体育比赛最能培养运动者对挫折和失败的适应能力

体育运动最后只会以胜利和失败而告终，所有的运动都是以追求胜利为目的的。而胜利都是相对的、暂时的，任何强队都会遭遇失败，而任何弱队通过努力都可能获得成功。人们参加体育运动的过程就是不断体验挫折和胜利的过程，在这一过程中，运动者需要不懈奋斗才能赢得胜利。

体育运动的过程充分反映出成功者自强不息、努力奋斗的人生轨迹，折射出人生的喜怒哀乐。因此，参与体育运动能够使参与者在比赛中建立竞争意识，又能使每一位参与者领略胜利的喜悦、失败的痛苦，培养人们享受成功和承受失败的适应性。

3. 培养团结协作精神

体育运动对培养运动者的团结协作精神也具有积极的促进作用。很多体育活动都具有明显的团体性，尤其是参加团体体育活动的人，必须团结一致、共同努力才能取得好的成绩。所以，经常参加集体性的体育活动，能够有效地促进运动者的合作精神，提高合作能力。

群体是指成员间相互依赖、彼此存在互动的集合体。在体育运动中，人们因为共同的需要、兴趣、爱好而组合在一起，形成相互依赖、彼此互动的正式群体或非正式群体。在活动过程中会自然地形成共同遵循的行为规范或准则，这种行为规范对成员有行为的约束力、能产生压力，促使成员的行为符合规范，产生良好的自律效果，从而提高个人和群体的道德水平、纪律观念，增强团队意识。

在现实生活中，人们会有一定的归属感，这促使人们希望成为某一群体的成员，并尽可能地避免被社会孤立。参与相应的体育运动不仅能够满足人们归属感的需要，还能够促使人们遵守相应的群体道德和行为规范，从而引导和提高个人的道德品质。体育活动中个体感受到的是民主公平，个体间能够产生信任、依存和关爱，形成良好的社会心理氛围，积极推动社会主义精神文明建设。

4. 发展和完善自我

人们在参与体育运动的过程中，不但实现了休闲和娱乐的需求，同时也在一定程度上实现了人的自我发展和完善。体育运动需要人们亲身体验，在运动过程中需要人们动手解决问题，这在一定程度上能够促进人们能力的增长。随着现代社会的发展，人们的基本生存和适应能力却呈现一定程度的退化趋势，而很多体育运动对于人们这方面能力的增强具有重要的作用。例如：中国象棋、围棋、五子棋等一些智力类体育活动，能够充分开发人类的智力，对人的思维活动具有重要的促进作用；再如户外探险运动，使人能够在融入自然的同时，还能够学习户外生存的相关知识。总之，体育运动的自我完善功能表现在提高运动技术、发展体能、培养人际交往能力、增强自信心、培养协作精神和竞争意识等方面。

三、体育运动的社会价值

现代社会的发展需要体育，同时现代社会也为体育的发展创造了诸多有利条件，体育已深入到人们生活的方方面面，体育在现代社会生活中发挥着越来越重要的作用。这主要表现在以下几个方面。

（一）娱乐作用

体育运动技术的高难性、惊险性，造型的艺术性，配合的默契性和易于接受的朴素性，使它成了人们余暇生活的一个重要组成部分，能起到丰富社会文化生活、满足人们精神需要的作用。

在现代社会生活中，体育的娱乐作用是通过以下两个途径来实现的。

1. 观赏

经过长时间的实践和探索，现代体育运动不断向着难、新、尖、高的方向发展，一些杰出的运动员能够在一定的时间和空间条件下，把身体控制到尽善尽美的程度，将健、力、美高度统一起来，使人们在观看体育表演和比赛时，产生一种美的享受。正因为体育运动如此富有魅力，在运动场上，常常有一种怡情作用在观众和运动员之间扩散开来，使观众忘却了一切烦恼和不愉快，"净化"了观众的感情。它可以使人们在工作和劳动后紧张的神经、疲劳的大脑和紊乱的情绪得到积极有益的调节，不仅有助于元气的恢复，也是一种精神上的享受。

2. 参与

发展到现在，越来越多的人都热爱上了体育运动。人们在完成各种复杂练习的过程中，在与同伴的默契配合中，在与对手斗智拼搏的过程中，在征服自然胜利后（如爬山登顶），得到一种非常美妙的快感和心理上的满足感，这体现出体育运动的优越性，是其他事物很难替代的。

人类在创造物质文明的同时，也在不断地创造着精神文明。社会文化的发展，使得人们在享受物质生活的同时也享受着精神文化生活。文化生活的内容是丰富多彩的，体育是一种社会文化，休闲体育则更具有文化韵味。体育可以满足人们对娱乐性、消遣性精神生活的需求，可以满足对美的需求，可以满足自我发展的需求。体育产业提供了丰富的活动内容和方式，成为社会文化生活的重要组成部分，人们的余暇时间日益增多可以有更多、更自由地安排休闲生活的选择。在我国，人们在大力建设社会主义物质文明的同时，也在大力提倡社会主义精神文明建设。体育可以提高人的精神素养，增长文化知识，增强审美意识，全面提高人的整体素质。参加体育活动，不但可以丰富业余文化生活，对社会主义精神文明建设也有积极的促进作用。

（二）教育作用

进入现代社会，体育的教育作用越来越明显，体育已被广泛地纳入到各国的教育体系之中。另外，由于体育运动的竞赛具有群众性、国际性、技艺性和礼仪性的特点，它成了传播价值观的理想载体，它能激发人们的爱国热情，振奋民族精神，教育人们保持与社会的一致。体育运动竞赛的国际性，不仅扩大了它的活动范围，而且加深了它所产生的社会影响力，对人们具有重要的教育意义。

体育产业集合着多元文化，包含着一定时代、一定文化背景下的具体实践活动，是对民族文化价值观和世界各族文化交融的反映，能够积极推动世界文化之间的交流。在体育产业中，不同文化背景的人们可以进行多文化的对话，也可以不断地修正各自过时的文化，提高参与者的文化水平，做到与时俱进，客观上推动了社会的文明进程。在体育产业中，参与者进行以获得实践体验价值为目的的体育活动时，可以尽情地发泄自己的感情，交流和表达自己的思想。体育活动中人们多姿多彩的表现，就是不同思想文化的碰撞和展示。同时，在共同的体育活动中，参与者的思想文化修养可以相互影响、学习，并借鉴他人之长处，提高自身思想文化修养的水平，促进社会的文明进步。

体育运动参与者在比赛中运用的技战术，必须随着比赛的情况而变化，要果断、迅速地做出应答，通过观察、分析、判断，做出行之有效的组合动作。从运动结构而言，体育运动技术中有些动作是相对固定的，但在实际运用中，整个技术动作又表现出很多不固定的动作成分。

（三）政治作用

发展到现在，体育与政治之间的关系越来越紧密，政治对体育的干预，体育向政治渗透，体育的政治作用越来越明显。如在国际比赛中，运动员按规定必须佩戴所代表国家的鲜明标志，在领奖台上，要奏国歌、升国旗。虽然人们不会简单地以运动竞赛的胜负来论定国家的优劣，但是，人们总是把一个国家的运动员在国际比赛中的表现和所取得的成绩看成是一个国家国力和民气的反映，民族的威望也会由于国际比赛的取胜而提高。

（四）经济作用

在现代社会中，体育对经济的影响和作用，突出表现在体育已成为一种重要的产业，成为国民经济的重要组成部分。以奥运会为例，近年来，对绿色奥运的强调，使举办奥运会成为环境保护的促进因素，从而产生明显的经济效益。奥运会还创造了大量的就业机会，奥运会对市政建设有重要的促进作用。通过国际奥委会给奥运会组委会的拨款、奥运会组委会的商业开发及拉动投资等，对举办国可以产生巨大的直接及间接经济效益。

发展到现在，很多体育项目都已实现职业化、商业化（如篮球、足球、棒球等），有着成熟的联赛体制（例如美国 NBA、意大利足球甲级联赛、英格兰足球超级联赛及中国的 CBA 篮球联赛等），成立了稳定的、专门的职业俱乐部或者公司（例如美国 NBA 休斯敦火箭队、英超的曼联队、西班牙的皇家马德里足球俱乐部等）。这些体育运动项目都有着成熟的运作模式，其本身已成为一个巨大的经济产业。这充分说明了体育在现代社会中的经济作用。具体而言，其经济作用主要体现在以下几方面。

1. 刺激健康消费

现代社会的发展倡导的是健康的生活方式，而体育运动从诞生起便与丰富多彩而又健康有益的体育活动方式结合在一起，既满足了人们休闲的需求，又促进了人们的身心健康。休闲体育产业的发展将为人们提供更多的健康生活方式，为人们的消费提供更多的选择，并引导人们在休闲体育产业方面的健康消费。

我国社会已到了生产力高度发展的阶段，随着经济的稳定增长和人们收入水平的逐渐提高，经过长年的积累，我国居民有着巨大的消费潜力。同时假期增多，人们闲暇时间不断延长增加了人们的消费时间，扩大了消费空间。随着国内外交流的发展，人们的视野会越来越开阔，消费观念也会发生变化，人们的生活方式发生转变，而消费需求也会随之发生转变。

2. 为经济建设积累资金

休闲体育产业同其他第三产业的部门一样，对一个国家来说，同样可以起到加速货币的回笼速度，增加货币回笼数量的作用，进而达到防止通货膨胀、稳定市场、积累建设资金的目的。

市场经济的任何经济活动都必须借助于货币媒介来完成交换，在纸币流通的情况下，货币的投放与回笼有一定的比例。如果货币投放过多，或回笼过少，就意味着市场上流通的货币量的总面值超过了市场上商品的总价值。由此产生的直接结果就是货币贬值，通货膨胀。为此需要在发展生产的同时，采取积极措施扩大消费领域，拓宽货币回笼渠道，更好地满足货币流通规律的要求。

体育运动产业的经济活动回收货币主要通过两种途径：一方面是通过参与者直接参加体育运动来进行消费，同时也通过提供相关的指导、咨询和服务而获取货币收入。另一方面，进行体育运动需配套相关的设备，这些设备的出售或出租，在满足了消费者需要的同时也回收了货币。这不仅回笼了货币，而且从盈利中以交纳税金方式为国家积累了建设资金。

3. 创造更多的就业机会

从经济的角度看，就业是在一定的社会经济条件下，劳动者得到了有报酬的从事生产经营活动或非经营性工作的机会，其实质是个人以特定的方式参与社会劳动，从而使自己的物质需求和精神需求获得满足的社会机会。就业问题是任何国家经济发展中面临的一个重要问题，它不仅关系到劳动者的生存发展和享受，而且关系到社会的安定。在解决就业问题上，从体育运动所涉及的诸多因素看，休闲体育产业是一种既具服务性、又具生产性的综合性产业部门，体育产业的发展使得为其提供服务的各行各业也得到相应的发展，从而为社会提供大量的就业机会。例如：体育旅游业能够促进食品、住宿等基础经济体的发展；而极限运动类的发展则能够推动相应的生产体育装备以及产品产业的发展，还能够促

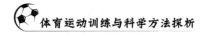

进相应的咨询行业的发展。

4. 改善国民经济产业结构

第三产业的迅速崛起是生产力发展到一定阶段的必然，也是社会发展的标志。一个国家经济越发达，第三产业在国民经济中所占比重就越大。体育运动产业是典型的第三产业，它能促进其他相关第三产业的发展，在优化产业结构方面起着积极作用。

（五）促进个体的社会化

个体社会化即人的社会化，它是指由生物的人变成社会的人的过程。人刚出生时，只是一个生物的人，要使之成长为一个社会的人，一个被社会或群体所需要的人，他就得学习社会或群体的规范，知道社会或群体对他们的期待，从而逐步具备作为这一社会或群体的成员所应具备的知识、技能、态度、情感和行为。在现代社会生活中，人们通过参加体育活动，掌握基本生活技能，学习社会规范，发展人际关系，学习科学文化知识，从而促进个体的社会化。

（六）促进观念的改变

体育产业能够充分展示体育本身所具有的休闲、娱乐、健身等价值，帮助人们认识体育在提高人们生活质量中的地位，促进人们文化观念的改变，引导和改变人们传统的体育意识，进而引导人们积极参与体育消费，客观上推动了体育经济的发展。通过产业展现出的体育的文化价值，即健身、娱乐、休闲、教育的价值，以及体育场馆、设备本身的艺术价值，更多的民众被吸引到体育活动中来。通过体育文化价值的吸引和诱导，不仅具有相同或相近体育文化价值观的人们对某些具体的体育项目产生认同并形成共识，而且对体育文化认识不足或肤浅的意识也可以得到改变，形成共同的体育消费倾向，扩大了体育及其相关产品的市场份额，促进规模经济的形成，同时也扩大了体育产业市场，推动了社会经济的发展。

第二节　体育运动教学的开展与实施

一、体育运动教学的目的与目标

（一）体育运动教学的目的

体育运动教学的目的具有鲜明的指向性，能引导学校体育教育工作始终向着正确的方向发展。就当前来说，我国学校体育运动教学的目的是"促进学生正常生长发育，增强学生体质、促进学生健康，与学校各种教育相配合，培养学生良好的思想品德和意志品质，促使其成为具有德、智、体、美、劳全面发展的社会主义建设者和接班人"。

1. 确定学校体育运动教学目的的依据

（1）国家教育方针

在目前我国的学校教育中，文化知识占据绝对主体的地位，学校体育的地位也得到了很大程度的提升。坚持育人为本，德育为先，实施素质教育，提高教育现代化水平，培养德、智、体、美、劳全面发展的社会主义建设者和接班人，学校体育目的的制定是与国家现阶段的教育方针相一致的，即突出学校教育的重要性，重视学生文化素质、心理素质和身体素质的综合发展。

（2）社会发展需要

社会发展的需要是教育应考虑的重要方向之一，社会需要主要是指社会经济、政治、科学文化等的发展对学校教育的要求。在学校教育实践中，社会发展的需要通常通过社会对教育的要求即教育对学校的要求表现出来。因此，学校体育目的的制定应充分考虑到社会对体育教育的要求及体育教育对学校的要求，积极培养社会发展所需要的合格的劳动者和接班人。

（3）学生身心发展特点

学生是学校体育的教育教学对象，是学校体育教学的主体，因此学校体育的目的应以学生身心发展特点为出发点来确定。学生身心发展特点是指学生在不同的年龄阶段内，其生理和心理发展所表现出来的规律性特征，其中，生理发展主要表现为身体的正常发育、身体素质的提高、适应能力的提高等；心理发展主要表现为认知能力的提高、逻辑思维能力的提高、个性心理特征的良性发展等。这些都是学校体育教育目的的制定应参考的科学依据。

（4）学校体育的职能

学校体育作为体育的一个重要组成部分，除了具有锻炼身体、增强体质、丰富生活、提高运动技能等一般社会职能以外，还应具备一定的教育职能。学校体育是将体育与教育结合在一起的一种社会活动，因此应具备教育功能和体育功能的双重职能，学校体育只有在发挥其体育职能的基础上，充分发展学生的吃苦耐劳、积极进取、敢于拼搏、团结合作、胜不骄败不馁等育人功能，才能从根本上实现学校体育的目的。

2. 实现学校体育目的的要求

（1）提高学校体育的地位

目前，在我国的学校体育教育中，总体来看学生的文化素质和身体素质发展呈现出不平衡的局面。因此，在学校体育教育中，应在强调基础文化课程学习的基础上，重视学生身体素质和运动能力的提高，这样才能促进学校体育目的的实现。

（2）加强学校体育的科学管理

加强学校体育的科学管理是实现学校体育目的的前提和基础。具体来讲，加强学校体育的科学管理包括以下几个方面：加强学校体育的管理体制、规章制度以及科学评价，保证学校体育的规范化和科学化；加强学校体育师资队伍的建设，培养合格的学校体育教学人才；加强对学校体育建设的资金投入，改善学校体育基础设施建设；加强学校体育与劳动、军训、卫生保健等的结合。

（3）培养学生良好的意志品质

学校体育具有锻炼身体、增强体质的目的和目标，另外，它还能与德育和智育结合起来，培养学生团结合作、勇于竞争、艰苦奋斗、顽强拼搏等思想品德和意志品质，以促进人的全面发展。

（二）体育运动教学的目标

1. 学校体育目标的概念

目标是指人们想要达到的境地或者标准，它是人们通过努力，期望所要达到的预期结果，因而，学校体育目标是指在一定时期和空间范围内，学校体育实践所要达到的预期要求、结果和标准，是学校体育指导思想和目的的具体体现。它集中体现人们对学校体育与健康课程编制、体育教学实施、课外体育活动、课余体育竞赛和课余运动训练开展中的体育价值的理解，关系着学校体育的内容、方法和手段的选择和运用，关系着学校体育的发展方向，是评价学校体育工作效果的重要依据。具体来说，学校体育目标概念的内涵包括以下几方面。

（1）学校体育目标是指在一定活动空间和时间内学校体育实践所要达到的预期效果。强调"一定活动空间和时间"，说明学校体育目标具有一定的阶段性和区域性。与学校体育的目的长期性和广度相比，目标更多的是指一段时间里，某一个地区的学生所要达到的预期效果。

（2）学校体育目标是特定价值取向的反映，因而它的表述是十分具体和显性的，具有较强的可操作性。通常来看，学校体育目标会对学生通过学校体育学习后将能完成的体育项目有一个明确具体的描述，它明确规定了学生的预期学习结果，所采用的行为动词也是明确、可测量、可评价的。

（3）从"目标"的字面意义上看，指的是"想要达到的境地或者标准"，由此来看，学校体育目标实际上是一种尚未完成的事项，是一种期望达到的境地，它是对学校体育学习结果的期待和前瞻，从一定程度上激励着教师和学生努力完成这个目标。

2. 学校体育目标的结构层次

按照不同的分类方法，可将学校体育目标划分为不同的层次和类型，比如：按照时间长短可分为长期目标、中期目标和短期目标；按照学段可分为学前教育阶段体育目标、初等教育阶段体育目标、中等教育阶段体育目标和高等教育阶段体育目标；按照性质可划分为条件目标、过程目标和效果目标；按照内容可分为体育与健康课程目标、课外体育活动目标、体育教学目标等。

（1）按照学段所分的学前教育阶段体育目标、初等教育阶段体育目标、中等教育阶段体育目标和高等教育阶段体育目标是以学生身心发展的特点为根本依据的。从表1-1中可以看出各个阶段的体育教育目标的具体内容。

表1-1　各教育阶段学校体育目标

学段	学校体育目标
学前教育阶段	培养正确的身体姿势，发展基本活动能力，形成各种体育知识或活动的初级概念，培养主动参与体育活动的意识和对各种活动的自信心和意志力，以及在体育中与同伴合作的能力，善于发现某些体育特长
初等教育阶段	增强体力，全面发展身体素质，了解和掌握自身周围生活中的体育、安全、卫生和运动的基础知识，培养对体育的广泛爱好和兴趣以及各种积极向上的品质与乐观向上的积极态度，打好身体训练的基础
中等教育阶段	进一步提高身体素质水平，巩固提高所学的运动技能，发展体育特长，掌握科学锻炼身体的原理和方法，进一步发展各种能力，培养良好的体育道德作风，对一些具有一定运动基础和才能的人进行专项训练
高等教育阶段	巩固身体素质水平，全面提高体能，提高体育文化素养，能够运用适当的方法指导自己或其他人科学地锻炼身体，形成坚持体育锻炼的习惯，全面提高心理素质和社会适应能力，组织开展校内体育的专项训练

（2）按照不同性质，学校体育可划分为条件目标、过程目标和效果目标。条件目标是开展学校体育应该达到的客观条件，比如管理条件、师资条件、场地器材条件等。过程目标是指阶段和时间里实施各项体育活动应达到的分目标，包括科研与管理目标、体育教学目标、课外运动训练目标等。效果目标是指学校体育所达成的最终效果，具体内容是：有效地促进学生的健康；使学生能较为熟练地掌握和应用基本的体育与健康知识和运动技能；形成运动的兴趣、爱好的坚持、锻炼的习惯；培养和形成良好的心理品质，提高人际交往能力与合作精神；提高对个人健康和群体健康的责任感，形成健康的生活方式；形成积极进取、乐观开朗的生活态度；提高少数学生的运动技术水平。

（3）按照学校体育的内容可分为体育课程目标、课外体育活动目标、体育教学目标等。体育课程目标是学生通过体育课程的学习应达到的目标、领域目标、水平目标的总称，每个教育阶段都会有不同的运动参与目标、运动技能目标、身体健康目标、心理健康目标等。课外体育活动目标主要是指利用课余时间开展的巩固、提高与运用体育课所学习的体育知识技能，丰富课余文化生活，养成体育锻炼与娱乐的习惯，提高终身体育的能力。体育教学目标就是教师在教学前所拟定的教学指标，是预期学生在体育教学的实际情景中产生的学习结果。

（三）实现学校体育目标的途径

学校体育的形式主要包括体育课和课外体育活动这两种。体育课和课外体育活动担负着学生最主要的学校体育活动内容，是学校体育的中心工作和环节，因为其在学校体育中发挥的作用和本身的特点都各不相同，所以其在实现学校体育目标的过程中也各自具有不同的作用和特点。

1. 体育课

体育课是学校体育的基本组织形式，在现今的教育体系中，除了学前教育和研究生教育阶段，体育课都是教育部制定的教学计划所规定的各级各类学校都应该开设的必修课。每个教育阶段所开设的体育课都有相应的课程标准或教学大纲，按一定的班级授课。体育课有统一的体育课本和一定的场地器材设备作保证。在通常情况下，体育课是学生毕业、升学考试的考试科目之一，每学期或学年都要进行相应的考核。体育课承担着对学生进行系统的体育教育的重任，通过体育教学能使学生系统地学习和掌握体育基本技能和体育卫生保健知识，增强学生的体质，全面发展学生的身体素质，并对学生进行思想品德教育，是实现学校体育目标的重要途径。

2. 课外体育活动

课外体育活动是指正式体育课之外的学校体育活动，其内容十分丰富，包括早操、课间操、课外体育锻炼、个人体育锻炼、班级体育锻炼、课余体育训练、课外运动竞赛以及节假日组织的郊游等形式的体育活动，其活动形式和时间安排由学校工作计划和学校体育工作计划确定。课外体育活动也是学校体育的重要工作，是实现学校体育目标的重要途径，它对巩固和提高学生的体育知识和技能，丰富学生的课余生活，培养学生的体育兴趣，形成良好的作息制度和习惯，丰富学生的课余生活，提高学生学习和生活的质量，发现和培养运动人才等方面具有重要作用和意义。并且在这个基础上，课外体育活动与体育课相结合，两者互相促进，密切配合，共同实现学校体育目标。

（四）实现学校体育目标的基本要求

为了顺利实现学校体育教育目标，应做到以下几点要求。

1. 面向全体学生贯彻体育教育

学校体育是学校教育的重要组成部分，所以要充分发挥学校体育的积极作用和影响，确保学校体育在全面发展教育中的地位，全面贯彻实施学生体育教育。学校体育要面向全体学生，保证全体学生都有享有体育的权利。要创造一切条件，组织和动员全体学生参加各种形式的体育活动，使他们获得身心的全面发展。对于体育基础较好、具有运动天赋的学生，要利用已有的条件尽量满足他们的需求，提高他们的运动水平；对于有身体缺陷或患有某些疾病的学生，要根据他们的实际情况安排一些适当的体育保健活动。总之，学校体育工作要得到全面的贯彻实施，要面向全体学生，这样才有可能实现学校教育的目标。

2. 系统性开展学校体育活动

要使学校体育活动和工作得到顺利开展，并取得良好的效果，实现学校体育目标，就需要在整个学校教育的基础上系统性开展学校体育活动。因为学校体育是一项系统性工程，学校体育目标的实现有赖于学校教育系统的有力支持和学校体育整体效益的获得。首先，作为学校教育的有机组成部分，学校体育应该与学校的工作相结合。一方面，学校体育的工作要遵守国家和政府颁布的学校体育工作的条例、决议、规定等政策，以及遵守学校关于教育工作的各项规章制度，使学校体育与学校其他工作同步进行。另一方面，学校体育教育还要积极与健康教育、卫生保健等工作相结合，在向学生传授锻炼身体的知识与方法时，也要注意对学生进行体育卫生保健方面知识的教育，以及改善学生的营养和学校的环境卫生条件等。其次，学校体育实现的两个基本途径是体育课和课外体育活动，即课内和课外。虽然课内的体育课是实现学校体育的基本途径，但是每周仅两三课时的体育课并不能满足学生的需求和实现学校体育目标的需要，因而课外的体育活动显得尤为重要。学校体育要坚持将课内和课外结合起来，既要保证体育课的质量，又要有丰富多彩的课外体育活动进行补充，使之形成一个不可分割的整体，共同促进学生的身心健康，实现学校体育的目标。总之，在学校的整体教育中，要系统性开展学校体育活动，使学生得到身心的全面健康发展，顺利实现学校体育的目标。

3. 营造良好的学校环境条件

学校环境条件对学校体育教育水平具有重要的影响。学校体育环境条件主要包括硬件和软件两个方面，这两个方面对于学校体育目标的实现都具有重要的意义。一方面，硬性条件是实现学校体育目标的物质保障，学校应该将学校体育经费纳入核定的年度教育经费预算中，积极筹措必要的经费，配置和改善学校的体育器材设施；另一方面，良好的软性条件可以积极引导和激励学生参与体育活动，还会对学生的兴趣、动机、爱好、态度等形成潜移默化的影响和作用，因而学校应该努力构建学校体育的传统和良好风气，营造积极向上的体育氛围，促进学校体育目标的实现。

4. 加强学校体育的科学研究

随着我国社会主义现代化建设的进行，对学校教育人才培养提出了一系列新课题，学校体育也处于一系列深刻地发展和变革之中，实践中出现的许多理论问题和实际问题亟需解决，这就需要对学校体育进行科学研究，以期更好地实现学校体育目标。在进行学校体育的研究时，要与我国的基本国情相适应。我国地域广阔，各级各类学校的体育基础和发展极不平衡，不同学校、地区所面临的实际问题也各不相同，因此，加强学校体育的研究是很有必要的。这是深化学校体育改革、提高学校体育质量的必经之路。

二、体育教学开展的策略

（一）发挥体育新课程的作用

除了要积极地进行体育新课程本身的创新之外，我们还应该积极了解国外一些最新的基于健康促进的体育课程模式，比如 SPARK 体育课程模式、运动教育课程模式、体适能教育课程模式等。这些优秀的体育课程模式的效果已经在国外得到证实，各个学校应该在可能的前提下大力引进，通过适当的本土化改造，让这些体育课程模式在青少年学生的体质健康促进中发挥巨大的作用。

（二）推动课外体育活动的开展

学生在校学习期间，除了每周几节体育课程之外，绝大部分时间虽然处于校内，但却少有专门的机会从事身体活动。因此，如何充分利用课余时间开展体育活动和健康促进，是很关键的问题。近年来，国家针对课间和课余推出了"大课间活动"和"阳光体育活动"，这些项目都是很好的青少年健康促进的载体。对于"大课间活动"和"阳光体育活动"，国家已经在政策层面提供了支持，各个学校要做的就是如何深化这 2 项活动。包括厘清活动的运行机制、探索新型的活动实施方法、构建实用性的活动内容、寻求合适的活动评价方法等。

（三）推行基于学校的健康行动计划

青少年学生的体质健康促进，是一个庞大的系统工程，除了要发挥学校体育方面的力量之外，还应该调动营养、卫生等各个方面的力量，推行系统性的健康促进行动计划，从整体层面推动青少年学生的健康促进。基于学校的健康促进行动计划，已经成为当前世界各国的流行趋势。中国的教育行政领导者应该要具备这种基于学校的大健康促进的基本概念，充分协调和发挥体育、卫生、医疗、营养、心理、生理等各方面的优势，共同为学生的体质健康促进而服务。而在学校层面，更应该要树立学校健康促进的理念，随时在国家的引导下推动学校教育促进青少年体质健康的理论与实践工作。

三、体育教学工作的实施

（一）多法引导，在激励竞争中培养学生的体育兴趣

体育教学中，很重要的一点就是要充分调动学生的积极性，让全体学生积极参与到活动当中来，为此，在教学中我们采用多种方法来激发学生的兴趣。

1. 根据学生的爱好设计趣味游戏

兴趣是一个人完成某项任务或活动的内容驱动力，在设计活动时，坚持趣味性原则尤为重要，设计的活动生活化、有趣味，学生才会有兴趣，才会积极参与，克服困难坚持下去。在体育教学过程中开展相应的体育游戏能够达到活跃气氛的作用，从而提高学生的兴趣。

2. 制造一定的紧张气氛，让学生在紧迫中锻炼

适当的紧张气氛会使学生有紧迫感，从而更加积极地完成锻炼活动，例如接力比赛可以促进学生活动的积极性、团结性，将台阶游戏设计成（消防员抢险）活动，让学生在警报声响起后，紧急救火、抢救物资的情境中完成锻炼活动，可培养学生坚强的意志和责任感。

3. 合理运用语言激励

教师对学生的赞许要避免简单地说"好"或"很好"，否则会使学生心理上得不到满足，教师可以说"你的动作非常好，我很喜欢！""大家看他的表演，他做得真棒！""老师相信你是成功的"等语言进行激励，这样更有利于增强学生的自信心，激发他们活动的积极性。

4. 身体语言的激励

当学生在活动中表现得出色时，教师对他们微笑、点头或竖起大拇指，这种非言语性的肯定也会给学生莫大的鼓舞，教师走进学生身边，拍拍他的肩，对学生表现出一种无声

的赏识和赞扬；在活动中，注意与学生的目光接触等对提高学生活动的积极性，都有一定的激励作用。

需要注意的是，当前一线体育教师对教学方法的混淆，在很大程度上源于理论基础不扎实，对相关的理论知识几乎不了解。即使头脑中存在问题，也仅仅只是停留在有问题阶段，还没有上升到主动解决问题的层次。实践需要理论的指导，因此，对于一线体育教师而言，真正理解体育教学方法层次性的关键点在于大量阅读有关体育课程改革的书籍，通过丰富自身有关教学方法的理论体系，从而保证至少在理解层面没有任何问题。理论的丰富将为实践打下坚实的基础。对于体育教师而言，在当前的体育教学中选择教学方法实施体育教学时，要将分层次的教学方法渗透到教学中去。首先，基本的教学方法指导理念是自主、合作和探究，在此基础上，通过比赛法、游戏法、练习法等基本的方法去具体地体现自主、合作和探究的意图，从而真正将新课程所提倡的教学方法理念落实下去。

（二）避免"一刀切"，进行分层教学

在和谐的氛围中提高学生的体能水平。在教学活动中要考虑不同能力学生的需要，改变过去那种"一刀切"的做法，从学生的个体差异出发，对发展水平不同、能力不同的学生提出不同的要求。对那些体能好的学生要适当提高难度，让他们"玩得有劲"；对那些体能较差的学生则应降低动作要求，让他们也体验"成功的快乐"。例如在跳台活动中，可设置几种不同高度，让学生根据自己的能力和水平选择适合自己的高度进行练习，然后再根据自己的实际情况选择是否增加高度，教师只是起引导、鼓励、保护学生的作用。

（三）设置难度，在困难情境中培养学生的坚强意志

现阶段，传统教材的活动难度要求已明显不适合当今学生的实际水平。例如传统教材中，学生的平时练习是在宽 15～20 厘米，高 20～35 厘米的平衡木上行走，实践证明，这种要求对现在的学生来说已不是一件困难的事情，若按照传统的标准练习，学生的能力就得不到充分发展，更为可惜的是错失了培养学生意志力和心理承受能力的机会。我们在实践中深深体会到只有活动难度适当，安全措施完善，学生们的潜能才能得到发挥。因此，教师要适当提高活动的难度，有意创设一些困难情境，以培养学生不怕挫折、勇于克服困难的坚强意志。

此外，体育教师素质的高低也是能否上好体育课的一个重要因素。教育的改革与创新，必须靠人来进行，其中最重要的是对教育有强烈的事业心和高度的责任感、有创新精神、技能较强的教师。为此，学校要通过师德教育，不断提高教师的思想政治觉悟和业务素质，使教师爱岗敬业，更好地为人师表。

（四）创新体育教学的评价方法

（1）体育教师针对部分有特殊表现的学生进行特殊的体育学习评价，从而产生良好的榜样作用。很多青少年会经历人生的叛逆期，他们在很多时候会有一些"出格"的表现，而在体育课上表现得更为明显。因此，体育教师要善于对这部分同学进行正面引导，而对他们进行特殊评价则是很好的引导方式之一。通过对他们实施特殊评价之后，他们感受到了体育教师对他们的关注，所以更加努力进行体育学习，而这对其他同学而言会产生榜样作用。在课堂上教师应给予学生关爱，把微笑送给学生，因为微笑包含着欣赏、尊重、宽容。教师保持微笑，能够使教师和课程本身受到学生的欢迎。

（2）"成长记录袋"为学生的体育学习提供反思的阵地。在实验班给学生制定成长记录袋，记录学生整个学期体育学习的变化趋势，这不仅可以让学生清楚地知道自己的体育学习状况，而且给他们进行反思性体育学习提供了良好的阵地，而反思性学习又反过来进一步促进了他们对体育学习的热情与激情。

（3）及时的信息反馈能够使学生在学习时积极进行调整，从而取得更好的学习效果。体育教师将每节课学生的体育学习总体状况都及时地反馈给学生，这使得他们能够以最快的速度对自己的体育学习进行调整，以便以更合适的方式进行体育学习。

第二章　体育运动训练的基本理论

第一节　体育运动训练的基本知识

一、运动训练学的概念

在了解运动训练的概念之前，首先应该了解运动训练学的相关概念，这有利于对运动训练的理解。运动训练学是一门研究和反映运动训练一般规律的新型体育交叉学科，它是在研究和总结运动训练丰富实践经验的基础上，广泛运用其他相关学科的基本原理与方法。

运动训练学概念的确立得益于其研究对象的正式确立，这也是一门新兴学科得以确立的重要标志与基本条件。运动训练学的研究对象就是运动训练的普遍规律，包括竞技体育的地位和作用，运动训练的目的、任务和特点，运动训练原理和原则，运动训练方法与手段，身体训练，技战术训练，心理、智能训练，训练过程的计划和控制，负荷与恢复等内容。

运动训练学的研究对象确立以后，又逐渐建立起了自己的理论和内容体系。运动训练学的理论体系构成，可分为自然科学和社会科学两大类。

运动训练学包含专项训练理论，这就说明两者有着些许关联，它们之间既有相似点，又有很多不同之处，即既相互联系又相互区别。

具体来说，两者的区别在于研究对象的不同。运动训练学是以运动训练的"一般规律"为主要研究对象的，也就是侧重于反映运动训练过程一般规律的基本理论的研究，阐明运动训练具体组织方法的理论基础和训练过程中带有共性的、普遍性的问题；而专项训练理论的主要研究对象则是各专项训练"特殊规律"，也就是侧重于专项训练的基本原理和方法、手段的研究。两者的联系在于它们之间是相互促进、互为影响的：一方面运动训练学高于专项训练理论，另一方面运动训练学又源于专项训练理论，是以专项训练理论为基础，从专项训练理论中总结出的带有共性规律的东西，使其上升为对运动训练具有普遍指导意义的理论，从而形成运动训练学的基本理论体系。

虽然对于运动训练学概念不同国家的运动训练学学者都有其各自的观点和表述方式，但不管其外在表现形式如何，有一个普遍认可的理论就是，运动训练学研究的不是某一个运动项目的特殊规律，而是各运动项目的普遍规律。从实践上看，这两个部分在运动训练中都是必不可少的，几乎在每堂训练课中都会涉及。而这种将一般训练和专项训练结合的训练方式几乎在全世界的体育运动训练领域中都存在，其所获的效果也是非常好的。

二、运动训练的内涵

（一）运动训练的定义

从词语原本的释义上来看，"训练"本是教导、练习之意，指为提高某种机能，掌握某种技能而进行的反复练习的过程。因此，将其套用在运动训练中后，"训练"则可以指为提高竞技运动能力和运动成绩而专门进行的一种体育实践活动，运动训练是对人的运动能力的改造与提高的过程。

具体来讲，运动训练的概念主要包括以下几层含义。

（1）运动训练是一个专门组织的教育过程，教育以培养人，并以为人将来走向社会、参加各种社会实践活动做好准备为直接目的，运动训练也是如此，但运动训练又有其自身的特殊性。就运动训练来说，其更侧重于人的运动能力的培养与提高。这便决定了运动训练过程的目的任务、组织形式、内容、手段、方法等都有其自身的特点。

（2）进行运动训练的主要目的是提高学生的竞技能力，创造更好的运动成绩。运动训练并不是一种随意性的活动，而是通常具有非常明确的目的的。运动训练以不断提高运动技术水平，创造和保持优异运动成绩，争取比赛胜利为主要目的。因而，在运动训练中必须用各种手段与方法来充分挖掘、培养、发挥人体机能潜力，创造并保持优异的运动成绩。

（二）运动训练与竞技体育的关系

当谈到运动训练与竞技体育的关系这个问题时，便可以将运动训练的最大用途发挥出来。如果学生想有效提高自身的竞技运动成绩，那么首先他必须按照自己所从事的运动项目的客观规律行事，并且要严格遵循与之相关的训练规律和原则，在此基础上利用科学、合理的训练方法，在合理的运动计划指导下逐步完成运动训练。需要注意的是，训练计划一旦确定，就要严格按照计划内容进行训练，保证认真严格地落实计划，如此才能够取得相应的训练效果。

运动训练和竞技体育及竞技运动之间存在着密切的关联，他们不仅是一种从属性、层次性关系，同时还表现为以下几方面的内在联系。

首先，运动训练安排和要求在很大程度上都是以各个竞技运动项目的特点和竞赛规则的要求为依据。

其次，运动训练的成果只在运动竞赛中才能最有效地表现出来，而运动竞赛的特定条件和气氛又为创造高水平运动成绩提供了平时训练中难以具备的良好的应激刺激条件。

再次，只有在正式比赛中表现出来的运动成绩才能得到社会的承认。

最后，竞技体育发展使运动训练项目和内容更加多样化，现代科学技术与体育运动的结合也使得训练方法和手段更加丰富。

三、运动训练的特点

要想全面地了解运动训练的特点，就要从运动训练的多方面入手研究。具体来讲，运动训练的特点主要表现在以下几个方面。

（一）训练目标的专一性与训练任务的多样性

运动训练通常以创造优异运动成绩为目的，因此表现在训练目标上具有专一性，以及训练项目、内容上有专门性。

随着现代竞技运动的不断发展，比赛当中的竞争越来越激烈。在运动训练中，虽然各运动项目及内容具有专门性，但并不排斥有利于专项运动能力提高的其他项目的训练内容和手段，而是要认真分析各种内容和手段对提高专项运动能力的作用，包括直接作用、间接作用、长期作用、短期作用等，其都应该根据不同项目的特点和不同训练阶段的具体任务选择运用。因此，运动项目、内容的专门性不仅是指专项本身，也是从运动训练目的和可能性上来讲的。

虽然运动训练有明显的专项的专一性，但是具体训练任务方面却是多样性的。运动训练的任务有训练因素方面的训练任务，也有非训练因素方面的训练任务。

（二）训练内容的复杂性与训练方法的多样性

运动训练功能和任务是多样的，训练过程是复杂的，而运动训练内容也表现出相应的特点，因而与此相适应的训练方法与手段也便丰富多彩。因此，现代训练中对训练内容、方法和手段的优选就显得非常重要。

运动训练手段、方法多样，而每种手段方法对人体作用都比较特殊。在运动训练的不同阶段、不同时期，训练要解决的具体任务并不相同。这种具体任务的多样性便决定了训练手段内容的多样性。运动训练以身体练习为基本手段，要提高运动能力，那么就必须进行各种身体练习。而在具体的训练实践中，既要根据不同任务选择运用最有效的手段和方法以提高训练的效果，又要采用多种手段、方法达到同一目的，从而提高学生的兴趣，使之主动自觉、积极地进行训练。

（三）训练过程的长期性与训练安排的系统性

在运动训练中，如果没有经过长时间量的积累，就不会有质的变化与提高。尽管各运动项目达到优异运动成绩所需的训练年限不同，但是从整体上看大多数项目都需要经过十年左右的系统训练。而在这个长期的训练过程中，应该对影响训练的多种因素加以长期系统的科学控制，同时通过阶段目标实现来促使预期总目标的实现。

（四）训练安排的科学性与针对性

如今，运动赛场上的竞技越来越激烈，如果不能通过各种科学的训练理论、方法和手段尽可能地去获得哪怕微小的优势是很难获胜的。现代训练是一个高度科学化的实践活动过程，运动竞赛慢慢会演变成各个国家科技水平的竞赛。现代训练的科学化水平越来越高，其科学性主要体现在运动训练的计划中，教师、学生实施训练以训练计划为依据，没有计划的训练，不过是一种盲目散漫的训练；但是有计划而安排不科学，也难以达到最高的训练成效。要注意的是，针对性并不是否认群体训练中特定的训练过程和时间，练习形式、内容、方法安排上的一致性。

（五）训练负荷的极限性与负荷安排的应激性

现代运动训练负荷越来越大，为了在竞技比赛中获胜，在日常训练当中的训练量或训练强度都大大超过了比赛所需，这是一种运动训练发展的趋势，各个国家都会选择这种"超量"的训练理念，最典型的就要数我国的"三从一大"训练原则中的"从严""从难"了。人体运动能力的提高是人体适应能力的提高。想要提高人体适应能力，那么就必须最大限度地通过各种运动应激刺激作用于运动员机体，若是没有最大限度地运动应激刺激，不将运动负荷推到最高应激水平，就难以最大限度地提高人体对运动训练和比赛的适应能力，也不能使运动成绩达到最高水平。

（六）训练效果的表现性与表现方式的差异性

运动训练的效果和最终目的主要是运动成绩的提升以及对身体健康的促进，训练的效果以及通过训练提高的运动技术水平和成绩都需要通过比赛来表现。在正式比赛中表现出来，才会得到社会的认可。而且只有在最重大比赛中创造出优异运动成绩才最有意义，才

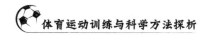

能发挥竞技运动的社会价值。

在运动训练的过程中既要着眼于竞技能力的提高，又要根据长期、近期参加比赛的安排进行科学的训练。运动成绩要通过一定方式表现，但运动项目比赛方式不同，因此运动成绩的表现方式也各不相同，有的用功率指标表现，有的用比分表现，也有的用评分方式表现。这些表现形式都有十分严格的规则和制约条件，否则即便是在正式比赛中表现出来的也不一定能得到承认。

四、运动训练的目的与任务

运动训练的目的主要是指运动训练所要达到的总目标或要争取达到的最终结果，而其任务是根据个人自身和社会发展的需要以及运动训练的功能来决定的。

（一）运动训练的任务与内容

1. 运动训练的任务

相关的训练研究通常会把运动训练理论分为一般训练理论、项群训练理论和专项训练理论三个层次。

从理论学习的角度，人们在谈及运动训练学时，通常指超出专项范围，阐明运动训练基础理论和训练过程中带有共性及普遍性问题的理论体系，即"一般训练理论"。

运动训练与专项训练理论之间有着紧密的联系，一般运动训练源于专项训练理论，是以专项训练理论为基础，从各专项训练理论中总结出带有广泛适用性的共性规律，并使其上升为对不同项目的运动训练活动具有普遍指导意义的理论。

运动训练的研究目的在于它意图揭示运动训练行为的普遍规律，并且能够指导训练实践，使各专项的训练活动建立在科学的训练理论基础之上，努力提高训练的科学化水平。通过上面的表述，就可以确定运动训练的任务主要为以下几项。

（1）从众多专项训练实践中总结出带有普遍意义的共性规律。

（2）深入探索尚未被人们所认识和认识还不十分清楚的运动训练规律。

（3）进一步健全运动训练理论和内容体系。

（4）广泛吸取现代科技成果和多学科的理论与方法，应用于运动训练的理论研究与实践应用之中。

（5）运用一般运动训练的基本理论指导各专项训练实践。

2. 运动训练的基本内容和理论框架

运动训练的规律是运动训练的主要研究内容，尽管具体的训练内容、体系的研究有所不同，但纵观国内外，相关领域的学者基本上都认可这一观点，并且认为运动训练所包含的内容和理论框架大概有以下几个方面。

（1）竞技体育的地位和作用。

（2）运动训练原理和原则。

（3）运动训练的目的、任务和特点。

（4）运动训练方法与手段。

（5）训练过程的计划和控制。

（6）运动员选材。

（7）身体训练。

（8）心理、智能训练。

（9）技战术训练。

（10）负荷与恢复。

如今，运动训练实践有了飞速的发展，现代训练理论也有了很多重大的突破，运动训练理论体系也在不断地发展和完善，很多新的训练理论与方法陆续充实到运动训练的理论体系之中。

（二）实现运动训练目的任务的基本要求

要想获得运动训练的效果，实现运动训练的目的，就要在运动训练过程中按照一定的要求进行，它不能是一种随意的行为。一般来讲，运动训练的基本要求如下。

（1）在运动训练的整个过程中，应该时刻将运动训练的目的任务贯彻其中。也就是说，一切训练行为都应该以此为基础进行。运动训练的诸多任务是互相联系、互相制约的，只有训练任务的全面完成才能有利于整个运动训练目的任务的实现。

（2）运动训练应该根据训练的不同阶段确定不同的目的和任务，在不同情况下有所侧重。运动训练的目的任务针对的是整个运动训练过程，但是运动训练是一个长期的过程，因此训练过程中应该根据不同的训练阶段、项目的特点，以及学生的实际情况有所侧重，不然不能突出各阶段的特点，难以达到预定的目的。

（3）运动训练的任务是多项的，因此在进行运动训练的过程中应处理好各项任务之间的关系。运动训练的任务之间是互相联系的。在运动训练中，应该正确处理好身体训练、技战术训练、心理智力训练和政治思想教育等之间的关系；与此同时，还应该处理好各项任务内部要素间的关系，如形态、机能、运动素质之间的关系，及各运动素质之间的关系等，只有这样才会更有利于实现运动训练的目的任务。

（4）建立科学的、有效的运动训练管理体制。科学的、有效的运动训练体制是实现运动训练目的任务的组织保证。运动训练体制包括很多内容，如组织管理体系、训练组织形式及有关的法规制度等。科学管理是实现运动训练目的任务的重要环节，要实现运动训练的目的任务，既要根据国际竞技运动发展的趋势和我国的国情制定好竞技运动发展的战略，又要建立各种规章制度，引入和运用竞争机制。要加强对人、财、物的科学管理，调动各方面的积极因素，只有这样才能出效益，才能保证运动训练目的任务的实现。

第二节　体育运动训练的学科基础

一、运动训练的生理学基础

（一）运动生理学的研究对象、任务与方法

1. 运动生理学的研究对象、任务

运动生理学是生理学中应用生理的一门分支学科，而生理学则是一门研究机体各种功能活动的科学。

运动生理学研究的是群众在参加体育运动时人体产生的各种功能活动的发展与变化。具体来讲，就是叙述和阐明人体在一次练习（急性运动）或反复练习（慢性运动或训练）中，人体的各种功能所产生的反应和适应性变化和原因，并把它们应用在运动实践当中，引导人们在运动训练过程中自觉地用所学的简易生理指标与理论去认识自身功能能力的发展状况和安排运动训练计划，使运动生理学的研究能更有效地提高其服务对象的体适能、运动效果以及健康水平。

2. 运动生理学的研究方法

运动生理学是门实验科学，它的研究对象是人，其知识主要是通过对人体的实验与测定而得到的。下面对几种人体实验和测定方法进行分析。

（1）运动现场测定及监控法

运动现场测定及监控法是指在运动现场对运动者在运动时（包括运动前、运动中、运动后以及恢复期或运动中完成不同练习之后）的某些生理变化进行测定与监控。其特点是不仅符合运动的实际情况，而且由于对运动中的生理变化进行了监控，所以能够及时提出相应的干预措施。随着无线电遥测和微型磁带记录等方法在心理学领域的使用，已经能够在运动过程中连续地对一些重要生理功能的活动进行测定和监控，如心脏的活动、呼吸频率、皮肤和深部体温等。而随着便携式气体分析仪的使用，在室外自由活动情况下也可以

进行摄氧量的测定。

（2）实验训练法

实验训练法就是让受试者按照一定研究目的设计的实验方案，在实验室中利用一定的训练器械和各种力量训练装置进行实验训练，并在训练前后对所要研究的生理功能变化进行测定，以此来了解各种训练方法（包括不同训练方式，不同训练强度、时间等）对人体生理功能的特定影响。

（3）功能测试与评定

功能测试与评定是指通过对运动中不同年龄、不同性别的运动者，或者是不同训练水平、不同运动项目的运动者在同一条件下（如定量工作时、极量工作时）各种生理功能状态或变化进行测定，从而了解运动训练对提高人体各种生理功能的作用。

（二）呼吸与运动训练

1. 呼吸的特性与功能

人体在新陈代谢过程中，会不断地从外界环境摄取氧气，并排出二氧化碳，这种机体与外界环境之间的气体交换过程称为呼吸。呼吸的全过程由外呼吸、气体运输和内呼吸三个环节组成。

外呼吸指外界环境与血液在肺部实现的气体交换，包括肺通气和肺换气。其中，肺和外界环境之间的气体交换过程叫作肺通气，肺泡和肺毛细血管之间的气体交换过程称为肺换气。

气体运输是指肺在换气后，血液载氧经过血液循环将氧运送到组织细胞，同时把组织代谢产生的二氧化碳运送到肺部的过程。

内呼吸是指人体组织毛细血管中的血液和组织及细胞之间的气体交换（又称组织换气），有时候也把细胞内的生物氧化过程包含在其中。

（1）肺通气与肺换气

实现肺通气的结构包括呼吸道、肺泡、胸廓和胸膜腔等。呼吸道是气体进出肺泡的通道，肺泡是肺进行换气的场所，而胸廓的节律性呼吸是实现肺通气的原动力。

（2）气体的运输

通过肺换气和组织换气之后，扩散进入血液的氧和二氧化碳通过血液运输。气体在血液中的运输形式包括物理溶解和化学结合，其中大部分是通过化学结合的形式运输的。物理溶解的量虽然比较少，但是很重要。因为进入血液的气体要首先溶解于血浆之中，然后再与血液中的化学成分相结合；结合的气体首先要溶解以后才能从血液中溢出。在生理范围之内，气体的溶解状态与结合状态维持动态的平衡。

（3）呼吸的调节

呼吸是一种节律性的活动，呼吸的深度与频率随机体新陈代谢的水平而改变。在运动时，随着运动者运动强度的增加，呼吸会不断加深加快，这是通过神经和体液因素共同调节才得以实现的。

2. 呼吸对运动的反应

（1）肺通气功能对运动的反应

肺通气量：运动中肺通气量的增加是通过增加潮气量与呼吸频率来实现的。潮气量可以从安静时 500 毫升增加到 2 000 毫升以上，呼吸频率从每分钟 12～18 次增加到 40～60 次，肺通气量也因此增加到每分钟 100 升以上。肺通气量中等运动时主要靠潮气量增加来实现，而剧烈运动时主要靠呼吸频率的增加来实现。

运动过程中肺通气量的时相性变化：一般认为肺通气量的快速增长期和快速下降期是神经调节机制，缓慢增长期和缓慢下降期则是由体液调节机制实现的。在进行最大强度的运动时，肺通气量的增加不会出现稳定，而是持续增加到衰竭。

肺通气量与运动强度：在一定范围内运动时肺通气量的增加与运动强度呈比例增加，当超出范围的某一点时，肺通气量增加就与运动强度失去了线性相关，肺通气量的增加就会大于运动强度的增加。

（2）换气功能对运动的反应

运动时肺换气功能的变化包括氧在肺部的扩散速率增大、呼吸膜面积的增大、氧扩散容量增大。

运动时组织换气功能的变化包括氧在肌肉组织部位的扩散速率增快、组织处气体交换面积增大、肌肉的氧利用率提高。

3. 呼吸对于运动的适应

长期的运动训练能够改善和增进呼吸系统的功能，提高运动时的最大通气量和肺换气及组织换气的效率。

（1）肺容积对运动的适应

肺容量是影响肺通气功能的基础。除潮气量外，经常运动者肺容积的各个成分都比无运动者大。通过运动可使呼吸肌的力量加强，吸气和呼气的能力提高。运动训练还可延缓肺活量随年龄增长而下降的趋势。

（2）肺通气功能对运动的适应

每分通气量：运动对安静时的肺通气量影响不大。亚极量运动时，有运动者每分通气量增加的幅度减少。因此，有运动者能承受的最大运动负荷比无训练者高得多，所以在运动时能达到的每分通气量的上限（最大通气量）比不运动者大。

肺通气效率：运动可使运动者安静时的呼吸深度增加、呼吸频率减慢，运动时呼吸深度与频率的匹配更合理。运动时，在相同肺通气量的情况下，运动者的呼吸频率比不运动者低，运动者肺通气的增长主要依靠呼吸深度的增加。运动时较深的呼吸深度可使肺泡通气量和气体交换率提高，呼吸肌的耗氧量减少，这对于进行长时间的运动很有利。

呼吸效率：氧通气当量是指每分通气量与每分摄氧量的比值，即机体每吸入 1 升氧所需要的通气量，是评价呼吸效率的重要指标之一。安静时的氧通气当量为 20~28，一般此值越小，氧的摄取率越高，运动生理学把氧通气当量最小点称为最佳呼吸效率点。在中小强度运动时，每分通气量与每分摄氧量保持直线相关，氧通气当量的值依然保持在安静时的范围。当人体从事每分摄氧量大于 4 升的运动时，氧通气当量达 35，通气效率降低。氧通气当量的变化与运动者的性别、年龄和运动项目有关。

（3）肺换气功能对训练的适应

肺换气功能可用氧扩散容量进行评定。长期耐力训练对提高氧扩散容量有良好的影响。经常参与运动的人，氧扩散容量随年龄降低的趋势将推迟，安静或运动时运动者的氧扩散容量都比不运动者高。不同项目的运动者氧扩散容量增大的程度不同，以耐力、划船运动者为最大，游泳者次之。运动者之所以有较高的氧扩散容量，是因为其心输出量大，参与气体交换的肺泡与肺泡毛细血管的面积增加，以及呼吸膜阻力下降等因素共同作用的结果。

（4）肌肉对摄氧能力的适应

肌肉摄氧能力的高低由肌肉动—静脉氧差来衡量。一般人安静时的动—静脉氧差为 4.5%，而耐力训练者可使慢肌纤维线粒体增大增多，线粒体氧化酶活性增高，摄取氧利用氧的能力增强，使动—静脉氧差增大至 15.5% 或者更大。

（三）血液与运动训练

1. 血液的特性与功能

血液是由血浆和血细胞组成的流体组织，在心血管系统中循环地流动，并在机体里起着物质运输、调节体温、维持酸碱平衡的作用的。

（1）血液的组成与特性

血液是由血浆和血细胞组成的。血浆呈淡黄色，含大量水分、蛋白质、多种电解质、小分子有机物、氧和二氧化碳等。血液包括血量、比重与黏滞性、渗透压等多种理化特性。

（2）血液的功能

血液在心血管系统内周而复始的循环流动，起着沟通内外环境、联系机体各部分的作用。血液主要有运载、调节体温、维持血浆的酸碱平衡、防御和保护等功能。

2. 血液对运动的反应

（1）血量

一次性运动对血容量的影响取决于运动强度、持续时间、项目特点、环境温度及湿度、热适应等因素。例如，在短时间大强度运动后，血浆容量和血细胞容量都会明显增加，其中血细胞容量增加较明显。血容量的增加主要是由于储血库里的血被动员进入循环血使循环血量增加；由于储存血较循环血的血浆少，红细胞多，因此储存血进入循环血后使血液的红细胞浓度相对提高。经常进行运动训练者的循环血量增加比不运动者大。

在耐力运动时，由于体内产热增加，大量排汗以散热，且温度越高，运动时间越长，血浆的水分损失就会越多。一次性长时间运动能够使血浆容量减少10%左右。脱水使人体心输出量和有氧能力下降，代谢产物堆积增多，体温升高，进而疲劳加剧及运动能力下降。

（2）血细胞

红细胞：红细胞的反应包括红细胞数量和压积与红细胞的流变性。一般进行短时间大强度的运动时，红细胞数量比长时间耐力运动时增加更明显。短时间运动后即刻红细胞数量增多，一般认为这是贮血库释放较浓缩的血液进入循环血，因此相对提高了红细胞的浓度。长时间运动时，排汗增加并引起血液浓缩，运动中肌细胞代谢产物浓度升高，使细胞内渗透压增高，与毛细血管中血浆渗透压梯度增大，钾离子进入细胞外液使肌肉毛细血管得到舒张，这些都造成血浆水分向肌细胞和组织液移动，也使血液浓缩增加。运动中红细胞数量的暂时性增加，在运动停止后便开始恢复，一般1~2小时后恢复到正常水平。而在短时间的运动中，肌肉持续紧张收缩使静脉受到压迫，血液流向毛细血管增多，并贮留在那儿使毛细血管内压升高，血浆中的水分渗出，也使血液出现浓缩。运动中红细胞压积的变化与运动的项目及水平有关。运动时红细胞流变性受运动强度、持续时间和训练水平多种因素的影响。一次性极限强度运动能够使红细胞滤过率下降，悬浮粘度增加，红细胞变形性降低，这种变化可持续1小时。超长距离的运动后运动者红细胞滤过能力降低10%~20%，血浆的渗透压升高。红细胞的变形性降低使血液的流变性降低，并且影响组织供氧和使心脏负荷加重，导致运动成绩下降，对运动后的恢复也有不利影响。因此，不运动者不宜进行一次性高强度的极量运动。

白细胞：最大负荷运动后白细胞总数和淋巴细胞均出现大幅度增加，增加幅度随持续时间的延长而增加。较低强度运动后白细胞总数和淋巴细胞数的增加幅度显著低于最大负荷运动后即刻，随着运动时间的延长，白细胞总数和淋巴细胞数的增加幅度反而减少。持续时间不同的运动之后淋巴细胞数量的增加幅度比白细胞总数的增长幅度大。不同运动方式在运动过程中对 T 淋巴细胞数目影响也不相同。运动对 T 淋巴细胞亚群的影响表现为，中小强度适当的运动训练及长期适度训练可以使机体的免疫功能提高，运动后白细胞在 20～120 分钟之内可以恢复到正常水平。其恢复与运动强度及持续时间有关。

血小板：一次性剧烈运动后即刻血小板数量、血小板平均容积增加，活性增强，循环血中血小板聚集趋势也同时增加。这些变化只发生在大强度运动情况，其增加幅度与负荷增强呈高度正相关。而中小强度运动后血小板聚集性没有明显改变，说明中小强度有氧运动在抑制血小板功能，减少血栓形成方面具有重要作用，而大强度运动后血小板聚集性升高，血小板的反应性增强。运动后，血小板黏附率和最大聚集率有明显的增加。

3. 血液对运动的适应

（1）血容量

长期系统的运动可使运动者血容量增加。运动训练使人体血浆容量相对增加，是由于血浆蛋白总量增多使胶体渗透压升高，更多的水留在血液循环中。血容量增加包括血浆容量与红细胞容量的增加，血浆容量增加相对红细胞容量增加更显著，所以红细胞压积减少，单位容积中的红细胞数和血红蛋白含量减少，血液相对稀释，血液的粘度下降，血流阻力减少，血流速度加快，有利于血液对器官及工作肌灌注，改善微循环，增强血液的携氧能力和运输营养物质的能力，同时也加快对代谢废物的排出率。这对于提高人体的运动能力尤其是有氧耐力非常重要。

（2）血细胞

红细胞数量和压积：运动者经过长时间系统的运动，尤其是耐力性训练者在安静时，其红细胞数并不比一般人高，有的甚至低于正常值。由于运动者血容量增加与红细胞量增加相比在很大程度上是以增加血浆量为前提的，所以血细胞容量的相应指标如红细胞数、红细胞压积、血红蛋白含量等比一般人有降低的趋势。单位体积的红细胞数和血红蛋白量虽然不高，但红细胞总数和血红蛋白总量增加。

红细胞流变性：长期的运动能使运动者机体的红细胞变形能力增加，从而提高红细胞膜的流动性，尤其是耐力项目运动者。血液流变性得以改善，微循环也会得到改善，从而提高人体的供能水平，这对于运动后机体的恢复有良好的促进作用。这是由于运动加快了对衰老红细胞的淘汰，代之以更年轻的红细胞，增加了膜的弹性，使红细胞的变形能力增加，改善了血液流变，红细胞能够顺利通过小于自身直径的微小血管及狭窄部位。红细胞

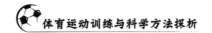

膜的不断变形运动同时有助于促进细胞内成分的充分扩散与转运，并增加氧气的转运效率。

二、运动训练的心理学基础

（一）体育运动心理学的研究对象与任务

1. 体育运动心理学的研究对象

体育运动心理学是一门研究体育运动所涉及的心理特点的学科。

在一般的体育运动中，体育运动心理学研究对象是运动的技能技巧所形成的一般规律；在运动竞赛中，研究对象主要是竞赛条件下人所具备的情绪特征、意志品质和人格特点，竞赛过程中掌握的动机水平、情绪状态以及对运动机能产生的作用。

2. 体育运动心理学的研究任务

运动心理学的主要任务包括：研究人在进行体育运动过程中心理过程的特征规律以及不同人的不同个性与体育运动之间的关系；研究体育运动对人心理与个性所产生的具体影响；研究体育运动知识、技能以及训练的相关心理学规律；研究人在体育运动中的心理状态等问题。

（二）运动训练中心理活动的认知过程

人脑对客观现实的反映过程主要体现在心理活动上，具体由三方面构成，即认识过程、情绪过程和意志过程。人脑的认识过程又被称为"信息加工活动"，感觉、知觉、记忆、思维等活动共同构成认识过程。人在认识客观事物时所产生的态度体验称为"情绪"或"情感"。根据对客观事物的认识，自觉地确定目标、克服困难、力求实现的心理过程，称为"意志"。认识过程、情感过程和意志过程显然有区别，但又相互联系。认识过程是其他心理活动的基础。例如，人们认识到球类运动能够增强体质，并在亲身体验中验证了这一点，由此产生了兴趣，从而更加自觉、主动地进行自我锻炼，使体质在进一步锻炼中得到增强。下面主要从感知过程、记忆过程、思维过程三个方面来对运动训练中人心理活动的认知过程进行分析。

1. 感知过程

感知过程包括感觉与知觉两个部分。感觉是感受器及对应的神经系统从外界环境中接受和表征刺激信息的过程；知觉则是对感觉信息进行选择、组织和解释的过程。感觉是对客观事物的个别特征的反映；知觉是对客观事物的整体特征的反映。感觉发生在前，知觉发生在后；感觉是知觉的基础，知觉是感觉的延续。尽管感觉和知觉有这样的本质区别，在日常生活包括运动活动中，感知觉是统一的、连贯的过程，没有感觉的知觉或者没有知觉的感觉几乎是不存在的。

（1）动觉

动觉也称"运动觉"或"本体感觉"，它负责将身体运动的信息传入大脑，使个体对身体各部位的位置和运动有所觉知。动觉由四部分构成，即肌觉、腱觉、关节觉和平衡觉。身体活动时，肌肉与肌腱的扩张与收缩以及关节之间的压迫能够产生刺激并引起神经冲动，传入中枢神经系统而引起动觉。运动训练中的各种动作，如说话、跑步等都需要动觉的帮助。运动动作更是离不开动觉的帮助。培养与提高动觉是提高运动技能的关键。

（2）视觉

视觉是通过眼睛传入神经和视觉中枢产生的，对波长约为 380~740 毫微米的电磁辐射产生的感觉。对绝大多数运动项目来说，视觉都是至关重要的，在对抗性项目中，视觉能够起到明显的行动定向作用和行动调节作用。例如，在球类运动中，球、对方队员、同伴队员始终都在不停地运动，要准确地观察这些空间、方位和距离上迅速变化的各种关系，才有可能建立正确的行动定向。

在大场地的集体项目中，广阔的视野是十分重要的。视野是指当头部不动，眼睛注视正前方某一点时所能知觉到的空间范围。有专门的视野计可测量单眼或双限的视野，以度（°）为单位。

（3）触压觉

触压觉是由非均匀分布的压力（压力梯度）在皮肤上引起的感觉，分为触觉和压觉两种外界刺激接触皮肤表面，使皮肤轻微变形，引起的感觉叫作触觉；使皮肤明显变形，引起的感觉叫作压觉。触压觉常常简称为"触觉"。

在运动训练过程中，一些运动项目对学生的触觉敏感性的要求比较高。例如，在球类运动项目中，篮球、排球运动员的触觉敏感性体现在手掌和手指皮肤上，足球运动员体现在脚背和脚内侧上。皮肤触觉敏感性仅仅是基础，还要经过长期专项训练才能发展起这种专项能力。皮肤触觉敏感性的测量通常可采取"两点阈"测试。方法是排除被试者的视觉与听觉，同时给予被试某一部分皮肤强弱相等的两点刺激，这两点之间若达到一定距离，被试知觉就会为两个点；如果逐渐缩小这个距离，到某一程度，被试就分辨不出是两个点而产生一个点的感觉。这一临界值（两点的距离）就被称为两点阈。

（4）空间知觉

空间知觉是反映物体空间特性的知觉，距离知觉、形状知觉、大小知觉、立体知觉、方位知觉等都是空间知觉的常见类型。我们看到一个篮球，就可以知道它是圆的，比足球、排球、手球都大，还可以知道它距离我们有多远，是一个球体，在我们的哪个方位。可以设想，运动场上的所有活动，随时都需要在空间知觉的帮助下进行，如射门、投篮、击球、扣球、传球、抢断球、突破过人等。在完成这些活动之前，首先必须对球、对方队员、同伴队员和自己的空间特征情况和彼此间的关系有一个明确的判断。排球比赛中的多数进攻战术都是旨在网上空间错开对方拦网队员的防守。跳高、跳远和跨栏运动员为了在助跑和栏间跑的最后一步准确地踏在预定的位置上，在整个跑的过程中，始终要通过空间知觉来对自己的步幅进行合理的控制。在一些投掷项目中，要在高速旋转后将器械按照一定的角度和方向投出去，必须在旋转过程中确保空间知觉的清晰性与准确性。

（5）时间知觉

时间知觉是反映客观事物运动和变化的顺序性和延续性，感知时间快慢、长短、节奏和先后次序关系的复杂知觉。时间知觉与时机掌握是运动训练中经常遇到的情况。例如，排球中的扣球、篮球中的抢篮板球和盖帽等都需要依靠准确的时间知觉来帮助其对最佳的起跳时机加以把握。排球中的时间差进攻，就是利用对方拦网队员时间知觉的误差来达到技战术目的的。

2. 记忆过程

学习是人类通过实践获得适应环境、改变环境的能力的过程。由于学习是一个过程，在时间上有持续性，那么经过一定时间，仍具有这种能力就叫记忆。不能长久地保持记忆的内容，或者提取记忆内容时产生困难，则称为遗忘。

人们的举手投足，一举一动，都与运动记忆有关。日常生活离不开运动记忆。例如，说话的功能就与面部的肌肉运动记忆具有密切的关系，平时跑、跳、刷牙、洗脸、使用筷子、操作计算机，哪一样也离不开运动记忆。失去了运动记忆，人将难以活动。

3. 思维过程

运动训练领域和体育科学领域从来不乏对战术意识和战术思维的兴趣，但许多论述和研究往往流于表面的、概念的、经验的探索，缺乏深入的、实证的和理论的研究。幸而有认知运动心理学的出现，让我们对这类问题有了新的研究思路、新的研究手段、新的研究成果。

（三）运动训练对心理的积极影响

1. 有利于改善心境

心境是指具有感染力的微弱而持久的情绪状态。保持良好的主导心境是心理健康的重要标志之一。运动训练有利于促进人的心境的改善。例如，研究报道 30 分钟的篮球运动能够让紧张、困惑、疲劳、焦虑、抑郁和愤怒等不良情绪状态显著改善，同时使人保持旺盛的精力。

2. 有利于培养健康幸福感

健康幸福感也称"心理自我良好感"或"感觉良好现象"，这是心理健康的重要标志之一。它是指与积极参加身体运动训练有关的某种兴奋、自信和自尊的情绪和态度体验，并且没有消极情绪。

健康幸福感和长期的运动呈正相关关系，积极参与运动训练的人比不运动者的自我感受与评价更积极，其中女子较男子相关程度更高。这一正相关的原因可能是由于身体锻炼产生内心愉快和乐趣的结果，也可能是由于女子较男子在活动中更富于感情色彩和更具有自我投入的倾向。

需要注意的是，健康幸福感的增加，实质上就是消极情绪的减少。紧张、焦虑、困惑、抑郁、疲劳、气愤等消极情绪的减少或者精力的增加，本身就意味着健康幸福感的增强。

3. 有利于治疗焦虑、抑郁症

抑郁与紧张焦虑等消极情绪相比，属于更深层的复合性负情绪。它可能是伴随人生价值的失落感而产生的悲伤、焦虑、恐惧、羞愧甚至负罪感，其持续时间更长，给人带来的痛苦更大。悲伤、悲观、失助感、低自尊、绝望、轻微疲劳、易怒、优柔寡断、回避社交甚至厌世等是抑郁症的临床特点。研究报道，有抑郁症患者在经过 8 周的球类运动训练后，抑郁状况得到了改善。然而，并非所有的研究都支持运动训练减缓抑郁的假设。有研究指出，运动训练既未能缓释抑郁和沮丧情绪，也没能使精力提升，导致这一现象的原因如下：

（1）抑郁、沮丧等深层负性情绪虽然能够通过运动手段暂时得到缓解，但从长远来看，这一情绪并不能通过运动训练而得到彻底解决。

（2）对于情绪健康基础水平较高的人来说，通过运动训练很难继续使心境状态得到大幅度的改善。

尽管长期运动训练与抑郁的关系问题目前尚有争议，但多数研究仍表明：运动对改善焦虑和抑郁病情具有积极的作用。

4. 有利于促进人格的完善

长期参与运动训练不但能够促进体质的增强，而且有利于促进人的自信心的提高，使人具有更多的控制感更强的想象力和更大的自我满足感。

另一研究指出，有氧适应性训练提高了自我满足感和智力的分数，降低了不安全感的分数。

运动训练和身体活动与学生的自我观念、自尊心以及自我效能感的提高之间具有密切的联系。但由于自我观念、自我效能感等概念的复杂性，这类研究中的被试在健康状况、文化水平以及年龄、性别等方面都有差异，因此还没有一个较为统一的研究结果。

（四）心理技能的训练

1. 心理技能训练的含义

心理技能训练就是对运动者的心理特征与心理过程有计划地施加影响的过程。心理技能训练通过特殊的方法与手段让运动者学会调节自己的心理并对自己的运动行为进行控制。

心理技能训练能够不断完善运动者的心理过程，促进运动者形成良好个性心理特征，为运动者达到更好的竞技水平或运动效果奠定心理基础。心理调节能力受到后天因素与实践活动的影响，能够通过训练获得并提高，但是需要长时间系统的练习。心理技能训练的目的在于提高运动者某种情境中的某个问题的心理调解能力，同时提高运动者在其他情境中对其他问题的应付能力，最终让运动者在体育运动中受益。

2. 心理技能训练分类

根据训练目的的不同，可将心理技能训练分为放松训练、注意集中训练、目标设置训练等多种训练方法。

（1）放松训练

放松训练就是通过一定的自我暗示集中精力，同时调节呼吸，充分放松肌肉，从而调节中枢神经系统的兴奋性。渐进式放松、自生式放松、松静气功是放松训练的常见方法，它们都是通过高度集中于自我暗示，最终实现全身肌肉的放松。

（2）注意集中训练

注意集中训练就是将全部精力贯注于一个确定的目标，不会受内外环境的干扰而分心的一种能力。这种能力一般包括意愿的强度、意愿的延长、注意力集中的强度及注意力集中的延长。运动者在运动过程中的注意力非常重要，尤其在体操、射箭等体育运动项目中。

（3）目标设置训练

目标设置训练时，目标的设置直接关系到动机的方向和强度，正确的目标能够将人的能量集中，并对人的行为进行引导与激发。目标设置与动机、操作以及最后的成绩有很大的关联。

三、运动训练的生物化学基础

（一）运动生物化学的研究对象与任务

运动生物化学是生物化学的一个分支，而生物化学是一门研究生命化学的科学，就是研究生物体的分子结构与功能、物质代谢与调节以及它们在生命活动中所起的作用。运动生物化学是一门研究运动中人体变化规律的学科，即研究人体在运动中体内化学变化的特点和规律，探究运动所引起的体内分子水平适应性变化及其机理的一门学科，目的在于服务体育运动与竞技体育的实践活动。由于体育运动主要是人体的运动，因此运动的人体就成为运动生物化学的主要研究对象。运动生物化学对人体的研究包括运动前、运动中和运动后恢复期，它不仅研究一次急性运动机体代谢的变化，同时还对长期系统的运动进行研究。

（二）运动人体机能的生化评定

1. 运动人体机能生化评定的原则

（1）用代谢产物作为指标

人体内的代谢在安静状态下相对稳定，但在人体运动时代谢过程会加快，代谢产物明显增多，体内环境也会相应发生变化，血、尿、汗及唾液中的某些成分会发生改变。因此，这些代谢产物的变化能够间接反映运动时人体物质、能量代谢的特点与规律，代谢产物指标数值的高低在一定程度上能够反映出运动者的机能状态。

（2）用功能性物质作为指标

人体中的许多物质如尿液中的微量的蛋白质都具有功能性的特征，其含量的变化能够反映出运动者的机能状态。因此，用功能性物质作为指标能够评定身体机能是否处于正常状态或承受了过度的运动负荷。

（3）用代谢调节物质作为指标

酶和激素是调节性物体新陈代谢的重要物质，大部分酶只有在细胞内才能实现其催化功能。当运动者在进行大强度运动或承受过大运动负荷状态下，极易导致组织细胞膜通透性增加，血清酶活性会升高。例如，血清磷酸肌酸激酶的升高不仅能够反映出骨骼肌在运动时的损伤程度，同时能够对运动的强度做出反应。

（4）采用可观测的评价指标

由于机体的运动主要是骨骼肌的运动，所以对机体运动最直接的评定方法是对骨骼肌中物质的变化进行测定。目前，分离骨骼肌细胞的技术很难，直接测定骨骼肌细胞的技术也需要通过活检的方式，因此这些技术的实际可操作性不大。骨骼肌细胞中的某些物质在运动的过程中会渗透到血液，有些也会伴随尿液排出，因此在测定骨骼肌细胞的变化时，一般通过采血的方式。采用这些指标来对运动人体机能进行评定更加具有可观测性。

（5）考虑评价指标的易测性

在用生化指标评定运动负荷的实践中，可根据实际情况采取简单易行的测试手段。生化指标测试方法手段越来越简单，如用乳酸自动分析仪测定血乳酸的含量只需几十秒时间，并且精密度很高。只有使生化指标更加易测，才能达到准确并快速对运动人体机能和运动负荷进行评定的目的。

（6）掌握适宜的测试时间

由于指标生化特征的不同，其在运动中也会表现出不同特点与规律，因此选择适当的测试时间在评定中很重要。例如，对机体糖酵解能力的血乳酸进行评定，应在运动后的1分钟、3分钟和5分钟后分别采血；对血尿素的测定应该在运动停止以后即刻进行取样。如果在实践中不按照指标自身的变化规律进行取样，不仅不能准确评价身体的机能，甚至可能出现严重的偏离。

（7）生化评定的综合性与长期性

为对运动人体的机能进行准确全面的评定，还要进行一定阶段的跟踪测试和综合分析。有些生化指标如血乳酸值需要经过一阶段的跟踪测试，如果单独用运动后血乳酸值来评定负荷强度则会有很大误差。有些生化指标如血红蛋白只进行一两次测定是不能说明问题的，只有进行生化指标的长期跟踪才能达到预定的目的。

2. 运动人体机能生化评定的意义

（1）评定与监控机能状态的依据

人们在运动中会运用各种方式为运动创造各种良性的应激源，也有各种非人为形成的应激源。运动者在运动中会不断地受到这些应激源的刺激，并逐渐对其适应，此时人体的应激水平下降甚至对原有刺激不再产生反应，机体出现平衡状态。只有形成新的应激反应，不断提高应激源的水平，才能够提高运动者机能与运动的水平。因此，运动者在运动中要不断提高运动负荷水平，但要在人体所能承受的范围内，以免过度运动造成运动损伤。所以说，对运动人体机能进行科学监控和评定具有重要意义。

（2）评价运动训练效果的依据

运动者经过系统运动的效果不仅可以通过运动成绩反映出来，还能够在机体的代谢能力和供能能力方面得以体现。通过系统的运动训练，机体的供能系统能力会有提高，从而实现预期目的。

（3）运动者合理营养的依据

物质源于对食物的摄入，人体的物质代谢能力对运动能力有很大影响，因此可以通过生化指标对运动人体的营养状况进行监测。在运动中针对性地对营养物质进行补充，是人体达到最佳机能状态的物质基础。

（4）预测运动成绩的依据

运动人体机能评定的状况能够作为运动者预测运动成绩的依据。例如，通过最大的乳酸生成能力来对 400 米跑、200 米游泳的成绩进行预测的方式在实践中已经得到应用。

3. 综合评定的方法

（1）综合评定的意义

在体育运动的实践中，运动者不仅要把握好运动的负荷量与负荷强度，同时还应该了解运动后自身身体机能的变化。运动负荷的影响因素有很多，多种生化指标评定要比单一生化指标评定更加的科学，如同时采用血乳酸、尿蛋白、血尿素三项指标对运动负荷强度进行综合评定就要比用一项指标评定更为合理。为更加科学地掌握与指导运动训练，应采取一个多指标、多层次、多因素的整体对运动负荷的生化综合评定，从而使运动的效果更好。

（2）综合评定的特点

综合评定的特点包括各项生化指标和运动负荷的关联性、各项生化指标之间的独立性、各项生化指标之间的参考性与各项生化指标的比较性。

各项生化指标与运动负荷的关联性是指运动负荷综合评定所选用的生化指标能够比较敏感地反映运动负荷的变化。各项生化指标的独立性是指各项生化指标在准确地反映运动负荷时，各项生化指标之间不一定存在高度的相关。各项生化指标之间的参考性是指各项生化指标之间需要互相参考并综合评定，才能更准确地反映运动训练负荷及学生身体机能状态的变化。各项生化指标的比较性是指对运动前后的各生化指标的变化进行长时间的跟踪研究，能够更科学地对运动负荷量、负荷强度以及学生的身体机能状态进行评定。

（3）综合评定的设计

进行综合评定时，应该根据评定的目的及受试者的年龄、运动专项、运动水平等多方面因素选择评定的生化指标，根据测试的结果与运动生化的原理对受试者作出全面、科学的综合评定。综合评定的设计包括对负荷量和负荷强度的评定、对身体机能恢复的评定、对运动者运动前机能状态的评定。

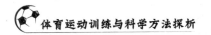
第三节　体育运动训练的处方与监督

现代运动训练是健康人为了增强体质和提高运动技能的一种手段，在这个过程中，稍有不慎就会受伤。因此，在运动训练的过程中，需要制定合理的营养处方和运动处方，并且积极进行医务监督和自我监督。

一、营养处方

营养是人体获取和利用食物中的养料以维持生命活动的综合过程，是保证人体正常生长和发育的重要因素。营养与运动的科学配合，可以更有效地促进身体的生长发育和提高健康水平。

（一）合理营养概述

1. 合理营养的概念与基本要求

（1）合理营养的概念

人的生长和发育过程与营养密切相关，科学合理的营养搭配不仅可以增强体质、提高健康水平，而且可以明显地提高工作效率。所谓合理营养就是要通过提供符合基本卫生要求的平衡膳食，让提供膳食的质量能够达到人体生理、生活和劳动以及其他活动的需求。

（2）合理营养的基本要求

合理营养主要是通过提供平衡膳食来实现的，其基本要求包括以下几个方面：

①供给人体所需要的热能和营养素。

②膳食要具有良好的感官形状，色、香、味俱全，能够引起食用者的食欲。

③食物要易于消化吸收和有一定的饱腹感。

④具有合理的膳食制度及良好的进食环境。

⑤有严格的食品卫生制度和良好的饮食习惯，提供的食品应无毒无害。

2. 不同项目训练者营养需要的特点

运动过程中人体热能代谢的水平和营养素的需要会受到各种因素的影响。根据不同项目的物质代谢特点，科学地利用营养来促进体育锻炼的效果，能提高身体健康水平。无论是参加什么项目的运动都应当摄取营养平衡和多样化的膳食，在此基础上再考虑不同类型的运动训练在营养需要方面的一些特点。实际上，不同个体在膳食方面的特殊性常比不同项目要求的差异性更为突出。

（1）耐力性运动的营养特点

耐力项目如长跑等，其代谢特点是运动时间长，运动强度较小，热能与各营养素的消耗大，能量代谢以有氧代谢供能为主。运动过程中肌糖原消耗大，蛋白质分解加强，脂肪供能比例随运动时间延长而增加。因此，为维持体内糖原储备，应首先满足能量的消耗，供给充足的糖。

（2）力量性运动的营养特点

力量性运动要求肌肉有较大的力量和较强的爆发力，运动具有强度大、运动中高度缺氧、运动有间歇以及无氧供能为主要特点。

（3）速度性运动的营养特点

速度性运动具有以力量素质为基础的无氧代谢供能的特点，在运动的过程当中能量的代谢率非常高，虽然运动持续时间较短但是强度很大，其能量主要依靠碳酸原系统和糖无氧酵解，在短时间内体内产生大量的碳酸性产物。在进行速度性运动期间要在膳食中加大动物性蛋白质的比重，用来满足增大肌肉体积和提高肌肉质量的需要，具体而言，蛋白质的摄入量每日每千克体重可以达到 2 克左右。

（4）游泳运动的营养特点

游泳是在水中进行的运动项目，与在陆地上不同，水的温度低、阻力大，肌体散热既多又快。游泳训练对肌体的力量和耐力都有一定的要求。因此，针对游泳运动训练者的营养膳食中应该包含有丰富的蛋白质和糖。同时还要求较多的脂肪和维生素 A，以利于保持体温和保护皮肤。另外，应适当增加碘的含量，以适应低温环境甲状腺素分泌增多的需要。

（5）球类运动的营养特点

球类运动是以全面性活动为主的体育活动，要求运动者具备力量、速度、耐力、灵敏和技巧等多方面的素质，运动强度大，能量消耗较高。其膳食供给应根据运动量的大小，保证充足的能量。

（6）灵巧、技巧性运动的营养特点

这类项目特点是动作比较繁多而且相对复杂，对力量、速度素质、灵巧度和协调性都有很高的要求。同时对神经系统也有较高的要求，热能消耗不是非常大。这类运动项目的营养特点是：高蛋白质、高热量、低脂肪，维生素和矿物质应重点在于铁、钙、磷的含量及维生素 B 和维生素 C 的含量。

（二）运动与营养素

营养素是指能在体内消化吸收，供给热能，构成肌体组织成分，调节生理机能，为肌体进行正常物质代谢所必需的物质。包括蛋白质、脂肪、糖类、维生素和水等。

1. 运动与水和电解质

（1）水的生理功能

水是人体最重要的组成成分，是仅次于氧的维持生命的必需营养物质。若人体内水分丧失达到20%，生命是无法维持的。肌体内的一切生物化学变化都必须有水的参与，水占成人体重的60%左右。水在人体内的主要生理功能有以下几个方面：

①它是构成肌体的主要成分。

②它参与全身所有的物质代谢，负责完成肌体的物质运输。

③调节体温，保证腺体正常分泌。

（2）水的来源与需要量

人体在正常情况下，每天经皮肤、呼吸道以及以尿和粪便的形式排出体外的水和摄入体内的水必须保持基本相等，处于动态平衡中，这称为"水平衡"。其中体内水的排泄途径以肾的排出最为重要。体内水的来源主要有三个方面：一是三大能源物质在体内代谢过程中产生的代谢水；二是食物水；三是饮料水。其中饮料水是体内水的主要来源。

（3）人体运动时水的作用及运动补液

水在人体内除具有运输养分和代谢废物、组成细胞液、润滑等重要作用外，对调节运动时的体温和保持热平衡极其重要。人在剧烈运动时，体内产热增加，当环境温度达到人的皮肤温度时，出汗成为调节体热平衡主要的途径。运动时的出汗与运动强度呈正相关，但也受运动持续时间、气温、热辐射强度及湿度等多种因素的影响。一次大强度运动如果得不到及时的补液，常会引起脱水、体内环境失去稳定条件，使运动能力受到损害。

（4）电解质的生理功能

肌体内钠、钾、钙、镁等电解质对维持细胞内外的容量、渗透压、酸碱平衡和神经肌肉兴奋性有重要的功能。运动情况下，电解质的代谢加强。不同运动负荷可使血浆中电解质的浓度发生明显的改变。运动中的血清钾和钠浓度比安静时增加，并可延续到运动结束，而在运动后逐渐恢复到安静水平，而在长时间运动后血清钾和钠可以显著减低。低于安静时的水平，表明剧烈运动中体内电解质有所消耗。

2. 运动与维生素

（1）维生素的生理功能

维生素是维持人体生命和调节正常生理机能的一类有机化合物，是人体所必不可少的。维持正常的生理机能只需要少量的维生素，但是维生素在人体内只有很少的储存量，需要经常性地从食物中获取。

（2）维生素与运动的关系

体育运动使维生素在体内的代谢过程加强并使一些维生素的需要量增加。在热能营养充足和平衡膳食的情况下，一般不会发生维生素缺乏，但在大运动量训练或减体重期，热能营养不能满足需要时，或添加食物的营养密度不够时，应注意预防维生素的营养不良。

3. 运动与蛋白质

（1）蛋白质的组成及生理功能

蛋白质是生命存在的主要形式，也是构成人体的重要生命活性物质。蛋白质由碳氢、氧、氮四种主要元素组成，一部分蛋白质还含有硫、磷、铁、铜、碘等元素，这些元素先组成结构较简单的氨基酸，这些氨基酸又根据是否在体内合成而分为必需氨基酸和非必需氨基酸，再由各种不同的氨基酸组成不同种类和营养价值各异的蛋白质。组成蛋白质的氨基酸共有 20 多种，人体蛋白质的种类初步估计达 10 万种以上，都是由这些氨基酸的不同排列组合而成。

蛋白质在人体内的主要生理功能具有多样性，主要有以下几个方面：

①构成肌体组织，促进生长发育。

②构成酶和激素成分，调节酸碱平衡及全身生理机能。

③增强肌体抗病免疫能力，供给热能等。

肌体一旦缺乏蛋白质，首先影响肌体生长发育，肌肉萎缩，甚至贫血，并出现抗病力下降、内分泌紊乱、易疲劳、伤口不愈合等现象。

（2）蛋白质的来源与需要量

日常膳食中的肉、蛋、奶等是动物性蛋白质的主要来源；而豆类是植物性蛋白质的主要来源。其中动物性食物蛋白质营养价值较高，而植物性蛋白质由于缺少一些必需氨基酸，故营养价值较低。一般认为动物性及植物性蛋白质在食物中应各占 50%。蛋白质来源中最好 1/3 为优质蛋白，但蛋白质摄入过多会因食物消化动力增加热能需要，增加肝和肾排出附加的氮代谢物，蛋白质代谢产物为酸性，过多时会增加体液的酸度，引起疲劳，并将引起水的需要量增加和便秘等副作用。

（3）蛋白质与运动的关系

蛋白质与人体运动能力有密切关系，如肌肉收缩、各种生理机能的调节等。氨基酸氧化还可为运动提供一部分能量，一般情况下氨基酸在运动中供能的比例相对较小，但在体内肌糖原储备耗竭时氨基酸供能可达 10%～15%，这取决于运动的类型、强度和时间。氨基酸主要通过丙氨酸—葡萄糖循环的代谢过程提供运动中的能量。

体育运动可使体内蛋白质代谢发生变化，如耐力运动使蛋白质分解大于合成速度，肌体氮排出量增加；而力量性运动能使活动肌群的蛋白质合成速度大于分解速度，因而肌肉壮大，以上反应均使肌体对蛋白质的需要量增加。尽管蛋白质的摄入不足会影响运动训练的效果，甚至影响肌体的健康，但蛋白质摄入过多也会对肌体的正常代谢有不良的作用。

二、运动处方

（一）运动处方概述

1. 运动处方的概念

运动处方是指对从事体育锻炼的人（含病人），根据其医学检查资料，按健康、体力以及心血管功能状况，结合生活环境条件和运动爱好等个体特点，用处方的内容规定健身活动适当的运动种类、时间和频率，并指出运动中的注意事项，指导其有计划地经常性锻炼，达到健身或治病的目的的方法。

运动处方是在身体检测的基础之上，根据锻炼者身体的需求，按照科学健身的原则，为锻炼者提供的量化指导方案。康复医师、体疗师、健身教练对从事体育锻炼者或病人，根据医学检查资料（包括运动试验和体力测验），按其健康、体力以及心血管功能状况制定运动处方，以指导人们有目的、有计划、科学地开展健身活动。

2. 运动处方的分类

随着康复体育的不断发展及运动处方应用范围的扩大，运动处方的种类也不断增加。常见的分类有以下两种。

（1）按锻炼的对象和作用划分

①治疗性运动处方

以治疗疾病、提高康复效果为主要目的。用于某些疾病或损伤的治疗和康复，它使医疗体育更加定量化、个别对待化。例如，某人中等肥胖，体重超标 10 千克，他需每天爬山 1 小时，约 16 周时间体重可以降到标准范围。这就是治疗性运动处方。

②预防性运动处方

以增强体质、预防疾病、健美、提高健康水平为主要目的，主要用于健身防病。比如说人进入中年之后，身体的各项机能开始衰退，动脉硬化就是其中一个表现，那么，为了预防动脉硬化，运动处方规定了中等强度的耐力跑，通过运动来减少脂肪和胆固醇的沉积，进而有效预防动脉硬化。这就是预防性运动处方。

（2）按锻炼的器官系统划分

按锻炼的器官系统可以划分为心血管系统的运动处方、运动系统的运动处方、神经系统的运动处方、呼吸系统的运动处方。

3. 运动处方的基本格式

目前，运动处方的格式没有统一的规定，但运动处方应全面、准确、简明、易懂。运动处方应包括以下内容：一般资料、临床诊断结果、临床检查和功能检查结果、运动试验和体力测验结果、运动的目的和要求、运动项目、运动强度、运动时间、运动频度、注意事项、医师或教练签名、复查日期、运动处方的制定时间。

4. 制定运动处方的特点

（1）目的性强

运动处方是有非常明确的远期目标和近期目标的，制定运动处方和实施运动处方的时候都要围绕运动处方的目的进行。正是因为运动处方具有很强的目的性，才能够进行比较具体的制定和实施。

（2）计划性强

运动处方的制定是依据一定的目标完成的，因而计划性也较强。体育锻炼者依据运动处方进行运动锻炼，可使运动负荷量安排得当，锻炼得法，做到心中有数，同时也能提高运动兴趣，并逐渐养成终身运动的习惯。

（3）科学性强

运动处方的制定和实施过程是严格按照康复体育、运动医学、运动学等学科的要求进行的，有较强的科学性。按运动处方进行锻炼，能在较短的时间内取得较明显的健身和康复效果。

（4）针对性强

运动处方不是随意和任意制订的，其制定一定要有针对性。在制定运动处方的过程中，要针对运动者个人的健康状况、体能水平、兴趣爱好等实际情况进行，制定的运动处方要有一定的针对性和个性化。这样的运动处方才具有良好的适应性与促进健康的作用。

（二）制定运动处方的原则

1. 科学性原则

科学性原则要求在制定运动处方的时候要考虑可行性，运动处方必须符合人体的生理和心理特点。特别要注意运动处方中的运动时间和运动强度要符合处方对象的身体特点以及运动的重点要求。

2. 具体性原则

运动处方的制定不是千篇一律的，应该根据每个个体的不同情况来制定，要根据每一个参加运动训练的人的具体实际情况，制定出符合其个人身体客观条件和要求的处方。

对于不同的疾病，运动处方应有不同，而且对同一疾病在不同的阶段其对应的运动处方也应该不同。

3. 有效性原则

运动处方中运动强度和运动量的安排要保证对肌体刺激有效，运动处方的制定和实施应使参加锻炼者或病人的功能状态有所改善。在制定运动处方时，要科学、合理地安排各项内容；在运动处方的实施过程中，要保质保量认真完成锻炼。

4. 安全性原则

运动处方的制定要结合体育锻炼者的具体实际情况而定，最主要的是要保证体育锻炼者的安全。

在制定运动处方时，一方面要对体育训练者进行全面的健康诊断和体力测试，保证运动训练的安全，这样可有效避免运动损伤的发生；另一方面，还要严格遵循运动处方的各项规定和具体要求，合理选择运动负荷，保证运动训练的科学性和安全性。

（三）运动处方的基本内容

运动处方的内容应包括运动项目、运动强度、运动时间、运动频度及注意事项等。

1. 运动项目

（1）运动项目选择的依据

运动项目的选择，主要应根据运动者所要达到的目的而定。一般应考虑以下几个方面内容：康复或健身的主要目的，临床检查和功能检查的结果，受试者的运动经历、兴趣、爱好和特长，进行运动的环境、条件，是否有同伴和指导等。

（3）运动项目的类型

运动处方的运动项目可分为以下三类：

①耐力性（有氧）运动

耐力性（有氧）运动是运动处方最主要和最基本的运动手段。在治疗性运动处方和预防性运动处方中，主要用于心血管、呼吸、代谢、内分泌等系统慢性疾病的康复和预防，以改善和提高心肺、代谢、内分泌等系统的功能。在健身、健美运动处方中，耐力性（有氧）运动是保持全面身心健康、保持理想体重的有效运动方式。

有氧运动的项目有：步行、慢跑、走跑交替、上下楼梯、游泳、自行车、室内功率自行车、步行车、跑台、跳绳、划船、滑冰、滑雪、球类运动等。

②力量性运动

力量性运动在运动处方中，主要用于运动系统、神经系统等肌肉神经麻痹或关节功能障碍的患者，以恢复肌肉力量和肢体活动功能为主。在矫正畸形和预防肌力平衡破坏所致的慢性疾患的康复中，通过有选择地增强肌肉力量、调整肌力平衡，从而改善躯干和肢体的形态与功能。

力量性运动根据其特点可分为：电刺激疗法（通过电刺激增强肌力，改善肌肉的神经控制）、被动运动、助力运动、免负荷运动（即在减除肢体重力负荷的情况下进行主动运动，如在水中运动）、主动运动、抗阻运动等。抗阻运动包括等张练习、等长练习、等动练习和短促最大练习（即等长练习与等张练习结合的训练方法）等。

③伸展运动及健身操

伸展运动及健身操较广泛地应用在治疗、预防和健身、健美各类运动处方中，主要的作用有放松精神、消除疲劳、改善体形、防治高血压及神经衰弱等疾病。

伸展运动及健身操的项目主要有太极拳、保健气功、五禽戏、广播体操、医疗体操、矫正体操等。

2. 运动强度

健身运动者在进行健身运动过程中，安全性与健身的效果都会受到运动强度的直接影响。运动训练的效果与安全这两个方面是一个矛盾的双方，二者是对立统一的关系。通常而言，健身效果是与运动强度成正比的，即后者越大，前者越好。这是当运动强度在一定范围内时成立的。但是，如果体育锻炼者以过大的运动强度进行体育锻炼，就会对安全造成一定的影响与威胁。因此体育锻炼者需要以自己的身体状况与运动能力为根据来对运动强度进行确定，保证体育锻炼中运动强度的适应性，这样不仅能够使安全得到保障，而且能够促进良好健身运动效果的获得。

3. 运动时间

（1）运动时间确定的依据

确定运动处方的运动时间，主要应考虑以下几个方面的内容：临床检查和功能检查的结果，运动试验及体力测验的结果，所确定的运动内容，所确定的运动强度，受试者的年龄、运动经历等。

（2）常见运动项目运动时间的确定

①耐力性（有氧）运动的运动时间

运动处方中的运动时间是指每次持续运动的时间。每次运动的持续时间为 15～60 分钟，一般须持续 20～40 分钟；其中达到适宜心率（THR）的时间须在 15 分钟以上。在计算间歇运动的持续时间时，应扣除间歇时间。间歇运动的运动密度应视体力而定，体力差者运动密度应低；体力好者运动密度可较高。

运动量由运动强度和运动时间共同决定（运动量=运动强度×运动时间），在总运动量确定时，运动强度与运动时间成反比。运动强度较大则运动时间较短；运动强度较小则运动时间较长。前者适宜于年轻及体力较好者；后者适宜于老年及体力较弱者。年轻及体力较好者可由较高的运动强度开始锻炼；老年及体力较弱者由低的运动强度开始锻炼。运动量由小到大，增加运动量时，应先延长运动时间，再提高运动强度。

②力量性运动的运动时间

力量性运动的运动时间主要是指每个练习动作的持续时间。如等长练习中肌肉收缩的维持时间一般认为在6秒以上较好。最大练习是负重伸膝后再维持5~10秒。在动力性练习中，完成一次练习所用时间实际上代表动作的速度。

③伸展运动和健身操的运动时间

成套的伸展运动和健身操的运动时间一般较固定，而不成套的伸展性运动和健身操的运动时间有较大差异。

4. 运动频度

确定运动处方的运动频度，主要应考虑的依据与确定运动时间类似。常见运动项目运动频度的确定依据如下：

（1）耐力性运动的运动频度

在运动处方中，运动频度常用每周的锻炼次数表示。运动频度取决于运动强度和每次运动持续的时间。一般认为，每周锻炼3~4次，即隔1天锻炼1次，这种锻炼的效率最高。最低的运动频度为每周锻炼2次。运动频度更高时，锻炼的效率增加并不多，而有增加运动损伤的倾向。小运动量的耐力运动可每天进行。

（2）力量性运动的运动频度

力量练习的频度一般为每日或隔日练习1次。

（3）伸展运动和健身操的运动频度

伸展运动和健身操的运动频度一般为每日1~2次。

三、自我监督

除了医疗监督，还有一种监督方式可以有效地促进运动训练的进展，提高运动训练的效率，那就是自我监督。

（一）自我监督的概念

自我监督，是指运动参加者在体育训练过程中，采用自我观察和检查的方法，对自己的健康状态、生理功能变化和运动成绩进行连续不断地观察，并定期记录于训练日记中，供本人、指导者和医师参考。

自我监督的目的在于评价锻炼效果，调整训练计划，防止过度疲劳的发生，更有利于健康水平的提高。因此，自我监督是运动医务监督的一个补充方法，是指导者和医师作为掌握和评价运动者情况的一项依据。经常性的自我监督对于增进信心、坚持科学训练、防止运动过量或不足、提高锻炼效果和养成运动卫生习惯等都有重要意义。指导者和医师应经常检查自我监督记录表，必要时进行重点检查，采取相应措施。

（二）自我监督的主要内容

自我监督包括主观感觉和客观检查两个方面。其结果记录于自我监督表中。

1. 主观感觉

（1）一般感觉

一般感觉反映了整个肌体的功能状态，尤其是中枢神经系统的状态。身体健康者表现为精力充沛、精神愉快。但患病或过度训练时就会有身体软弱无力、精神萎靡不振、易疲劳、易激动等不良感觉。在进行自我监督时，可根据自我感觉记录为良好、一般、不好等。

（2）运动心情

运动心情即运动欲望，是指对体育运动的兴趣程度。经常参加运动的人一般是愿意参加运动的；如果方法不对或过度疲劳，则对运动不感兴趣或产生厌烦。记录时可根据个人的心情记录为渴望锻炼、愿意锻炼、厌烦锻炼等。

（3）睡眠情况

经常运动的人其神经功能比较稳定，一般睡眠良好。良好的睡眠应该是入睡快、睡眠深而少梦，早晨起床精神焕发、精力充沛、全身有力。如果晚上失眠、易醒、多梦，早晨起来没有精神，说明训练方法不当或运动量过大，就要检查运动量是否合适。记录时应写睡眠的持续时间和睡眠状况是否良好。

（4）食欲情况

刚参加完体育训练之后因为消耗了太多的能量，所以食欲较好，饭量也比较大。如果出现运动后没有进食的欲望而且食量减少的情况，则说明运动的强度或者时间安排不当且身体状况不好。此外，运动刚结束后马上进食，食欲也较差。记录时可写食欲良好、食欲

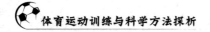

一般、食欲减退、厌食等。

（5）不良感觉

参加剧烈运动后，由于身体过度疲劳，往往出现四肢无力、肌肉酸痛等情况，这是正常的生理现象，经过适当休息可以恢复。训练水平越高，这些现象消失得越快。如果运动后出现头晕、恶心、心慌、气短、腹痛等，则表示运动方式不当、运动量过大或健康状况不良。记录时可写头晕、恶心、气短、心慌等。

（6）出汗量

运动时出汗的多少与气候、运动程度、衣着、饮水量、训练水平、身体素质和神经系统的状况等有关。如果突然大量出汗，特别是有自汗和夜间盗汗现象时，表明身体极度疲劳或有其他疾病。记录时可写出汗适量、出汗增多、大量出汗、夜间盗汗等。

2. 客观检查

（1）脉搏

经常参加体育运动者，由于迷走神经紧张性增高，安静时脉搏频率较缓慢。在自我监督中，可用早晨脉搏来评定运动水平和身体机能的状况。一般在早晨醒来起床前测定脉搏，若脉搏逐渐下降或不变，说明身体机能反应良好；若每分钟增加 12 次以上，说明身体机能反应不良，应找出原因及时处理；若早晨脉搏连续保持较快的水平，可能是过度训练所致。如果发现脉搏节律不齐，需采用心电图等方法进一步检查。测量脉搏时，一般测10 秒内的跳动次数，再换算出 1 分钟的数值，然后记录下来。

（2）体重

参加体育锻炼后，体重一般有下列变化：刚参加运动的人，由于身体里水分和脂肪大量消耗，体重可下降2~3千克。经过一段时间的锻炼，体重比较稳定，运动后减轻的体重能够完全恢复。长期坚持锻炼的人，肌肉逐渐发达起来，体重有所增加，而且保持一定水平。自我监督时，每周可测 1~2 次，只要按照这三个阶段发展，即为正常情况。如果体重持续下降，表明有严重的疲劳或患有其他消耗性疾病。

（3）肺活量

肺活量的大小在一定程度上表现出呼吸功能的好坏，运动能使呼吸功能显著增强。经常参加锻炼的人，能使肺活量增加，但在过度训练时，肺活量就会减少。有条件时，应在运动前做一次肺活量检查，参加一个阶段的运动后，肺活量会增加一些，如持续下降则表明肺功能不良。

（4）肌力

训练状态良好时，握力、背力均增加。如肌力持续下降，应引起注意。

（5）运动成绩

坚持合理锻炼，运动成绩会逐渐提高或保持在一定水平上。如果运动水平没有提高，甚至下降，可能是早期过度训练的状态，应找出原因，适当休息或调整运动量。

（6）血压、心电图

在有条件时，或对某些患有心脑血管疾病的锻炼者，要定期检查，并做运动前后对比的观察。

（7）其他记录

缺席情况、受伤情况、中断运动时间和气象条件等。另外，女性还要记录月经的情况，如运动后月经量多少、经期长短、有无痛经等。

第三章　体育训练的营养与环境

第一节　营养与营养素

一、营养

生命的存在、有机体的生长发育、生命活动及各种脑力劳动和体力劳动都依赖于体内的物质代谢过程。因此，人体必须不断地从外界（主要是食物）摄取一定数量的物质，以维持生命特征。

合理的营养能促进生长发育、增进健康、增强免疫力、预防疾病、提高工作效率和运动能力。营养不良或者营养不当，将影响正常生长发育，使机体免疫力降低，易患各种疾病，导致运动能力下降。因此，要保持膳食平衡，保证食物的质与量，以满足人的生理、生活、劳动等一切活动的需要。要做到合理营养，就必须正确选择食物，充分发挥食物的营养作用，这就需要我们掌握营养知识。

二、营养素的含义

营养素是指食物中的养分，是指能在体内被吸收、能供给热量、构成机体组织和调节生理功能，为身体进行正常物质代谢所必需的物质。营养素通常从食物中摄取，但任何一种食物都不可能包含所有的营养，各种食物中所含的营养素的种类和含量也不相同。人体必需的营养素有 40 多种，其中蛋白质、脂肪、碳水化合物是人体能量来源的三大主要营养素；维生素、矿物质和微量元素、纤维素、水能维系人体生命但不含热量；核酸是生命活动的核心。其中，蛋白质、脂肪、碳水化合物三者被摄入后在人体内经过氧化，能为机体提供热能，占比分别为：蛋白质占 10%~15%，脂肪占 20%~25%，碳水化合物占 60%~70%。人缺乏任何一种营养素或因代谢失常引起某种营养素供应不足，均会造成人体组织结构的变化或功能的异常，可能表现为疾病，甚至导致生命的终止。因此，我们必须了解人体所需的营养素的来源，以及一般成人所需的营养素的供给量，才能根据自己的需要选择食物。

人体必需的营养素近 50 种，所需要的营养素有蛋白质、脂类、碳水化合物、维生素、矿物质和水六类。

三、营养素的种类

（一）蛋白质

1. 蛋白质的组成与分类

蛋白质是一种化学结构非常复杂的化合物，主要由碳、氢、氧、氮四种元素构成，有的还含有硫、磷等元素。蛋白质含有氮是蛋白质与糖、脂肪的重要区别之一。化合物先构成氨基酸，许多氨基酸再构成蛋白质，所以氨基酸是构成蛋白质的基本单位。

蛋白质中的氨基酸有 20 多种，其中有一部分氨基酸在机体内不能合成或合成速度较慢，不能满足机体需要，但它们又是维持机体生长发育、合成机体蛋白质所必需的，称为必需氨基酸。成年人的必需氨基酸有 8 种，儿童的必需氨基酸有 9 种。其他氨基酸在机体内可以合成，而不必由食物蛋白质供给的，称为非必需氨基酸。

必需氨基酸与非必需氨基酸都是人体所需要的，都有其生理意义。但只有两者保持适当的比例，才能提高利用率。例如，成年人需要的必需氨基酸为总氨基酸的 20%，儿童需要的必需氨基酸为总氨基酸的 30%，婴儿需要的必需氨基酸为总氨基酸的 43%。

每种蛋白质至少由 10 种以上氨基酸构成，根据食物蛋白质的氨基酸组成情况，营养学将蛋白质分为三类。

（1）完全蛋白质

完全蛋白质中的必需氨基酸种类齐全，数量充足，比例适当，能维持成人健康且能促进儿童生长发育。属这种蛋白质的有奶类中的酪蛋白和乳白蛋白，蛋类中的卵白蛋白和卵黄蛋白，肉类中的白蛋白和肌蛋白，大豆中的大豆蛋白，小麦中的麦谷蛋白，大米中的大米蛋白，玉米中的谷蛋白等。

（2）半完全蛋白质

半完全蛋白质中所含必需氨基酸的种类较齐全，但含量不多，比例不等，可维持生命，但不能促进生长发育，如小麦和大麦中的麦胶蛋白。

（3）不完全蛋白质

不完全蛋白质中所含的必需氨基酸种类不全，不能促进生长发育，也不能维持生命。

如动物结缔组织和肉皮中的胶原蛋白、豌豆中的豆球蛋白等。

2. 蛋白质的营养功用

（1）构成机体组织

蛋白质是一切细胞和组织结构的重要成分，是生命的物质基础。蛋白质是供给机体生长、更新和修补组织的必需材料，它占细胞固体成分的 80% 以上。蛋白质占人体体重的 18%。

（2）调节生理机能

蛋白质在体内构成许多机能物质，具有多种生理机能。如酶的催化作用，激素的生理调节作用，血红蛋白与肌红蛋白的输氧与储氧，机体的免疫，血浆蛋白维持血浆渗透压，以及某些氨基酸是制造能量物质（磷酸肌酸）和神经介质（乙酰胆碱）的重要成分，对肌肉的功能有很大的作用。

（3）供给热能

蛋白质的主要功用不是供给热能，但是当糖和脂肪供给的热能不足或摄入氨基酸过多，超过体内需要时，蛋白质就供给热能。此外，体内蛋白质在更新分解代谢中也放出热能，每克蛋白质产热 4kcal（1kcal＝4.184kJ）。

3. 蛋白质的供给量与来源

蛋白质在体内的储量甚微，营养充分时可储存少量（约 1%），而体内的蛋白质每天有 3% 需要更新。其中，部分由体内蛋白分解代谢后重新合成，部分则需要从食物中摄取。因此，每天必须摄取一定量的蛋白质才能满足机体需要。

蛋白质的供给必须满足机体的氮平衡。蛋白质供给量如果长期不足会引起蛋白质缺乏症，可使机体生理功能下降、抵抗力降低、消化功能出现障碍、伤口愈合缓慢、精神不振、贫血、脂肪肝、组织中酶活性下降等，还可能导致幼儿出现生长发育不良，皮肤、毛发异常变化等症状。引起幼儿蛋白质缺乏的原因多为食物来源不足，个别可能是由于某些特殊生理状况使需要量增加，或某些疾病使体内蛋白质排泄量增加或消耗量增加（如肾炎、慢性失血等）所致。

相反，摄入蛋白质过多也对人体有害，如大量蛋白质在体内代谢过程中会增加肝、肾的负担，大量蛋白质会增加食物特殊动力作用使机体增加额外的热能消耗。动物试验表明，膳食中蛋白质含量过高（占热能的 26%），其寿命会缩短。

（二）脂类

1. 脂类的组成与分类

脂类包括脂肪和类脂质，由碳、氢、氧三种元素组成，有的类脂质还含有磷。脂肪由一个分子甘油和三个分子脂肪酸构成，故称为甘油三酯。类脂质是一些能溶于脂肪或脂肪溶剂的物质，在营养学上特别重要的有磷脂（如卵磷脂、脑磷脂等）和固醇（胆固醇等）两类化合物，结构复杂。此外，脂类还包括脂蛋白。

脂肪酸种类很多，按分子结构可分为饱和脂肪酸与不饱和脂肪酸两类。不饱和脂肪酸又可分为单不饱和脂肪酸与多不饱和脂肪酸。在多不饱和脂肪酸中，亚油酸对人体最为重要，它不能在体内合成，必须从食物中摄取，故称为必需脂肪酸。

2. 脂类的营养功用

（1）供给热能

脂肪是高能物质，1g脂肪可产生热量9kcal。沉积在体内的脂肪是机体的燃料库。

（2）构成机体组织

类脂质是构成细胞的基本原料。体内储存的脂肪组织作为填充衬垫，有保护和固定器官的作用，皮下脂肪有保温作用。一般成年人体内的脂肪为10%~25%。

（3）供给必需脂肪酸

必需脂肪酸在体内有重要的生理功能，是细胞膜和线粒体的组成部分，是合成某些激素的原料，有促进生长发育的作用。它还与类脂质代谢有密切关系，对胆固醇的代谢也很重要。胆固醇只有在与必需脂肪酸结合后，才能在体内运转进行正常代谢，故有助于防治冠心病。

（4）溶解和促进吸收脂溶性维生素

脂肪是膳食中脂溶性维生素的溶剂，脂肪刺激胆汁分泌，有助于脂溶性维生素的吸收利用。

3. 脂类的供给量与来源

膳食中脂肪供给量受饮食习惯、经济条件和气候等条件的影响，变化范围较大。由于机体的热能主要由糖供给，通过脂肪提供的必需脂肪酸和脂溶性维生素的量也不多，因此人体对脂肪的实际需要量并不高。

应注意不同质的脂肪的摄取，由于人体内不能合成多不饱和脂肪酸，故应及时满足人体对亚油酸、亚麻酸和花生四烯酸等必需脂肪酸的需要。一般情况下，摄入脂肪中的饱和脂肪酸、单不饱和脂肪酸和多不饱和脂肪酸的比例以1.1：1为宜。单一食用一种油脂不能达到此比例，这就要多用植物油或食用混合油。

研究证明，摄入脂肪过多对人体有害，膳食脂肪总摄入量与动脉粥样硬化发生率呈正相关，与乳腺癌的发生率呈正相关。摄入脂肪过多会引起大量脂肪在肝脏存积而形成脂肪肝，脂肪肝可引起肝细胞纤维性变，最后造成肝硬化，损害肝功能。此外，高能物质摄入过多，会导致体内热量过剩，过剩的热能转化为脂肪存于体内，使机体肥胖，易发生心血管疾病。

脂肪的来源除各种油脂外，还有许多食物，如瘦猪肉含28%、瘦牛肉含10.3%、鸡肉含2.5%、鱼肉含4%左右。坚果的脂肪含量较高。蘑菇、蛋黄、核桃、大豆、动物的脑、心、肝、肾等含有丰富的磷脂。动物的心、肝、肾及海鱼等水产物含不饱和脂肪酸较多。

（三）糖

1. 糖的组成与分类

糖是自然界中分布于动植物内的一大类物质。由碳、氢、氧三种元素组成，且多数糖分子的氢原子和氧原子的组成比例为2∶1，与水分子的组成比例相同，故糖又有碳水化合物之称。根据糖分子结构的简繁不同，可将其分为单糖（包括葡萄糖、半乳糖、果糖等）、双糖（包括蔗糖、麦芽糖、乳糖等）与多糖（包括淀粉、糖原、纤维素与果胶等）。

以上各种糖除纤维素与果胶，都可在消化道分解成单糖而被机体吸收利用，吸收后的功用基本相同，只是消化吸收的速度不同。单糖吸收较快，多糖较慢，如葡萄糖的吸收速度为100，则半乳糖的吸收速度为110，果糖的吸收速度为43。各种糖的甜度也不一样，如蔗糖的甜度为1，则果糖的甜度为1.75，葡萄糖的甜度为0.75，半乳糖的甜度为0.33，麦芽糖的甜度为0.33，乳糖的甜度为0.16，淀粉的甜度最低。

2. 糖的营养功用

（1）供给热能

糖是人体最主要的热源物质，1g糖可产生热量4kcal。它在供能上有许多优点：比蛋白质和脂肪易消化吸收，产热快，耗氧量少（氧化1g糖耗氧0.83L，而氧化1g蛋白质和脂肪耗氧分别为0.97L和2.03L），对运动有利；在无氧情况下也能分解产生热量，这对进行大强度运动有特殊意义。

（2）维持中枢神经系统的机能

糖是大脑的主要能源。脑组织中无能源储备，全靠血糖供给能量，人体每天需要100~120g葡萄糖。血糖水平正常才能保证大脑的功能正常，血糖浓度下降，可使脑组织能源缺乏而功能受到影响，引起低血糖症。

（3）抗生酮作用维持脂肪的正常代谢

脂肪在体内分解代谢的中间产物酮体，必须与葡萄糖在体内的代谢产物——草酰乙酸结合，才能继续氧化。糖代谢障碍，能量缺乏，体内酮体堆积，可导致酮血症，影响正常生理功能。

（4）促进蛋白质的吸收利用

糖是氨基酸合成蛋白质和组织细胞的能源。在糖与蛋白质一起被摄入时，糖可促进体内 ATP（三磷腺苷）的形成，有利于氨基酸的活化与蛋白质合成，使氮在体内的储留量增加。

（5）保护肝脏

糖可增加肝糖原的储存，保护肝脏免受某些有毒物（如酒精、细菌、毒素等）的损害。如糖代谢的产物葡萄糖醛酸直接与毒物或排泄物结合，增加其水溶性，促进排泄，从而保护肝脏。

（6）构成机体的一些重要物质

糖与蛋白质结合形成的糖蛋白是抗体、酶和激素的组成部分。核糖和脱氧核糖是遗传物质的基础。糖与脂肪结合形成的糖脂是细胞膜和神经组织的成分之一。

3. 糖的供给量与来源

糖的供给量视饮食习惯、生活水平和劳动性质等因素而定，目前在我国一般人的膳食中糖的供给量以占全天总热量的 60%～70% 为宜。

糖主要存在于植物性食物中，粮食和根茎类食物含量很丰富，动物性食物中只有肝脏含有糖原，乳中含有乳糖，但不多，其他则含量更低。

机体内储备的糖（包括肝糖原、肌糖原、血糖等）约 400g，进入体内后多余的糖则转化为脂肪，体内糖原可由蛋白质和脂肪异生而来，一般情况不会缺乏。

糖的种类很多，应以淀粉为主要来源，因为淀粉不但价廉和来源广，而且有生理效应上的优点；人体对淀粉的适应性较好，可较大量和长期食用而无不适反应；消化吸收缓慢，可使血糖维持较稳定的水平；在摄入淀粉含量大的粮谷、薯类等食物的同时可获得其他营养素等。长期摄入过多高糖饮食，不仅会消耗大量的维生素 B_1，还会导致维素 B_1 的缺乏，进而使丙酮酸、乳酸等代谢产物积聚，影响脑功能和智力，而且可刺激胰岛细胞分泌大量胰岛素，引起脂肪代谢失常而导致高脂血症、肥胖、冠心病和动脉硬化症。故其他简单糖类只能在某些情况下适当食用，且不宜过多。试验证明，蔗糖比淀粉容易促发高脂血症。国外十分重视减少蔗糖摄入量，并已使用甜味剂替代蔗糖。果糖是水果和蜂蜜中的天然单糖，蜂蜜中果糖含量为 40%。果糖在人体内的胰岛素效应比葡萄糖的小，血糖相对较稳定，它作为肌肉运动的能源供应得不如葡萄糖及时，但对运动后恢复糖原储备较为有利。低聚糖是一种人工合成糖，由 3～8 个分子单糖组成，分子量较葡萄糖大，渗透压低，25% 低聚糖的渗透压相当于 5% 葡萄糖的渗透压，故低聚糖可提供低渗透压高热量的液体。此外，低聚糖的甜度低，吸收快。目前，低聚糖在临床营养与运动营养中有较大用途。

（四）维生素

维生素是维持身体健康所必需的一类有机化合物。维生素能加速体内正常生化反应的进行。人体不能自身合成维生素，维生素自身也不提供能量，必须由外界的食物提供。维生素由碳、氢、氧等元素组成。维生素分为水溶性维生素和脂溶性维生素两种。脂溶性维生素包括维生素 A、D、E、K；水溶性维生素包括维生素 B 族和维生素 C。

1. 维生素 A

（1）作为一般细胞代谢和结构的重要成分，有促进生长发育的作用。缺乏维生素 A 可导致发育不良。

（2）保护视力。维生素 A 是眼内感光物质——视紫红质的主要成分，有维持弱光下视力的作用。缺乏维生素 A 会使个体暗适应能力降低，甚至导致夜盲症。

（3）维持上皮组织的健康，增强抵抗力。维生素 A 能保护上皮组织的构造，可使上皮细胞正常分泌，它可促进与免疫功能有关的糖蛋白的合成，β-胡萝卜素还能提高动物对放射线的耐受性。若维生素 A 缺乏，对每个器官都有影响，可使细胞角化增生，使机能发生障碍，抵抗力降低，以眼睛、皮肤、呼吸道、泌尿道最显著。维生素 A 缺乏的常见症状有皮肤干燥、脱屑、毛囊角化。

（4）防癌、抗癌作用。维生素 A 可抑制靶细胞对致癌物质的敏感性，还可影响细胞分化，从而预防由病毒所致的肿瘤，同时对手术、放疗、化疗后的残余癌细胞的分裂起抑制作用。

2. 维生素 D

（1）维生素 D 刺激小肠吸收钙，并与甲状旁腺素协同维持血钙水平稳定，对骨及牙齿的钙化过程起重要作用，保证其正常发育。

（2）当血钙水平降低时，动员骨骼释放钙，在小肠结合蛋白质的合成，增加肾小管远端的钙重吸收。

（3）调节免疫功能。

3. 维生素 E

（1）维生素 E 是机体重要的抗氧化剂，与微量元素硒一起具有协同抗氧化的作用，可保护机体免遭自由基氧化损伤，减少脂质过氧化作用。维生素 E 还可调节信号传导途径影响对氧化应激的反应。

（2）促进毛细血管增生，改善微循环，有利于防止动脉硬化、冠心病等。

（3）维持骨骼肌、平滑肌、心肌的功能，缺乏时引起肌肉营养不良，功能下降。

（4）促进新陈代谢，使氧的利用率增加，增强机体耐力。

（5）抗溶血性贫血，缺乏时细胞膜溶解，红细胞寿命缩短，发生溶血性贫血。

（6）与生殖功能有关，可防止流产。

（7）维生素 E 是视网膜色素上皮细胞的必需物质，可减少脂类过氧化物积累在视网膜而损害上皮细胞的发生，还能减轻晶体纤维化。

4. 维生素 K

（1）促进凝血。维生素 K 不仅是凝血酶原的成分，而且还能促使肝脏制造凝血酶原，凝固血液，制止出血。

（2）促进骨化。维生素 K 可促进骨钙蛋白的形成，使骨密度增加，也可调节钙在骨质疏松患者血浆中骨钙蛋白增加，促进骨的重建和钙的动员。

（3）其他作用。对平滑肌有解痉作用，并有增强肝解毒作用，对网状内皮系统及抗菌、免疫等也有促进作用。

5. 维生素 B_1

（1）辅助糖代谢。维生素 B，是糖代谢中辅酶的重要成分，参与糖代谢。糖代谢的中间产物丙酮酸，经脱羧辅酶的作用，可转变为乙酰辅酶 A，再进一步氧化成二氧化碳和水。若缺乏，脱羧辅酶不能充分合成，丙酮酸代谢障碍，在体内堆积，降低能量供应，影响正常生理功能。

（2）促进能量代谢。维生素 B_1 一方面促进糖元在肝脏和肌肉中蓄积；另一方面在需要时又能加速糖元和磷酸肌酸的分解，释放能量，有利于肌肉活动。

（3）维护神经系统的机能。神经系统主要从葡萄糖中获得能量，维生素 B_1 缺乏，则产生糖代谢障碍，造成神经系统能源不足。同时，由于丙酮酸等中间代谢产物堆积，神经系统功能下降。此外，糖代谢障碍可影响脂肪代谢，进而引起细胞膜的性状改变，导致神经系统病变。

（4）促进胃肠功能。维生素 B_1 可保护神经介质——乙酰胆碱免受破坏并促进其合成，有利于胃肠蠕动和消化腺分泌。

（5）保护心血管功能。除通过激活酶维护心血管功能外，还能保持血管的正常舒缩、血液回流及心脏的输出量。维生素 B_1 缺乏，引起周围血管扩张，阻力降低，静脉血流加速，因而静脉回流增加，而心脏的每分输出量也增加，长期过度负荷将导致心力衰竭。

6. 维生素 B_2

（1）参与生物氧化

维生素 B_2 是许多辅酶的成分，与特定的蛋白质结合成黄酶，在体内物质代谢中起递氢作用，直接参与组织呼吸过程。若缺乏，则产生细胞代谢障碍，可引起多种病变，如口角炎、唇炎、脂溢性皮炎等。

（2）促进生长发育

维生家 B_2 是生长发育必需的物质，参与体内蛋白质合成代谢，并能增强体力，防止疲劳。

（3）保护眼睛

维生素 B_2 有促进晶体代谢，预防角膜炎和白内障，刺激视神经感光，防止眼黏膜干燥等保护眼睛的功能。

7. 维生素 C

（1）促进生物氧化

维生素 C 是活性很强的还原物质，且可进行可逆的氧化还原反应，在体内形成一种氧化还原系统，起递氢作用，促进生物氧化过程，促进能量代谢，增加大脑中氧的含量，激发大脑对氧的利用，从而减轻疲劳和提高机体工作能力。

（2）促进组织胶原的形成

维生素 C 参与脯氨酸与赖氨酸的羟化合成胶原，保持细胞间质的完整，维护结缔组织、骨骼、牙齿和毛细血管等的正常结构与功能。促进损伤与骨折的愈合。缺乏时，胶原合成障碍，发生坏血病，主要表现为毛细血管脆性增加、易出血、伤口愈合减慢等。

（3）促进抗体生成和白细胞的噬菌能力

抑制细菌毒素的毒性，从而增强机体抗感染能力。

（4）促进造血

维生素 C 可使食物中三价铁还原为二价铁，有利于机体对铁的利用，还可使叶酸还原为四氢叶酸，对巨幼细胞性贫血有一定的防治作用。

（5）增强机体的应激能力

维生素 C 在体内可促进类固醇转变为肾上腺皮质激素，因而提高机体对缺氧、寒冷和高温等的应激能力。

（6）提高酶活性

维生素 C 可提高三磷酸腺苷（ATP）酶的活性。

（7）参与解毒

维生素 C 在体内可保护酶系统免受毒物的破坏，从而起到解毒作用。

（8）防止血管硬化

维生素 C 有降低血胆固醇、β-脂蛋白的作用，同时能增加高密度脂蛋白，并有扩张冠状动脉、降压等作用，从而起到防治动脉硬化的作用。

（9）抗癌作用

维生素 C 可阻断食物中的亚硝酸盐形成致癌物质亚硝胺，还可通过维护细胞间质的正常结构起到防止肿瘤细胞蔓延作用。

此外，有实验报道，维生素 C 可加速肌肉中磷酸肌酸（CP）与糖原的合成，促进乳酸的消除，减少运动时的氧债，缩短恢复时间，故有提高运动能力，减轻疲劳的作用。

（五）矿物质

人体内所含矿物质元素种类很多，总量约占体重的 5%～6%，其中含量较多的有钙、磷、钾、钠、硫、镁等日需要量大于 100mg 的元素，称为常量元素；含量较少的铁、碘、氟、硒、锌、铜等日需要量小于 100mg 的元素，称为微量元素。

矿物质对人体十分重要，各种元素都有独特的功能，总的概括为：参与构成机体组织、调节生理机能，维持正常代谢。

人体在物质代谢中每天都有一定量的矿物质排出体外，必须从食物中得到补充，以保持体内的动态平衡。若不能得到满足，体内的代谢和生理机能就受到影响，甚至发生缺乏病。但摄入过多也对人体有害，因此必须适量。

人体所需的各种矿物质，多数在正常膳食下都能得到满足，但有的容易缺乏，有的微量元家受地质化学状况的影响，还会发生地区性缺乏。

（六）水

水是人体内含量最多的一种化学物质，是生命赖以生存的重要条件。人们对水的需求仅次于氧气。水可以促进体内的一切化学反应，转运生命必需的各种物质及排除体内不需要的代谢产物，通过水分蒸发及汗液分泌散发热量来调节体温，对关节滑液、呼吸道及胃肠道黏液均有良好的润滑作用。泪液可防止眼睛干燥，唾液有利于咽部湿润及吞咽食物。不可否认，水是最重要的食物。一个人可以 7 天不吃饭，但不能 3 天不喝水。健康的成年人每天的水需要量为每千克体重 125～150mL，主要来源于饮料与食物。

第二节　人体科学膳食营养

一、合理膳食营养

（一）营养标准

中国营养学会推荐的每日膳食中营养供给标准见表 3-1。

表 3-1　每日膳食营养供给标准

营养物质	男	女
热能（kcal）	3000	2700
蛋白质（g）	90	80
脂肪（g）	70	60
钙（mg）	800	800
铁（mg）	12	18
锌（mg）	15	15
硒（μg）	50	50
碘（μg）	150	150
维生素 A（ug）	800	800
维生素 D（μg）	5	5
维生素 E（μg）	10	10
维生素 B_1（μg）	1.5	1.4
维生素 B_2（μug）	1.5	1.4
烟酸（mg）	1.5	1.4
维生素 C（mg）	60	60

注：男体重 63kg，女体重 53kg。

（二）"4+1 营养金字塔"

营养专家提出食物指南以指导人们摄入营养，食物指南被形象地称为"4+1 营养金字塔"。

"4+1 营养金字塔"的第一层即底层是最重要的粮谷类食物，它构成塔基，应在饮食中占最大比重。成年人每日粮豆类食物摄取量为 400～500g，粮食与豆类之比为 10：1。第二层是蔬菜和水果，在金字塔中占据了相当的地位。每日蔬菜和水果摄入量为 300～400g，蔬菜与水果之比为 8：1。第三层是奶和奶制品，以补充优质蛋白和钙，每日摄取量为 200～300g。第四层为动物性食品，主要提供蛋白质、脂肪、B 族维生素和无机盐。禽、肉、鱼、蛋等动物性食品每日摄入量为 100～200g。塔尖是膳食中放入少量的盐和糖类。其中第一、二层的碳水化合物食物应提供人体所需能量（热量）的 65%；第三、四层食物中的脂肪应提供人体所需能量的 25%，这两层中的蛋白质应提供人体所需的剩余能量，约占人体总能量的 10%。

二、膳食建议

(一) 健康膳食要求

1. 谷类为主，粗细搭配

谷类食物是中国传统膳食的主体，是人体能量的主要来源。谷类包括米、面、豆类、杂粮等，主要提供碳水化合物、蛋白质、不饱和脂肪酸、膳食纤维及 B 族维生素，这些成分均是人体生理活动和免疫功能不可缺少的。坚持以谷类为主可以避免高能量、高脂肪和低碳水化合物膳食的弊端。多种谷物的摄入还可以使营养成分互补，更好地满足身体的需求。另外，要注意粗细搭配，经常吃一些粗粮、杂粮和全谷类食物。稻米、小麦不要研磨得太精，以免所含维生素、矿物质和膳食纤维流失。

2. 多吃蔬菜水果和薯类

新鲜蔬菜水果是人类平衡膳食的重要组成部分，也是我国传统膳食的优点之一。蔬菜水果是维生素、矿物质和膳食纤维的重要来源。薯类含有丰富的淀粉、膳食纤维以及多种维生素和矿物质，这些均是人体肌肉和神经活动不可缺少的物质。富含蔬菜水果和薯类的膳食对保持肠道正常功能，提高免疫力，降低肥胖和糖尿病、高血压等慢性疾病风险具有重要作用。各年龄层次的人群每天都应该适当增加蔬菜水果的摄入量，并适当增加薯类的摄入。

3. 每天吃乳类、大豆或其制品

乳类含有大量的蛋白质、脂类、碳水化合物、矿物质、维生素、酶类、有机酸以及生理活性物质，营养成分齐全，且组成比例适宜，极易被身体吸收利用。尤其乳类中的生理活性物质具有促进生长、抗炎、抗感染、增强巨噬细胞活性和免疫调节等重要作用。各年龄人群适当多饮奶对健康均有好处。中国人每日应补充大约 300mL 牛奶，饮奶量多或有高血脂和超重肥胖倾向者应选择低脂、脱脂奶。

大豆含丰富的优质蛋白质、必需脂肪酸、多种维生素和膳食纤维，且含有磷脂、低聚糖，以及异黄酮、植物固醇等多种植物化学物质。应适当多吃大豆及其制品，建议每人每天摄入 30~50g 大豆或相当量的豆制品。大豆中蛋氨酸较少，与谷类食物混合食用，可较好地发挥蛋白质的互补作用。

4. 常吃适量的鱼、禽、蛋和瘦肉

鱼、禽、蛋和瘦肉均属于动物性食物，是优质蛋白、脂类、脂溶性维生素、B 族维生

素和矿物质的良好来源，是平衡膳食的重要组成部分。瘦肉中铁含量高且利用率好。鱼类脂肪含量一般较低，且含有较多的不饱和脂肪酸。禽类脂肪含量也较低，且不饱和脂肪酸含量较高。蛋类富含优质蛋白质，各种营养成分比较齐全，是很经济的优质蛋白质来源。

5. 减少烹调油用量，吃清淡少盐膳食

食用油和食盐摄入过多是我国城乡居民普遍存在的营养问题。油脂摄入过多是引起肥胖、高血脂、动脉粥样硬化等多种慢性疾病的危险因素之一；食盐的摄入量过高与高血压的患病率密切相关。为此，应养成清淡、少盐膳食的习惯，即膳食不要太油腻，不要摄食过多的动物性食物和油炸、烟熏、腌制食物，控制食盐和脂肪的摄入量。

（二）培养科学的饮食习惯

1. 合理安排一日三餐

合理安排一日三餐的时间及食量，进餐定时定量。早餐提供的能量应占全天总能量的25%～30%，午餐应占30%～40%，晚餐应占30%～40%，可根据职业、劳动强度和生活习惯进行适当调整。通常上午的工作学习都比较紧张，营养不足会影响学习工作效率，所以早餐应当是正正经经的一顿饭。早餐除主食外至少应包括奶、豆、蛋、肉中的一种，并搭配适量蔬菜或水果。午餐要吃好，晚餐要适量，不暴饮暴食，不经常在外就餐，尽可能与家人共同进餐，并营造轻松愉快的就餐氛围。零食作为一日三餐之外的营养补充，可以合理选用，但来自零食的能量应计入全天能量摄入之中，数量要适当。

2. 培养个人饮食素养

（1）注意食物品种的全面搭配和多样化，每天以粮谷类为主，多吃蔬菜、水果及豆制品，尽量坚持喝牛奶或豆奶，经常吃鱼、禽、蛋、瘦肉等。

（2）每天热量结构：碳水化合物占总热量60%～70%，蛋白质占总热量10%～15%，脂肪占总热量的20%～25%。

（3）在饮食上还要注意营养卫生，不要吃太咸、太油腻的食物，不要多吃油炸和烟熏的食物，不饮酒，不吃变质、变味食物。

（4）用餐环境保持安静、清洁，不在进餐时看书、喧哗。不吃街头无食品卫生许可证摊贩的食品。

（5）提高自己的营养知识水平，讲究合理的膳食结构，每日膳食应包含"平衡膳食宝塔"中的各类食物，掌握好搭配和比例。

3. 合理加餐

学生每日紧张的脑力劳动时间常在10h以上，能量消耗多，因此可考虑增加课间餐和

夜宵，以利于学习和生活。但摄入的食物量不宜太多，应以碳水化合物为主，以利于消化和吸收，迅速提高血糖浓度，且不影响三餐的正常进餐。适当增加夜宵亦有利于身体健康。

4. 食不过量，天天运动，保持健康体重

如果进食量过大而运动量不足，多余的能量就会在体内以脂肪的形式积存下来，增加体重，造成超重或肥胖。相反，若食量不足，可由于能量不足引起体重过低或消瘦。要养成良好的进食习惯，即求精不求多，足量不过量，并且坚持每天多做一些消耗能量的活动。

（三）不要做纯素食主义者

在以高热量、高脂肪为膳食结构特征的发达国家，人们既贪嘴又苦于肥胖症、高血压、冠心病、糖尿病等"现代病"的折磨，因此在这些国家兴起了"食素热"。事实上是，以素食为主的饮食固然有其益处，但其弊病也是不容忽视的。纯素食的主要弊病表现在以下几方面。

1. 容易营养不良

素食的蛋白质与脂肪严重不足。蛋白质是建造和修补人体细胞组织的主要原料，长期缺乏则对机体的抗病能力影响极大。脂肪产热量很高，不饱和脂肪酸更是"人脑的食粮"，对促进大脑智力发育极为重要，所以长期食素对生长发育迅速的青少年危害更甚。经常吃素的少女往往月经来潮推迟，吃素的女学生容易发生继发性闭经。另外，缺乏脂肪会影响脂溶性维生素 A、D、E、K 的吸收，对人体有很大的危害。

2. 容易引起微量元素和维生素缺乏症

人体必需的微量元素如锌、钙、铁等主要来自荤食，而不是素食。锌主要来源于动物性食物，饮食中 80% 的钙来自奶类，80% 的铁来自肉类和蛋类。素食中锌、钙、铁含量少，素食中有较多的植酸和草酸，反而会阻碍锌、钙和铁等微量元素的吸收。例如，菠菜中含有的草酸能结合豆腐里的钙成为草酸钙，不为人体吸收。因此，长期食素者容易发生因缺乏微量元素而引起的一些疾病。例如，缺乏锌可引起小儿厌食症、异食癖和成年人的性功能下降、不育症；缺钙会引起小儿佝偻病和中老年人骨质增生、骨质疏松症；缺铁会引起贫血。

总之，最科学的饮食结构应该是荤素结合，比例适当，不提倡完全"素食主义"。

（四）每天足量饮水，合理选择饮料

适当多饮水是预防疾病的基本措施。饮水应少量多次，不要感到口渴时再喝水。可根

据不同情况选择不同的水：清晨，空腹喝下一杯蜂蜜水，有润喉、清肺、生津、暖胃、滑肠的作用；午休以后，喝一杯淡淡的清茶水，有醒脑提神、润肺生津、解渴利尿的功效；晚上睡觉前，喝一杯白开水，能帮助消化，增进循环，增强解毒和排泄能力，增强免疫功能。饮料多种多样，需要合理选择。乳饮料和纯果汁饮料含有一定量的营养素和有益成分，适量饮用可以作为膳食营养的补充。有些饮料添加了一定的矿物质和维生素，适合热天户外活动和运动后饮用。还有些饮料只含糖和香精香料，营养价值不高。

（五）吃新鲜卫生的食物

食物放置时间过长就会引起变质，可能产生对人体有毒、有害的物质。另外，食物中还可能含有或混入各种有害因素，如致病微生物、寄生虫和有毒物质等。吃新鲜卫生的食物是防止食源性疾病的根本措施。

正确采购食物是保证食物新鲜卫生的第一关。烟熏食品及有些加色食品可能含有苯并芘或亚硝酸盐等有害成分，不宜多吃。食物合理储藏可以保持新鲜，避免受到污染。高温加热能杀灭食物中大部分微生物，延长保存时间；低温冷藏常可抑制微生物生长，保持食物新鲜，适于长期储藏。烹调加工是保证食物卫生安全的一个重要环节，需要注意保持良好的个人卫生以及食物加工环境和用具的洁净，避免食物烹调时的交叉污染。有一些动物或植物性食物含有天然毒素，为了避免误食中毒，一方面需要学会鉴别这些食物，另一方面应了解对不同食物进行浸泡、清洗、加热等去除毒素的具体方法。

第三节　体育训练与营养补充

一、体育训练和营养补充

（一）体育训练与蛋白质

蛋白质是实现肌肉收缩、运输与储备、调节物质代谢与生理机能的主要物质，这些无不与人体运动能力密切相关。此外，氨基酸还可作为能源物质分解供能。在肌糖原充足时，蛋白质供能仅占总热量的5%，而当肌糖原耗竭时，可上升至15%。蛋白质不能被彻底氧化成二氧化碳和氧气，中间代谢产物呈酸性，过多时会使体液酸度增加，降低运动能力，引起疲劳和水的需要量增加等副作用。

体育训练使体内蛋白质代谢发生变化。耐力性运动使蛋白质分解加强，合成速度减慢，机体尿氮和汗氮排出量增加；力量性运动在使蛋白质分解加强的同时，也使活动肌群蛋白质的合成增加，因而肌肉增大。以上表明体育训练使机体对蛋白质的需要量增加。动物实验证实，体育训练前和体育训练后立即供给蛋白质，对改善肌肉的力量有良好效果。若蛋白质摄入不足，不仅影响运动效果，还会发生运动性贫血。但是，不能错误地认为多增加蛋白质营养，就会促进肌肉组织的增长。事实已证明，必须在进行渐进性的力量性锻炼前提下，补充适宜的蛋白质营养才能使肌肉增长，而且过量补充氨基酸或蛋白质会引起一系列的副作用。例如，蛋白质的酸性代谢产物会使肝、肾负担增加，导致肝和肾的肥大并容易疲劳；大量蛋白质会导致机体脱水脱钙；高蛋白对水和无机盐代谢不利，有可能引起泌尿系统结石和便秘；高蛋白食物常伴随高脂肪的摄入会增加中年后形成动脉粥样硬化和高血脂症的危险性。

对于进行耐力运动的人来说，当食糖或能量摄入充足时，每日蛋白质需要量是 1～1.8g/kg 体重。运动水平越高，需要量增加越多。连续数天进行大负荷耐力体育训练时，每日补充蛋白质 1.0g/kg 体重，身体仍然出现负氮平衡，这表明体内蛋白质分解多于补充，而以 1.5g/kg 体重摄入蛋白质时，身体处于正氮平衡。

进行控制体重项目的运动者需选择富含优质蛋白的食物以满足需要，蛋白质食物提供的热量可占总摄能量的 18%。

（二）体育训练与氨基酸

1. 谷氨酰胺

谷氨酰胺是运动者增长肌肉和力量的必需营养素，其作用体现在：

（1）谷氨酰胺是强有力的胰岛素分泌刺激剂。

（2）谷氨酰胺是有效的抗分解代谢剂，当肌内谷氨酰胺浓度较高时，其他氨基酸不能再进入谷氨酰胺产生的环节中，从而利于蛋白合成。另外，谷氨酰胺还起维持体内氨基酸平衡的作用，使机体合成更多的蛋白质。

（3）谷氨酰胺是免疫系统所有细胞复制都需要的原料，谷氨酰胺具有增强免疫力的作用，对大强度训练引起运动者免疫系统功能下降有积极的恢复作用。

运动后一般不直接补充谷氨酰胺，因为服用后会增加机体的氨负担。α-酮戊二酸是谷氨酰胺的前体物质，机体能利用鸟氨酸与 α-酮戊二酸合成谷氨酰胺。这两种氨基酸结合在一起使用，在胰岛素、生长激素的分泌调节中发挥的作用更大。

2. 支链氨基酸

补充支链氨基酸的作用：

（1）支链氨基酸可以直接用作细胞燃料，参与长时间持续运动的能量供应，减少耐力性运动时肌肉蛋白质的降解速率。

（2）可以降低游离色氨酸进入大脑的速度，减少5-羟色胺的生成，维持大脑的正常兴奋性，延缓中枢疲劳的出现。

（三）运动与补糖

糖是体内热能的主要来源，机体60%的热能由糖提供。在进行体育锻炼的过程中，肌肉收缩所需能量也主要由糖分解供给。糖供能经济、迅速，氧化供能时，比脂肪耗氧量少、效率高、氧化完全，代谢终产物为二氧化碳和水，不增加体液的酸度，体育训练中肌肉摄糖可为安静时的20倍或更多。体内糖的储备为：有肌糖元250~350g、肝糖元70~90g、血糖总量5~6g。在进行长跑、长距离游泳、自行车、滑雪、马拉松、足球、篮球、网球等运动时间大于1h的运动时，体内糖储备耗竭时，体育训练能力明显下降。由此可见糖是影响人体运动能力，尤其是持久耐力的重要因素。当然，对一般参加体育锻炼的大学生来说，不必过多食用高糖膳食或补糖，以防热能积蓄而发胖。

体育训练前补糖：可在体育训练前数日增加膳食中糖类食物，也可在体育训练前1~4h每千克体重补糖1~5g。但应避免在运动前30~90min补糖，以防止体育训练时血中胰岛素升高。

体育训练中补糖：体育训练中每隔20min补充含糖饮料或容易吸收的含糖食物，补糖量一般不大于20~60g/h或1g/min，通常采用少量多次饮用含糖饮料的方法。

体育训练后补糖：大强度运动后开始补糖的时间越早，效果越好。因为在体育训练后6h以内，肌肉中糖原合成酶活性高，可有效地促进糖原的合成，理想的方法是在体育训练后即刻、体育训练后2h内以及每隔1~2h连续补糖。体育训练后补糖量为0.75~1.0g/kg体重。

（四）体育训练与补充维生素

1. 需要补充维生素的原因

运动者对于维生素的缺乏情况比一般人的耐受性差。运动者的维生素需要决定于运动负荷、机能状态和营养水平。体育训练时维生素需要量增加的原因主要有：

（1）激烈运动加速水溶性维生素从汗、尿中排泄，尤其是维生素C的排泄。

（2）体育训练引起线粒体的数量增加和体积增大，酶和功能蛋白质数量增多，参与这些物质更新的维生素的需要量增加。

（3）体育训练时，机体能量消耗大大增加，加速了物质能量代谢过程，同时也加快了各组织更新，使维生素的利用和消耗增多。

2. 与体育训练关系密切的维生素

（1）维生素 A

维生素 A 是形成眼视网膜中视紫质的原料，具有保护角膜上皮，防止角质化的作用。因此，对于要求视力集中的运动项目，如乒乓球等来说，运动者的维生素 A 不足必然影响运动能力。

（2）维生素 B_1

维生素 B_1 是糖代谢中丙酮酸等氧化脱羧所必需的辅酶的组成成分，并与神经递质乙酰胆碱的合成与分解有关。维生素 B_1 缺乏时，体育训练后的丙酮酸及乳酸堆积，使机体容易疲劳，并可引起乳酸脱氢活力减低，影响心脏和骨骼肌的功能。

（3）维生素 B_2

维生素 B_2 是构成体内多种呼吸酶的辅酶的成分，与体内的氧化还原反应和细胞呼吸有关。运动者缺乏维生素 B_2 时，肌肉无力，耐久力受损害，容易疲劳。

（4）维生素 B_6

维生素 B_6，又叫磷酸吡哆醛。它是氨基酸脱羧酶的辅酶，参与蛋白质的分解与合成。它与运动能力，特别是力量素质有关。

（5）维生素 B_{12}

维生素 B_{12} 是一组合钴的钴胺素生理活性物质，参与同型半胱氨酸甲基化转变为蛋氨酸和甲基丙二酸–琥珀酸异构化过程。维生素 B_{12} 缺乏的人较少见。维生素 B_{12} 参与细胞的核酸代谢，与机体的造血过程有关，当维生素 B_{12} 缺乏时，血红蛋白浓度下降，细胞的平均容量增加，可诱发巨幼红细胞贫血，使氧的运输能力下降，影响最大有氧能力和亚极量运动能力，同时也可引起神经系统损害。

（6）维生素 C

维生素 C 具有很强的还原性，参与氨基酸和蛋白质的代谢。体育训练使机体的维生素 C 代谢加强，短时间运动后血液维生素 C 的含量升高，次长时间运动后下降，不同的运动负荷后，不论血中维生素量是升高还是下降，组织维生素 C 均表现为减少。运动机体维生素 C 不足时，白细胞的吞噬功能下降。运动者在过度训练时，血液维生素 C 的水平和白细胞吞噬功能都下降。维生素 C 还有提高耐力、消除疲劳和促进损伤愈合的作用。

（7）维生素 E

维生素 E 具有抗氧化作用，还有促进蛋白质的合成和防止肌肉萎缩等生物学作用，可提高肌肉力量。

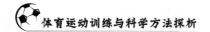
（8）维生素PP

维生素PP又叫尼克酰胺，它是构成脱氢酶的辅酶的成分，在机体代谢中起重要作用的辅酶Ⅰ（NAD+）和辅酶Ⅱ（NAD十）的组成成分中就含有尼克酰胺。其在机体内的有氧和无氧代谢、脂肪和蛋白质代谢中起重要作用，与运动者的有氧和无氧耐力有关。

（五）体育训练与补充无机盐

1. 钾

成人体内总钾量为117g左右。大部分存在于细胞内液，只有约2%存在于细胞外液。当血钾浓度降低时，脑垂体生长素输出下降，造成肌肉生长减慢。口服钾可迅速恢复生长素水平和促胰岛素样生长因子水平。

2. 铁

成人身体总铁量为3.5~4.0g。运动者由于铁的需要量高、丢失增加，再加上摄入不足，普遍存在铁营养状况不良。因此，运动者膳食中应加强铁的摄入。

3. 锌

红细胞的含锌量约为血浆的10倍，主要以碳酸酐酶和其他含锌金属酶类的形式存在。锌的主要功能在于它是多种酶的组成成分和激活剂，可调节体内各种代谢，且锌可以影响睾酮的产生和运输。因此，它与运动能力之间具有非常密切的关系。

4. 铜

铜是很多金属酶，如超氧化物歧化酶（SOD）等的辅助因子，参与多种代谢反应。如铜缺乏时影响铁的动员和运输，出现小细胞性低血色素贫血的现象。

5. 硒

硒是谷胱甘肽过氧化物酶的辅助因子，由于具有消除过氧化物，增强维生素E的抗氧化能力等作用，因此它与运动也有着非常密切的关系。

（六）体育训练与补液

1. 补液的方法

（1）补液原则

①预防性原则：预防性补充可以避免脱水的发生，防止运动能力的下降。

②少量多次原则：少量多次，可以避免一次性大量补液对胃肠道和心血管系统造成的负担加重。

③补大于失原则：为保持最大的运动能力和最迅速地恢复体力，补液的总量一定要大

于失水的总量，特别是钠的补充量一定要大于丢失的量。

（2）补液措施

①体育训练前补液：体育训练前补充的饮料中可含有一定量的电解质和糖，补充的量应根据具体情况而定，如在运动前2h可以饮用400~600mL的含电解质和糖的运动饮料。要少量多次摄入，每次100~200mL。不要在短时间内大量饮水，否则会造成恶心和排尿，对运动不利。

②体育训练中补液：运动中出汗量大，体育训练前的补液不足以维持体液的平衡，为预防脱水的发生，有必要在体育训练中补液。体育训练中补液应采取少量多次的方法，可以每隔15~20min，补充含糖和电解质的运动饮料150~300mL。补液的总量不超过800mL/h。

③体育训练后补液：体育训练后补液又称复水。在运动中补充的液体往往小于丢失的体液量，因此体育训练后要及时补液。体育训练后补液也要遵循少量多次的原则，切忌暴饮。补充的液体应为含有糖和电解质的运动饮料。补液中钠含量的高低也会影响补液的需要量。当钠浓度高时，尿量会减少，因为钠离子在体内能留住水分，从而帮助体液的恢复，减少补液量。运动后的体液恢复以摄取含糖和电解质饮料效果最佳，饮料的糖含量可为5%~10%，钠盐含量30~40mmol/L，以获得快速复水。

2. 体育训练饮料的要求

理想的体育训练饮料必须具备三个条件：一是促进饮用；二是迅速恢复和维持体液平衡；三是提供能量，提高体育训练能力。因此，应含有适当的糖浓度、最佳的糖组合和多种可转运的糖，并具有合理的渗透压浓度以促进胃排空和小肠吸收，满足快速补充体液和能量的需要。具体要求如下：

（1）饮料中的糖

体育训练饮料的糖含量应在4%~8%之间。可使用葡萄糖、蔗糖、低聚糖、短链淀粉等。低聚糖吸收速度比单糖和双糖慢，可延长耐力体育训练中糖的供应时间。

（2）饮料的渗透压

体育训练饮料中电解质和糖的浓度越大，则渗透压越大，从而使饮料在胃的排空减慢。由于汗液中电解质含量或渗透压低于血浆，因此当汗液在大量丢失时，血浆中的水分丢失相对电解质来说较多，所以补充的饮料应该是低渗性的或等渗的，以250~370mL透压为好。

（3）饮料中的钠盐含量

体育训练饮料中含少量钠盐，有利于糖和水分的吸收。体育训练饮料中的钠盐含量一般低于汗液中的钠盐含量，钠含量约为 20~60mmol/L。

（4）饮料的温度

高温环境下运动饮料的温度应低于环境温度。5~13℃的饮料除了有降低体温的功能外，口感上也有利于摄入。过凉的饮料可刺激胃部，引起不适。

二、不同体育训练方式的代谢特点和营养补充

（一）速度性运动及其营养补充

速度性体育训练是典型的大强度运动，如短跑、中长跑等。这类体育训练的特点是能量代谢率高，运动中高度缺氧，能量主要是依靠糖的无氧分解来供应。短时间大强度体育训练形成大量酸性代谢产物堆积在体内，使人很容易产生疲劳，因此在锻炼结束后，应注意摄取含有丰富的蛋白质、糖、维生素 B、维生素 C、磷等营养成分的膳食，此外，还应多吃蔬菜、水果、牛肉等碱性食物，以调节体育训练后体内的酸碱平衡。

（二）耐力性体育训练及其营养补充

耐力性体育训练的体育训练强度较低，但持续的时间长，如长跑、超长跑、骑自行车等。这类运动所需的热能总量大，能量代谢以有氧供应为主，脂肪是耐力体育训练中的主要供能物质。为了保证热能的来源充足，膳食中应含有较高的糖、维生素 B_1、维生素 C 以及铁、钾、钙等元素，并注意补充脂肪和蛋白质。

此外，耐力体育训练中出汗较多，因此在体育训练前后以及运动过程中补充水分也十分重要。可在预计有大量出汗的运动前，喝 500mL 左右的饮料，并在体育训练中及体育训练后少量多次补充水分。

（三）力量性体育训练及其营养补充

力量性运动，如举重、器械体操、投掷等，要求肌肉有较大力量和爆发力，同时热能消耗量也较大，因此饮食的产热量也必须较高，膳食中应有足够的糖、蛋白质和脂肪。需要特别指出的是，力量练习有利于肌肉质量与力量的增长，而肌肉力量与肌肉蛋白质的增长有关，为了使肌肉发达，力量性体育训练对蛋白质的需要量须大于其他项目。另外，为了保证神经系统的正常功能，还要注意补充钠、钾、镁、钙等元素。

（四）灵巧性运动及其营养补充

灵巧性体育训练是指那些动作复杂、多样，需要良好的协调性及灵巧性的体育训练，如体操、艺术体操、技巧等。这类体育训练的热能消耗不大，但对机体的协调性要求较

高，对神经系统的要求也较高。在完成一些高难度动作的时候，还要求锻炼者的体重和身体成分控制在一定范围内，因此对热量平衡的要求相对较高。膳食中应有充分的蛋白质，其热量百分比占总热量的 14% 左右。此外，为了保证神经系统的机能，需要多供给含磷、维生素 B_1 和维生素 C 的食物，而脂肪的含量不宜过多，以免影响体重和体脂。

三、不同气候环境下体育训练的能量补充

（一）冬季体育训练的能量补充

冬季气温较低，寒冷的环境使机体代谢加快，散热量增加，所以膳食中应增加蛋白质及脂肪含量。同时，增加热能充足的食物和维生素 A、B_1、B_2、C、E。因冬季着装较多，户外活动少，接受日光直接照射的机会、时间较少，因此还应在膳食中增加维生素 D 和钙、磷、铁、碘的含量。

（二）夏季体育训练的能量补充

夏季气候炎热，体育训练应多在通风、树荫处进行。此时体内物质代谢变化很大，大量出汗使能耗增加，并使钙、钠、钾及维生素大量消耗和丢失。所以，夏季运动时的膳食有其特殊要求，及时合理地补充水与电解质及维生素比补充蛋白质、糖、脂肪更加重要。在电解质中，氯化钠的摄入，常温下为每人每天 10~15g，夏季高温再增加 10g 左右。须补充维生素 B_1、B_2、C、B_6、胆碱、泛酸、叶酸等。蛋白质的补充应较平日增多，减少脂肪成分，膳食搭配应清淡可口，以增加食欲，并多吃一些蔬菜与水果，以增加矿物质、维生素的摄入。

第四节　体育训练与外部环境

一、体育训练与冷热环境

（一）体温与体温调节

人体的温度分为体表温度和深部温度。人体的皮肤温度属于体表温度，它散热较多较快，容易随着环境温度的变化而发生变化，很不稳定。通常将机体深部（心、肺、脑和腹腔等部位）的平均温度称为体温，即体核温度。

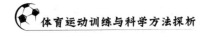

1. 人体的正常体温

由于人体深部的温度不易测量，所以临床上通常用通过测量口腔、直肠和腋窝的温度来代表体温。直肠温度的正常值为 36.9～37.9℃，口腔温度（舌下部）的正常值为 36.7～37.7℃，腋窝温度不能代表体核温度，因其容易受到环境温度、出汗和测量姿势的影响。测量时应保持腋窝干燥，并且要求被测量者的上臂紧贴胸廓，减少腋窝处温度的散失，同时测量时间不少于 10min。腋窝温度的正常值为 36.0～37.4℃。习惯上，常采用的方便的测定部位是口腔及腋窝。

体表各部位之间温度差别较大，四肢末梢低，越近躯干、头部越高。如足皮肤温度为 27℃，手皮肤温度为 30℃，躯干温度为 32℃，额部温度为 33～34℃。气温高时，皮肤各部位温差将减小，在寒冷的环境中，各部位温差更大。

2. 体温的正常波动

人的体温是相对稳定的，但在生理情况下，体温可随昼夜、年龄、性别等因素有所变化，变化幅度一般不超过 1℃。

（1）昼夜周期性变化

一昼夜中，人体的体温呈周期性波动，称为近似昼夜节律或近日节律。表现为：清晨 2～6 时体温最低，午后 4～7 时体温最高。

（2）性别差异

青春期后女子的体温平均比男子高 0.3℃，而且基础体温随月经周期发生周期性变动。排卵日体温最低，排卵后体温升高，并持续至下一个月经周期。排卵后体温的升高可能与孕激素及其代谢产物有关。临床上通过测定女性月经周期中基础体温的变化，有助于了解有无排卵及排卵的日期。

（3）年龄差异

儿童的基础代谢率较高，体温也略高于成人，老年人的体温则略低于成人。

（4）肌肉活动

肌肉活动时代谢增强，产热量增加，剧烈运动中产生的热量超过当时机体所散发的热量，体温将超出正常水平。

此外，情绪激动、紧张、进食、环境温度等因素均可能对体温产生影响。

3. 体温调节

维持人体体温的相对稳定，有赖于自主性体温调节和行为性体温调节的共同参与，使人体的产热和散热过程处于动态平衡之中。自主性体温调节是根据体内外环境温热性刺激信息的变动，在体温调节中枢控制下，通过改变皮肤血流量、汗腺活动、战栗等反应，使人体的产热量和散热量保持平衡，从而维持体温相对稳定的过程。行为性体温调节是指人通过改变自身的姿势和行为来保暖或增加散热的过程。自主性体温调节是体温调节的基础，是由体温自身调节系统来完成的，调节的具体过程是通过神经反射和神经—体液调节。

体温调节过程是一个典型的自动控制系统工作过程，体温调节中枢作为控制系统，产热和散热装置（有关组织器官）作为受控系统，受控系统在控制系统的调控下，通过改变生理活动而产生的结果称为输出变量（体温），体温作用于温度感受器，信息经反馈输入，并将与调定点之间的信号偏差值输给控制系统（中枢），对机体产热和散热过程进行调整，使体温维持在相对稳定的水平。

（二）体育训练与热环境

1. 运动热应激及其生理学问题

在炎热环境中进行体育训练，机体内积蓄热量过多，会引起机体一系列热应激与热适应。热应激是机体对热环境发生全身性的、综合性的生理反应。运动热应激是运动应激、热应激和心理应激的综合反应。上述各种应激共同作用，相互加强，严重影响学生的运动能力和身体健康。

运动热应激中的主要生理学问题是脑温、肌温和脱水。①脑温。脑组织对温度变化及缺血有特殊的敏感性，在大多数情况下，热应激最先导致脑细胞工作能力的下降。②肌温。过高的温度使肌细胞酶活性降低，能量代谢受阻，功能蛋白变性，这些变化会直接影响肌肉工作能力。肌肉局部温度升高不仅影响物质和能量代谢水平，还会改变代谢途径，主要表现为有氧代谢比例下降，无氧代谢比例升高。③脱水。长时间的运动热应激最终会导致机体脱水并引起一系列的生理反应，损害运动能力。在高温高湿环境中运动，脱水是影响运动能力的重要因素。水的丢失、电解质及微量元素的流失将影响人体机能（包括运动能力）。热应激合并机体脱水对机能的负性影响比单纯热应激或单纯脱水更明显。

2. 热伤害及其预防

（1）常见热伤害

在热环境中剧烈运动，可因大量出汗、体液丢失而出现循环血量下降，导致运动能力下降，造成包括脱水（体液丢失）、热痉挛（骨骼肌的不随意挛缩）、热衰竭（由于循环血量不能满足皮肤血管的舒张而引起的低血压和虚弱）和中暑（下丘脑体温调节功能不足）等热伤害的发生。

（2）热伤害的处理与预防

①热伤害的处理

迅速脱离高温环境，将患者抬到通风、阴凉、干爽的地方，使其仰卧并解开衣扣，松开或脱去衣服，如衣服被汗水浸湿要更换干衣。可将面部发红的患者头部稍垫高，面色发白者头部应略放低，使外周血液较易回流到心脏。头部捂冷毛巾，可用50%酒精、冰水或冷水进行全身擦浴，促进降温。患者若已失去知觉，可让其嗅氨水等刺激剂，醒后可饮一些清凉饮料或淡盐水。脱水者应及时补充丢失的体液，应根据脱水的程度和身体情况决定补液量、种类、途径和速度。

②热伤害的预防

尽量避免在高温下、通风不良处进行大强度体力活动，避免穿不透气的衣服。饮用含盐饮料以不断补充水和电解质。在热环境中训练时预防热伤害，合理补液和预防过度脱水最为重要。补液可在运动前、中、后进行，应遵循少量多次的原则，补液总量取决于失水量。热天运动时，宜穿浅色衣服，戴遮阳帽，保证充足的睡眠。对不耐热的个体，要加强预防措施和医务监督。

3. 热习服

不间断或反复停留在高温气候中，机体会逐渐适应这种特殊的气候条件，对抗热应激的稳定性得到发展，对炎热的耐受能力提高，出现热适应状态，这种状态称为热习服。

热习服后，出汗和蒸发散热的能力大大增强，使外周导热能力增强。这种调节有助于保持循环血量，保证运动中的每搏输出量和肌肉的血流量。习服者在运动时深部温度不变或略有下降。

热习服最重要的生理标志之一，是安静时和肌肉活动时心率降低及心搏出量逐渐增加。热习服过程中心搏出量的增加是由于静脉回流增加及其循环血量增加，特别是逐渐减少皮肤血流量及静脉回流加快。

（三）体育训练与冷环境

1. 冷应激

人体具有完善的体温调节机制。在寒冷环境中，人皮肤的温度感受器在受到冷刺激时，会立即将信息传至下丘脑体温调节中枢，引起人体三方面的应激反应，即通过寒战产热、非寒战产热和皮肤血管收缩三种途径来增强机体产热与防止自身热量散失，使体温维持恒定。寒战是指骨骼肌快速而又随意地循环收缩和舒张，这种方式所产生的热量是机体安静时的4~5倍；非寒战产热是指由机体交感神经系统兴奋引起的新陈代谢加强，代谢速率提高引起机体内部产热量增加；皮肤血管收缩是使机体表面的血流量减少，防止不必要的热量丢失。当皮肤温度下降时，其细胞代谢速率也随之下降，这时皮肤需氧量很少。暴露在冷环境下，人体肾上腺素与去甲肾上腺素分泌明显增加。血糖在耐寒与运动耐力方面有非常重要的作用，低血糖病人会抑止寒战，且直肠温度明显下降。在冷环境中肌糖原利用速率要比热环境中稍高。

2. 冷伤害及其预防

（1）常见的冷伤害

寒冷对机体的损害作用称为冷伤害，包含冻结性冷伤害和非冻结性冷伤害。冻结性冷伤害是由短时间暴露于极低温冷环境或长时间暴露于冻点以下的低温环境所引起，此时组织发生冻结，故称冻结性冷伤害。冻结性冷伤害分为全身性（包括冻僵与冻亡）和局部性两种；非冻结性冷伤害（包括冻疮）常发生于手、足、耳垂等末梢部，由冰点以上的低温和潮湿的作用引起。

局部冻伤多见于末梢暴露部位，如手、足、耳廓、鼻尖、脚跟等处，临床上根据复温后的损伤程度和表现，根据损伤程度和表现，将其分为四度。①一度冻伤。损伤深度在皮肤浅层，表现为淤斑、轻度肿胀，局部麻木、痒痛。②二度冻伤。损伤皮肤全层，表现为瘙痒或灼痛，局部出现水疱，肿胀明显。③三度冻伤。深达皮下组织，早期出现水肿和大水疱，相继皮肤由苍白变为蓝色或黑色而发生坏死，局部感觉丧失。④四度冻伤。伤及肌肉或骨骼，局部发生干性或湿性坏疽，创周肿胀并可有水疱，知觉完全丧失，常伴有畏冷发热等全身症状。两周后坏死组织分界线形成，坏死组织脱落形成肉芽创面，不易自行愈合，常需植皮或截肢。

（2）冷伤害的处理

①使伤员迅速脱离低温环境。将潮湿的衣服和鞋袜立即脱掉，衣服、鞋袜连同肢体冻结者，切记不要勉强脱卸，应用温水（40℃左右）使冰冻融化后脱下或剪开。然后立即进行全身和局部保暖，给热饮料等。

②快速复温。将患者全身或局部的某个肢体浸于40~42℃的温水中，在短时间内（15~30min）复温后，立即离开温水进行保暖。这样可以使患者尽快渡过低温阶段，保持组织的活力。

（3）冷伤害的预防

为了尽可能避免冷环境对人体造成伤害，可采取一些预防措施。①注意身体锻炼，提高皮肤对寒冷的适应力。②注意保暖，保护好易冻部位，如手足、耳朵等处。要注意戴好手套、穿厚袜、棉鞋等。出门要戴耳罩，注意耳朵保暖。平时经常揉搓这些部位，以加强血液循环。③要保持鞋袜干燥，运动或走路导致鞋袜潮湿时要及时更换。④经常进行抗寒锻炼，用冷水洗脸、洗手，以增强防寒能力。⑤慢性病患者，如贫血等，除积极治疗相应疾病外，还要增加营养，保证机体足够的热量供应，增强抵抗力。

3. 冷习服

冷习服是指长期住在寒冷环境中可以提高人体的耐寒能力，即在低温环境中身体深部保持必需的深部体温。因外界环境的寒冷程度、人体作业的持续时间和生活方式的不同，人类对冷环境的习服包括代谢型习服、绝热型习服和习惯性冬眠型习服三种类型。代谢型习服是机体处于寒冷环境中一定时间，寒战产热发生推迟，而非寒战产热加强。例如，将大鼠暴露在5℃的寒冷环境中2~4周，寒战逐渐减弱，出现不依靠寒战产热的现象，而且产生比寒战产热更多的热量来维持体温，这种不依靠寒战产热的现象称为体温调节性非寒战产热。如果非寒战产热达到最大限度，那么产热方面的寒冷习服（代谢型寒冷习服）也已完成。人类主要是通过提高产热达到寒冷习服。冷习服者去甲肾上腺素、甲状腺素、胰高血糖素分泌增加，促进了机体脂肪的分解，以增加产热量，达到对寒冷的习服。绝热型习服是长时间处于寒冷环境中的结果，这种习服主要是依靠血管收缩使体表绝热性增大，防止机体热量散失过多，以达到抵抗寒冷的目的。有数据表明，长期暴露在寒冷环境中，皮下脂肪也会产生适应性增厚，使绝热功能增强。习惯性冬眠型习服是长期世居在寒冷环境中生活的人，在温度较低的情况下也不增加产热，皮肤温度下降也减少，体温也相对较低，机体对低体温已形成习惯。

二、体育训练与高原环境

（一）高原环境的特点

1. 低压低氧

海拔高度对氧分压有着直接的影响，而氧分压的变化又对血液和组织间的气体交换产生明显的影响。

2. 低温

海拔高度每上升150m，温度降低1℃，如在海平面的温度为15℃，在珠峰顶点温度则为-40℃。高原空气温度很低，冷空气带有的水分较少。在气温为20℃时，水分压为17mmHg，但在-20℃时，水分压会下降到1mmHg。因此，在高原训练时，由于高原空气干燥、呼吸频率的增加，通过呼吸蒸发和排汗会丢失更多水分。

3. 高原辐射

随着海拔高度的升高，强烈的太阳辐射也随之增加。一方面，高原海拔高且空气稀薄，太阳辐射（尤其是紫外线）被空气吸收得少，另一方面，空气中的水蒸气会吸收大量的辐射物质，而高原空气含水蒸气较少，故可使人体更多地暴露于辐射之中。辐射在被白雪反射后会更强烈。

（二）高原环境的应激反应

1. 呼吸功能的变化

进入高原，人体呼吸功能最显著的变化就是呼吸加快、肺通气量增加。当海拔高度为2 438米时，安静时的肺通气量开始以指数形式增加。由于高原氧分压降低，人体动脉氧分压下降，此时动脉与肌肉组织的氧分压浓度梯度减小，肌肉组织的气体交换能力下降。

2. 循环功能的变化

初到高原，血浆容量减少，因此无论是在安静还是处于亚极量强度运动状态，人体心率都会加快，而每搏输出量下降，这都是人体对高原缺氧的一种代偿性反应，以此来补偿高原氧分压降低对机体的影响。由于心率的增加补偿了每搏输出量的减少，因此每分输出量仍略微增加，即心率增加可以补偿氧运输能力的下降。在海拔4 500米时安静心率可达到每分钟105次，但最大心率却在下降，如在平原进行极最高强度运动时心率可达到每分钟170~210次，而在高原最多只能达到每分钟130~150次。到达高原后的最初几周血浆容量开始减少，并且这种持续性降低呈线性关系。这是单位血管内的红细胞数目不断上升，血液浓度增加，红细胞比容增加的缘故。在接下来的几天，肌肉对氧的摄取能力开始增强，降低了对心输出量增加的要求，使心率有所下降。

3. 高原反应

高原反应主要是指在平原生活的人进入高原，由于生活环境的突然改变而产生的诸多生物学效应，表现为生理、生化方面的异常变化。人如果渐进地进驻高原环境，除了运动能力下降、气短及出现呼吸困难外，其他不良反应较轻。而快速进入高海拔地区常在2h内出现高山病，主要症状有头痛、失眠、情绪激动、无力、呕吐及呼吸功能受影响等，表现为心率增加，肺通气量增加，最大摄氧量下降。反应更加剧烈时并发"高原病"，如高原肺水肿、高原昏迷等。

（三）高原习服

长期居住在高原地区，或在高原环境经过一段时间的锻炼，使身体的功能产生一系列

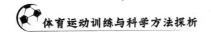

的变化，对高原的缺氧产生了适应，称为高原习服。

1. 呼吸功能

进入高原后，人体肺通气出现显著性的适应性增加，使得肺泡氧分压升高，这有利于扩大血液与组织间氧的浓度梯度，促进氧气向组织扩散。但同时出现二氧化碳分压下降，组织所产生的二氧化碳不能及时运走，体液的 pH 升高，血液碱性化，极易引起碱中毒。但在习服中，为了防止血液异常碱性，肾脏排泄碳酸氢盐的能力得到提高。因此，在完全高原习服后，肺通气量会保持增加而不发生碱中毒。初到高原时最大摄氧量减少，在接下来的几周内略有提高。高原训练能促进人体高原习服，在高原上有训练者的最大摄氧量比无训练者增加明显。

2. 循环功能

高原习服早期，在以亚最高强度运动时，心输出量高于平原。但数天或数周后，随着人体运输氧与肌肉利用氧的能力逐渐提高，心输出量便开始出现下降，这与心率下降有一定的关系。进入高原后，高原缺氧刺激了人体促红细胞生成素（EPO）的释放，促进红细胞的生成。当处于海拔 3 000 米高度 3 小时后，促红细胞生成素的浓度升高约 50%。红细胞生成增加，使得体内的血红蛋白（Hb）也随之增加，血红蛋白含量可从海平面的 14%~16% 上升至高海拔处的 23%。尽管血红蛋白氧饱和度受高原低氧分压的影响，但经过习服后人体的血红蛋白含量增加使得血液实际携带氧的能力得到提高，这是人体对高原适应的主要表现之一。

3. 肌肉功能

肌肉活检技术研究发现，人体进入高原后肌肉的组成结构和代谢功能发生显著变化，如骨骼肌中的肌红蛋白含量、毛细血管网数量和密度都出现增加，糖酵解酶活性降低，氧化酶活性与含量均升高等。长期暴露在高原环境中，人的食欲降低，瘦体重与脂肪含量明显下降。暴露在海拔 4 300 米的高原 8 天后，体重会下降 3%。这可能是因为高原环境引起人体食欲下降、脱水、蛋白质消耗增多、小肠吸收率下降以及基础代谢率增加等。

（四）高原环境对运动能力的影响

1. 对耐力项目的影响

在高原低压低氧条件下，氧气运输和有氧代谢功能都会受到很大的影响。决定有氧工作能力的最大摄氧量会随海拔的升高而下降，当海拔高度约为 1 500 米时，最大摄氧量开始下降。随后海拔每升高 300 米，最大摄氧量下降约 3%，在更高的高度下降的速率更快，如到达珠穆朗玛峰这一高度（约 8 844 米）时，最大摄氧量大约降低 70%。这在很大程度上限制了身体的有氧运动能力。导致耐力性运动能力明显下降的临界高度大约在海拔1 200 米。

有氧能力的降低，会降低机体的有氧耐力，影响持续时间较长的运动项目的运动能力，如长跑、球类项目等。

2. 对速度性项目的影响

在高原环境进行运动持续时间不超过 1min 的剧烈运动时，由于高原空气稀薄，空气阻力减少，加之这类运动主要动用的是 ATP-CP 和糖酵解供能，而很少动用有氧供能，所以运动成绩通常不会受到明显影响，有时还会有一定程度的提高。

3. 对爆发性项目的影响

由于高原空气稀薄、阻力下降，因此在投掷项目，如铅球、铁饼、链球等中，成绩可能会提高；但需要利用空气浮力的掷标枪，可能会因高原空气稀薄受到一定的影响；而跳远、跳高等跳跃项目则不会受到明显影响。

三、体育锻炼与大气环境

（一）大气环境与大气环境污染

1. 大气环境

大气环境一般是指围绕地球周围的区域性或全球性气体环境。由于受地心引力的作用，包围在地球周围的气体（称大气）质量的分布是不均匀的，依其温度、组成与物理性质的不同自下而上可以将大气分为依次连接的五个气层，即对流层、平流层、中间层、暖层和逸散层。对流层最接近地面，平均厚度约 12km，其质量占大气层总质量的 75% 左右。对流层与人的关系最密切，通常所称的大气环境主要是指对流层的气体环境。

（1）大气的组成

大气是由多种成分组成的混合气体，它包括干洁空气、水汽和悬浮颗粒等。①干洁空气。即干燥清洁的空气，其主要成分为氮、氧、氩和二氧化碳，它们占空气总容积的99.9%以上，此外还有少量的其他成分，如氖、氦、氢、氙、氪、臭氧等。空气中各组分的比例在地球表面的各个地方几乎不变，因此被称为大气的恒定成分。②水汽。大气中的水主要以汽化状态存在，故称水汽。水汽的含量（体积百分数）要比氮、氧等主要成分的含量低，但它的含量随时间、地域和气象条件不同而有较大的变化。如干旱地区只有0.02%，而温湿地带可高达 6%。大气中水汽含量变化对大气变化起着重要作用，因而也是大气的主要组成之一。③悬浮颗粒。一般指由自然因素生成的颗粒物。如岩石风化、火山爆发、宇宙落物以及海水溅沫等所产生的颗粒物。其含量、种类和化学成分都是变化的。

上述物质及其含量是构成大气各组分的标准值。除水分含量外，若大气中某种组分的含量超过标准含量，或自然大气中本来不存在的物质在大气中出现，即判定它们为大气的外来污染物。

（2）大气环境的重要性

大气环境是人类生存的要素，生命的存在一刻也离不开大气。对人体生命而言，没有任何东西比大气环境更重要。

人类活动必不可少的一些物质也来源于大气环境。如氧气，它既是体内代谢的氧化剂，又是人类将食物加工成熟食的助燃剂；大气的臭氧层可吸收太阳辐射的紫外线和宇宙射线，对地球生物起到保护作用；大气的电离层能够反射无线电波，有利于人类通信事业的发展。诸如此类，大气环境与人的生存与发展可谓息息相关。

2. 大气污染

在人类活动和自然过程（如火山、山林火灾、海啸、岩石风化等）中，逸出的某种或某些有害物质进入大气，呈现出足够的浓度，涉及一定的区域，达到足够的时间，且危及到人体舒适、健康和福利，大气环境的这种变化，称为大气环境污染。引起大气环境污染的物质称污染物。

造成大气环境污染的因素可归结为自然因素和人为因素两种，但目前为世界各国所公认的主要是人为因素。人类的社会经济活动和生产劳动，大量消耗各种能源，其中化石燃料（煤炭、石化）在燃烧过程中所释放的大量烟尘、硫、氮等物质，正严重影响着大气环境的质量。

（二）大气污染对运动能力的影响

1. 一氧化碳对运动能力的影响

一氧化碳是一种血液、神经毒物，它对人体运动能力的影响十分显著。由于一氧化碳与血红蛋白（Hb）的亲和力约为氧的200倍，而碳氧血红蛋白（COHb）的解离速度仅为氧合血红蛋白（O_2Hb）的1/3 600，因而一氧化碳可以降低血液的携氧能力。而且一氧化碳还可与细胞线粒体内的细胞色素氧化酶结合，直接抑制细胞的内呼吸，从而使人体中枢神经系统和心脏对一氧化碳所引起的缺氧特别敏感。在交通拥挤的道路上骑行时，空气中的一氧化碳可引起自行车运动者产生头痛、视力下降、心慌、反应时减慢等系列症状。同时，某些室内运动场馆通风不良可造成一氧化碳中毒。另外，在受一氧化碳污染的室内环境中进行力竭运动可造成运动后血皮质醇和甲状腺素下降，运动后血乳酸和心率显著升高，且恢复缓慢。因此，在进行室内健身运动、训练和比赛时，要密切监测运动场馆的一氧化碳含量，及时采取有效措施，防止一氧化碳污染对运动者产生危害。

2. 二氧化硫和飘尘对运动能力的影响

二氧化硫是对人类健康威胁最大的大气污染物之一。当人体在安静状态下时，二氧化硫几乎全被呼吸道吸收。在运动状态下二氧化硫可到达下呼吸道和末端支气管，导致肺功能明显下降。进入血液的二氧化硫还能破坏和抑制机体某些酶的活性，使有机物质代谢发生紊乱，影响运动时能量的供给，导致运动能力下降。颗粒物污染是指大气污染中的降尘和飘尘。降尘对人体危害较小，而飘尘能在空气中长时间悬浮，容易经呼吸侵入人体肺部组织。由于运动者与健身锻炼者经常在飘尘较多的煤渣跑道、城市社区及公路上进行运动，因而飘尘对人体健康与生理功能危害更大。另外，空气中的二氧化硫常被飘尘吸附，飘尘中的金属（如亚铁和锰等）可将二氧化硫催化氧化，与水作用形成硫酸雾，其毒性比二氧化硫高10倍。这样的微粒吸入肺部组织后会导致人体发生慢性损害，甚至会引起肺水肿和肺硬化并导致死亡。

3. 光化学烟雾对运动能力的影响

光化学烟雾主要是汽车尾气中的碳氢化合物和氮氧化合物、沥青路面粉尘等在日光照射下，经一系列化学反应生成二次污染物蓄积于大气中形成的一种浅蓝色烟雾，它包含臭氧（O_3）、醛类及过氧乙酰硝酸（PAN）等多种复杂化合物。光化学烟雾的危害主要表现为刺激眼睛和呼吸道黏膜，引起眼红肿、流泪、头痛、喉痛、咳嗽、气喘、呼吸困难等。臭氧是光化学氧化剂的主要成分，占90%左右。运动者长期暴露在室外低层臭氧含量过高的大气环境中，存在潜在的中毒危险。

第四章　体育运动训练的安全

第一节　体育运动训练疲劳与消除方法

一、体育运动训练疲劳的概念与分类

（一）体育运动训练疲劳的概念

运动训练疲劳，就是指运动训练活动持续一段时间后，运动者肌体不能维持原强度工作。在运动疲劳中，运动性力竭是疲劳的一种特殊形式，是疲劳发展的最后阶段。疲劳与力竭是不同的，肌体运动一定时间后，工作能力下降，不能继续保持原强度的工作即为疲劳，但此时肌体并未力竭。所谓的力竭，就是在疲劳基础上，降低运动强度和改变运动条件，使肌体继续保持运动，直至完全不能运动。

（二）体育运动训练疲劳的分类

1. 以身体各器官为主要依据划分

依据身体各器官划分，可以将运动性疲劳分为心血管疲劳、骨骼肌疲劳和呼吸系统疲劳三大类。

（1）心血管疲劳

由于运动引起的心脏、血管系统及其调节机能下降称为"心血管疲劳"。心血管系统是肌体对疲劳较为敏感的机能系统，不同强度和时间的运动都可能引起心血管系统疲劳。心血管疲劳的症状主要表现为：运动后心电图 S-T 段下降、T 波倒置、心输出量减少、舒张压升高、心率恢复速度较慢等。

（2）骨骼肌疲劳

由于运动引起的骨骼肌机能下降称为"骨骼肌疲劳"。骨骼肌疲劳的症状主要表现为力量训练后肌肉收缩力下降、肌肉僵硬及肌肉酸痛等。

（3）呼吸系统疲劳

运动引起的呼吸机能下降等称为"呼吸系统疲劳"，一般情况下，呼吸系统疲劳并不常见，多出现在长时间运动或憋气用力后，并伴随着心血管系统疲劳。呼吸系统疲劳的症状主要表现为：剧烈运动时呼吸表浅、胸闷、喘不过气、肺功能下降等。

2. 以疲劳发生的部位为主要依据划分

按照疲劳发生的部位这一划分标准，可以将运动性疲劳分为内脏疲劳、中枢疲劳和外周疲劳三大类。

（1）内脏疲劳

在日常的运动训练中，因内脏器官代谢障碍而带来内脏器官及机能肌体能力暂时性降低的现象，就是所谓的内脏疲劳。

（2）中枢疲劳

在日常的运动训练中，中枢神经及外周能代谢障碍而带来的神经系统及肌体机能暂时性降低的现象，就是所谓的中枢疲劳。

（3）外周疲劳

在日常的运动训练中，因外周（包括 N-M 接点）能量代谢障碍而带来的肌体机能能力暂时性降低的现象，就是所谓的外周疲劳。

3. 以疲劳的恢复时间为主要依据划分

按照疲劳的消除情况这一划分标准，可以将运动性疲劳分为急性疲劳和慢性疲劳两大类。

（1）急性疲劳

在日常的运动训练中，运动者因体能和神经能量的消耗和能量代谢障碍，而迅速引起的机能能力下降的现象，就是所谓的急性疲劳。急性疲劳引起的机能能力的下降一般经过一段时间的休息和调整后就会消除，不会出现疲劳积蓄的现象。在日常生活中，急性疲劳主要表现为：看书后的倦意感、争论之后的疲惫感以及剧烈运动和长时间持续运动后的疲劳感等。由此可以看出，该类疲劳实际上就是生理性疲劳。

（2）慢性疲劳

在日常的运动训练中，运动者因前次活动产生的疲劳还未消除又开始产生新的疲劳，肩负新的疲劳债务，导致疲劳逐渐积累的现象，就是所谓的慢性疲劳。按照病理变化的性质这一分类标准，又可以将慢性疲劳分为可逆性过度疲劳和不可逆性过度疲劳。不可逆性过度是可逆性过度疲劳发展的结果，因此有人又把可逆性过度疲劳叫病理性疲劳，把不可逆性过度疲劳叫生活性疲劳。这两种疲劳在体力活动或脑力活动时均可能发生。运动者在剧烈的运动训练中，因调节不当而发生肌体机能能力调节紊乱就是身体慢性疲劳的结果。

4. 以身体整体和局部为主要依据划分

按照身体整体和局部这一划分标准，可以将运动性疲劳分为整体疲劳和局部疲劳两大类。

（1）整体疲劳

由于全身运动而使全身各器官机能下降而导致的疲劳，就是所谓的整体疲劳。在日常的运动训练中，均有可能造成运动者全体各器官机能的下降。

（2）局部疲劳

以身体某一局部进行运动而使该局部器官机能下降而导致的疲劳，就是所谓的局部疲劳。如前臂负重屈伸运动可造成前臂肌肉力量下降，负重深蹲导致下肢肌群疲劳等。

整体疲劳和局部疲劳之间的关系非常密切，通常情况下，局部疲劳可以发展为整体疲劳，而整体疲劳往往包含着以某一器官为主的局部疲劳。

5. 以疲劳发生的性质为主要依据划分

按照疲劳发生的性质这一划分标准，可以将疲劳分为生理性疲劳、心理性疲劳和病理性疲劳三大类。

（1）生理性疲劳

生理性疲劳是指在日常的运动训练中，运动者因体能活动引起各器官系统机能能耗加大而导致的工作能力及身体机能的暂时性降低的现象。生理性疲劳的产生范围通常在以肌肉活动为主的各种运动训练中。通常情况下，生理性疲劳的症状主要表现为肌肉酸痛、肌力下降、肌肉和关节僵硬等。

（2）心理性疲劳

心理性疲劳是指在日常的运动训练中，运动者精神负担重、神经紧张性高、思想压力大而引起神经能量消耗加大，导致神经系统机能能力暂时性降低的现象。一般情况下，心理性疲劳的症状主要表现为头晕头胀、精力不集中、情绪忧虑、思维能力下降、反应迟钝、记忆障碍等症状。

（3）病理性疲劳

病理性疲劳是指在日常的运动训练中，长期从事刺激强度过大、时间过长、节奏过于单调的训练活动而造成的疲劳。病理性疲劳被称为"过度疲劳"。通常情况下，病理性疲劳的症状主要表现为：身体机能及神经功能调节紊乱和各器官的组织学改变，思维及活动能力降低。病情严重者还可能出现厌世情绪，甚至出现个别人轻生自杀或过劳死的情况。

6. 以疲劳发生的生理学和心理学为主要依据划分

按照疲劳发生的生理学和心理学特点这一划分标准，可以将运动性疲劳分为脑力性疲劳、感觉性疲劳、情绪性疲劳、体力性疲劳四大类。

（1）脑力性疲劳

在日常的运动训练中，运动者因神经高度紧张，脑细胞高度兴奋、活跃而能量消耗加剧，以致大脑思维工作能力暂时性降低的现象，就是所谓的脑力性疲劳。

（2）感觉性疲劳

在日常的运动训练中，运动者因高度紧张而能量消耗加剧，以致肌体各感觉机能暂时降低的现象，就是所谓的感觉性疲劳。

（3）情绪性疲劳

在日常的运动训练中，运动员因精神和体力负担重、思想压力大以及情绪高昂激动而能量消耗加大，以致肌体情绪暂时处于低落的现象，就是所谓的情绪性疲劳。

（4）体力性疲劳

在日常的运动训练中，运动者因肌肉能量消耗加大而使肌肉工作能力暂时性降低的现象，就是所谓的体力性疲劳。

7. 以肌体对不同频率电刺激的应答情况为主要依据划分

按照肌体对不同频率电刺激的应答情况这一划分标准，可以将运动性疲劳划分为高频疲劳和低频疲劳两大类。

（1）高频疲劳

因高频刺激而引起神经—肌肉传递或肌肉动作电位传播降低，动作潜伏期时限延长力量有选择丧失的现象，就是所谓的高频疲劳。在大强度的运动训练中，运动者比较容易发生高频疲劳。

（2）低频疲劳

因低频刺激而引起肌肉兴奋—收缩偶联衰减，力量有选择性丧失的现象，就是所谓的低频疲劳。一般情况下，低频疲劳多发生于小强度的运动训练之中。

二、体育运动训练疲劳产生的原因与症状

（一）体育运动训练疲劳产生的原因

引起运动疲劳的原因是多方面的，其原因主要有以下几个方面：

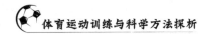

1. 运动者体内能源消耗过多

大量的研究与实践发现，运动者参加运动训练导致疲劳时体内能源物质往往消耗较多。如快速运动2~3分钟至非常疲劳时，肌肉内的磷酸肌酸可降低至接近最低点；而在长时间的持续运动中，由于糖的大量消耗，肌糖原及血糖含量均大幅度下降。能源贮备的消耗与减少，会引起各器官功能的降低。加上肌肉活动时代谢产物的堆积，水、盐代谢变化以及内环境稳定性失调等影响，肌体工作能力下降而最终导致疲劳现象的出现。

2. 运动者身体素质和运动能力持续下降

运动能力与身体素质的变化导致疲劳。人体的运动能力和身体素质与身体各器官、系统功能紧密相关。身体素质就是人体各器官、系统的功能在肌肉工作中的综合反映。各器官功能的下降，运动能力与身体素质便会受到影响。如在耐力性运动中心肺功能下降，承受耐力负荷的能力当然会降低，肌体就会产生疲劳从而降低工作能力。

3. 运动者的精神意志素质降低

运动中人体各器官、系统的活动都是在神经系统指挥下完成的，神经系统功能的降低，神经细胞抑制过程的加强会使疲劳加深。此时人的情绪意志状态与人体功能潜力的充分动员关系极大。其实人体在感到疲劳时，肌体往往尚有很大功能潜力，能源物质远未耗尽，良好的情绪意志因素可起到动员肌体潜力、推迟疲劳发生的作用。

当肌体出现这些疲劳症状时及时休息，并对运动内容进行必要的调整，才有利于疲劳的恢复。运动能力下降是暂时的，经过休息可以恢复，与过度训练和某些疾病不同。

（二）体育运动训练疲劳产生的症状

以运动性疲劳的程度为主要依据进行划分，不同程度的运动性疲劳所产生的症状不同，主要分为以下三类。

1. 轻度疲劳症状

适宜负荷的运动后所产生的疲劳感都属于正常现象，其主要的症状为呼吸变浅、心跳加快等。当出现这种现象时，就属于轻度疲劳，可以在短时间内恢复。

2. 中度疲劳症状

当负荷量增大，运动时间增长时，就会产生中度疲劳，这种疲劳的症状表现主要分为三个方面：自我感觉方面，主要症状为全身疲倦、嗜睡、无力等；精神方面，主要症状为精神不集中、烦躁不安、情绪低落、经常出差错；全身方面，主要症状为面色苍白、眩晕、肌肉抽搐、呼吸困难、口舌干燥、声音嘶哑、腰酸腿疼等。中度疲劳通过采用一系列手段也能很快消除，不会对身体造成影响。

3. 重度疲劳症状

重度疲劳的程度最重，其主要的症状表现主要有三个方面：神经反应迟钝、不易兴奋、烦躁、抵触等；肌肉力量下降，收缩速度放慢，肌肉出现僵硬、肿胀和疼痛，动作慢、不协调；肌体抵抗或适应阶段所获得的各种能力消失，并出现应激相关疾病，表现器官功能衰退，导致重度疲劳。一旦出现重度疲劳，一定要及时采取科学的方法来消除疲劳，否则就会对学习和生活产生不利影响，损伤身体。

三、体育运动训练疲劳的消除方法

运动性疲劳是体内多种因素综合变化的结果，要想使其恢复的速度和效果都更为理想，就要求采用多种科学手段，否则往往达不到预期的效果。运动性疲劳恢复的措施有很多，其中，主要有以下几大类，即运动性疗法、传统康复治疗、睡眠、中医药疗法、营养性疗法，物理疗法、温水浴及冷热水交替浴、心理放松疗法。

（一）运动性疗法

运动性疗法是以运动学和神经生理学为基础，利用人体肌肉关节的运动，以达到防治疾病、促进身心功能恢复和发展的方法。它是康复医疗的重要措施之一，要想达到较为理想的恢复效果，就要以运动者的实际情况为主要依据，以运动处方的形式，来有针对性地选择适合的运动方法，从而能够确定适当的运动量。具体来说，运动性疗法的具体措施有以下两种主要形式：

1. 积极性休息

用变换活动部位和调整运动强度的方式来消除疲劳的方法，也就是积极性休息。谢切诺夫在1903年进行的实验中发现，右手握测力器工作到疲劳后，以左手继续工作来代替安静休息，能使右手恢复得更迅速更完全。并认为，在休息期中来自左手肌肉收缩时的传入冲动会加深支配右手的神经中枢的抑制过程，并使右手血流量增加。大量研究也充分证明，与安静休息相比较，活动性休息可使乳酸的消除快1倍。积极性休息是运动疲劳恢复的重要措施之一，运用也较为广泛，其恢复效果也较为理想。

2. 整理活动

整理活动是指在正式练习后所做的一些加速肌体功能恢复的较轻松的身体练习，是消除疲劳、促进体力恢复的好方法，应给予足够重视。如果一个人跑到终点后站立不动，血液会大量集中在下肢扩张的血管内，使静脉回心血量减少，因而心输出量下降，致使血压降低而造成暂时性脑贫血，会引起一系列不适感觉，甚至出现"重力性休克"，而在剧烈运动后进行整理活动的主要意义在于，不仅能够使心血管系统、呼吸系统仍保持在较高水平，而且对于乳酸的排除也有非常积极的促进作用。

一般整理活动应包括慢跑、深呼吸、体操、肌肉放松练习、静力牵伸练习等内容。肌肉静力牵伸练习对缓解运动后的肌肉紧张、放松肌肉、预防延迟性肌肉酸痛、消除肌肉疲劳、保持和改善肌肉质量都有良好的作用。总的来说，整理活动具有及时放松肌肉，避免由于局部循环障碍而影响代谢过程，因而延长恢复过程的重要作用。但是，为了能够保证理想的恢复效果，在做整理活动时需要注意，量不要大，尽量缓和、放松，使身体逐渐恢复到安静状态。

（二）传统康复治疗

传统康复治疗技术主要包括针灸、拔罐、推拿按摩、中药熏蒸等非药物疗法，这种治疗方法主要是通过调整人体的阴阳平衡、调节脏腑功能、疏通经络、调和气血、升降气机，达到消除疲劳、祛除致病因素、修复损伤、增强抗病能力和强壮脏腑功能等目的。

在传统康复治疗的措施中，运用较为广泛的是气功。气功是一种自我调节、自我控制的锻炼形式。气功练习对于运动性疲劳的恢复作用主要表现在以下几个方面：第一，气功练习能够使抵抗能力有所增强；第二，气功练习能帮助"放松"，消除紧张状态，使交感神经系统的活动减弱，血管紧张素分泌系统发生变化，调节血压，使血运加快、皮温升高、红细胞和血红蛋白有所增加，白细胞吞噬能力提高，血皮质醇减少；第三，通过脑电图检查证实，气功练习对大脑皮层起保护性抑制作用；第四，气功可使骨骼肌放松，心跳减慢，耗氧量减少。

现代的康复往往采用多种形式的、积极的治疗和训练，因为严重的残障常以复合的形式表现，累及多种功能，所以必须进行全方位、多种类的康复治疗和训练。即使较单纯或程度不太重的损伤，如能积极采用多项治疗，其功能改善的效果也会更好。

（三）睡眠

睡眠是最好的消除运动性疲劳，恢复机能的治疗方法。人在睡眠时感觉减退、意识逐渐消失，肌体与环境的主动联系大大减弱，失去了对环境变化的精确适应能力，全身肌肉处于放松状态。

（四）中医药疗法

中医药疗法对于运动性疲劳的恢复具有积极的辅助作用。具体来说，这一疗法的具体形式主要有三种，即汤剂内服、内服外洗、药剂熏洗。

1. 汤剂内服

采取内服中药消除运动性疲劳的方法主要分为服用复方中药和服用单味中药两种，前者居多。按照中医基础理论，用于消除运动性疲劳和促进体力恢复的复方中药主要是以"补益"和"调理"为主要治则组方的。使用"补益"和"调理"为主要组方的复方中药进补，都是以平衡肌体阴阳为宗旨，强调阴阳互根，孤阴不生，独阳不长，善补阳者必于阴中求阳，善补阴者必于阳中求阴。在治疗效果上多表现为双向调节、适应原样作用。

通过现代的大量研究可以得出，许多中药的活性成分都具有抗疲劳作用，如多糖就是，它能够有效提高抗氧化酶活性、消除自由基、抑制脂质过氧化，从而对生物膜产生一定的保护作用。怀山药多糖、魔芋多糖、枸杞多糖、猴头菌多糖、黄芪多糖、螺旋藻多糖、当归多糖等都是常用的多糖，具体应用于运动性疲劳的恢复中时，要根据实际情况进行有针对性的选择，做到有的放矢。

2. 内服外洗

对于延迟性肌肉酸痛（DOMS）的局部病机辨证，中医的主要观点是：筋、骨、肉形体运动负荷过大，筋脉不舒，营血瘀滞，经脉不通受阻致疲，不通则酸困疼痛，筋肉发僵不舒。由此可以得出，舒筋活血、行气止痛、温通经络，是确定局部外治的法则。但是，中医十分强调整体观念，根据中医基础理论，肌肉与多脏腑功能均有关系，包括肝主筋，主疏泄，肝藏血；肺主气，主宣发与肃降，主行水；心主身之血脉；肾主藏精，主水，主纳气等；脾主肌肉，与肌肉发育和肌肉功能关系最为密切。"脾气充盛，则肌肉强健有力气日以衰，脉气不通，邪在脾胃，则病肌肉痛"等。除此之外，中医还提出了五劳致伤，形劳而倦或劳累过度则能耗气而虚的观点。因此，在研究运动性肌肉疲劳以及延迟性肌肉酸痛（DOMS）时，要想达到较为理想的恢复效果，就应该充分考虑对脾的调理，并与外治相结合，否则就会事倍功半，影响运动性疲劳的恢复。

3. 药剂熏洗

对于延迟性肌肉酸痛（DOMS），现代医学总体上的观点是，它不是一种损伤，而是骨骼肌疲劳的一种表现：通过无创伤性超声对延迟性肌肉酸痛的诊断，可以显示延迟性肌肉酸痛时的肌肉水肿、炎症及肌肉厚度的变化。中药熏洗和推拿的主要作用就是能够较为明显地恢复延迟性肌肉酸痛的肌肉组织结构、代谢和功能改变，并且消除延迟性肌肉酸痛。

（五）营养性疗法

恢复肌体的能量贮备是运动性疲劳恢复的关键，主要包括的内容有：肌肉及肝脏的糖原储备、微量元素平衡、关键酶的活性以及体液、细胞膜的完整性等。其中，补充营养是恢复的物质基础。

糖类在运动过程中起着非常重要的能量供应功能，只有糖类的贮备充足，才能够使肌体的机能逐渐恢复到正常水平。因此，补糖是营养补充的重点，人体感到疲劳或大运动量训练后补糖，可恢复血糖水平，增加肝糖原的储存，并且有加速消除血乳酸的作用。对耐力类项目而言，被耗尽的能量储备，特别是碳水化合物，必须系统地通过富含碳水化合物的营养物质重新予以弥补，在一般混合饮食情况下，约 72 小时后方能得以弥补，但是如果补充富含碳水化合物的食物，那么糖原储备在负荷结束后的 24 小时即能恢复原有水平。除此之外，要想更快、更好地恢复运动性疲劳，还少不了膳食中的优质蛋白质和适量的脂肪。

在补充运动中消耗的热量时，一般按照蛋白质、脂肪、糖三者的比例均衡进补。但是，不同类型的运动项目，营养成分的比例也是不相同的，需要根据运动项目的特点进行适当地调整，这样才能够取得更好的恢复效果，比如，在多数项目运动者的膳食中，三种能量的补充比例为 1.2∶0.8∶4.5；耐力性运动项目要求膳食中糖的含量较高，故三种能量的搭配比例为 1.2∶1∶7.5；而运动负荷量比较小的项目，则比普通人的能量补充稍高一些，三种能量的搭配比例为 1∶0.6∶3.5。三大营养物质摄取总量应根据项目的特点，以能满足肌体代谢需要为依据，既不能过多，也不能过少。否则都会影响人体的生理机能、运动水平，甚至影响身体健康。

除了糖、脂肪、蛋白质等能源物质的供应要保证充足外，维生素也要进行适量的补充。维生素的营养作用也非常重要，它不仅为人体正常代谢和生理机能所必需，而且还对人体运动能力有直接的影响。大负荷训练后，维生素 B 族和 C、E 的需要量将提高一倍，尤其在碳水化合物消耗量增加之后，特别要增加维生素 B 的补充量。

综上所述，训练后合理、及时的营养补充对于运动性疲劳来说非常重要，对运动者的膳食的要求是，应富含营养，易于消化，并应尽量多吃些新鲜蔬菜、水果等碱性食物。

（六）物理疗法

应用天然的或人工的物理因子，如光、电、声、磁、热、冷等作用于人体，引起局部或全身的生理效应，从而起到康复和提高机能的治疗方法，就是所谓的物理疗法。物理疗法的形式有很多种，比如常见的电疗、光疗、水疗、冷疗、蜡疗、超声波疗、热疗、磁疗以及生物反馈等治疗。

蜡疗的运用范围较为广泛，以此为例，来介绍物理疗法。蜡疗的主要特点是：热容量大，导热性小，几乎无对流现象。石蜡有很高的蓄热性能，在冷却过程中可释放大量热能。石蜡用于治疗的作用主要表现为两个方面：一个是温热作用，皮肤能耐受 60℃~70℃ 的石蜡而不被烫伤；另一个则是机械压迫作用，对肌腱挛缩有软化、松懈作用。因此，蜡疗的主要作用为：防止淋巴液渗出，减少水肿，促进渗出液吸收，扩张毛细血管和增加血管弹性。

（七）温水浴及冷热水交替浴

消除肌肉疲劳的一种最简单的方法，就是沐浴。通过沐浴，能够对血管扩张产生刺激，对血液循环和新陈代谢起到积极的促进作用，使代谢产物排出的速度加快，神经肌肉的营养得到进一步的改善。温水浴水温以 42℃ 左右为宜，时间为 10~15 分钟，每天 1~2 次训练结束后 30 分钟可进行温水浴。但是，在应用温水浴时需要注意，为了保证达到理想的消除疲劳的效果，不能入浴时间过长、次数过频，水的温度也不能过高，否则就会起到相反的作用，加重疲劳。

冷热水浴可交替性地刺激血管的收缩和舒张，更有效地促进血液循环。进行冷热水浴时，热水温度 40℃，冷水温度 15℃，冷水浴时间为 1 分钟，热水浴时间为 3 分钟，交替 3 次。

（八）心理放松疗法

应用心理学的理论、原则和技术，对康复对象的各种心理、精神、情绪和行为障碍或严重的情绪困扰进行矫治的特殊治疗手段，就是所谓的心理放松疗法。行为疗法和合理情绪疗法是常见的两种心理放松疗法，这两种疗法各具特点，作用也有一定的区别。行为疗法又称行为矫正疗法，是 20 世纪 50 年代迅速发展起来的一种重要的心理学的理论和治疗技术，它按照一定的程序，采取正负强化的奖惩方式，对个体进行反复训练，以消除或矫正适应不良行为的一种心理疗法；而合理情绪疗法是以认知理论为基础，结合行为疗法的某些技术，以矫正人们认知系统中非理性的信念，促进心理障碍得以消除的心理疗法。

在训练和比赛之后，采用心理调整放松，能够达到较好的消除疲劳的效果，具体表现为：使神经—精神的紧张程度有所降低，心理的压抑状态得到一定程度的缓解，神经系统的恢复速度也多有加快，这样就能够更好地促进身体其他器官。

音乐疗法是心理放松疗法中应用较为广泛的方法之一。从生理角度看，音乐作为一种声音刺激，可通过肌体的反射作用迅速产生一系列生理和心理反应。音乐的性质不同、表现形式不同，其对人体的作用也就有一定的差别，具体来说，主要表现在以下几个方面：节奏快而有力的音乐的主要作用是增强心脏功能，改善血液循环；节奏鲜明的音乐的主要作用是使人精神振奋，心跳加快，心肌张力增加；节奏缓慢、单调重复的音乐的主要作用

是使人松弛，并有催眠镇静的作用；旋律优美的音乐的主要作用是使人心情愉快、平静，有助于消除体操运动者的情绪紧张及焦虑。除此之外，音乐的作用还表现为改善注意力，增强记忆力，提高人们对环境的适应力。

第二节　体育运动训练的伤病防治

一、体育运动训练损伤的防治

（一）体育运动训练损伤的预防

1. 思想上加以重视

在运动训练中，运动者要从思想上高度重视运动性损伤的预防，学习并掌握有关预防运动性损伤的知识和方法。运动训练过程中要遵循运动训练的一般原则，加强身体的全面心理、易伤部位训练及肌肉力量训练。

2. 做好准备活动

准备活动的内容要与训练内容相结合；准备活动的量，要根据身体特点、气象条件和训练而定。准备活动一般以身体感到发热，微微出汗为宜。准备活动结束与正式运动之间的时间不要过长，一般为 3 分钟。

3. 加强自我保护意识

掌握运动中可能发生意外时的自我保护方法，防范运动技术伤的发生。学会运动后肌肉酸痛、关节不适等常见症状的治疗。对运动性损伤要做到及时发现，及时处理。

4. 注意科学训练

科学训练主要包括五个方面，即全面性、渐进性、个别性、经常性、意识性。前三个方面对预防损伤极其重要，是不能够忽略的。

5. 合理安排运动

要根据自身的健康状况和运动技术水平，合理安排运动量；运用各种形式的身体练习方法，全面提高身体素质，防止局部肌肉的过度疲劳。

6. 要针对性别进行训练

由于性别的不同，人体的自身条件也不同。不同的身体条件适应各自的训练方式。如果选择不合适，要么训练不到位，要么就会给身体带来一定的损伤。

7. 创造良好的训练环境

运动训练器具、设备、场地等在运动前都应进行严格的安全检查，从而为运动者的运动训练提供安全保障。

（二）体育运动训练损伤的治疗

1. 擦伤

擦伤就是皮肤受外力摩擦所致的皮肤出血或组织液渗出。按损伤面积的大小，擦伤可分为小面积擦伤和较大面积擦伤。

小面积擦伤治疗：如果是表皮擦伤，可用碘酒或碘伏局部涂擦，不需包扎。如果是关节及其附近的擦伤，则在局部消毒后，再涂以消炎软膏，以免局部干裂而影响运动。另外，要注意运动卫生，以免感染。

较大面积擦伤治疗：应先以生理盐水或 0.05% 的新洁尔灭溶液清洗创面，然后进行局部消毒。最后盖以消毒凡士林纱布和敷料，并包扎。如有需要，可加服抗生素预防感染。

2. 拉伤

拉伤是由于外力的作用，肌肉过度主动收缩或被动拉长致伤。拉伤的原因有很多种，如运动前的准备活动不充分、动作不协调、训练方法不得当等。发生拉伤后，伤处会出现肿胀、疼痛、肌肉痉挛等症状，诊断时可摸到硬块，肌肉断裂是比较严重的拉伤，要给予及时的治疗和处理。

拉伤轻者可立即冷敷，局部加压包扎，抬高患肢。24 小时后可实施按摩或理疗。病情严重者急救后，应立即送医院治疗。

3. 挫伤

挫伤是指在钝器直接作用下，人体皮肤或皮肤下组织所受的伤，如运动时相互冲撞、踢打所致的伤。挫伤以四肢多见，可伴有功能障碍。发生挫伤后会出现局部青紫，皮下瘀血肿胀、疼痛的现象。严重者可发生肌肉断裂、骨折、失血、内脏损伤和脑震荡等。

单纯性挫伤在局部冷敷后外敷新伤药，加压包扎、抬高患肢。有肌肉、肌腱断裂者，应将肢体包扎固定后，送医院治疗。头部、躯干挫伤休克症状出现者应首先进行抗休克治疗，保温、止痛、止血、矫正休克后，立即送医院治疗。

4. 皮肤撕裂伤

皮肤撕裂伤是指皮肤受外力严重摩擦或碰撞所致的皮肤撕裂、出血。

损伤状况轻者，在进行消毒后，以胶布粘合或用创可贴敷盖即可；撕裂面积较大者，则需止血缝合和包扎。如有必要可酌用破伤风抗毒素肌内注射，以免引起破伤风。

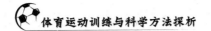

5. 刺伤

刺伤的伤口较小但较深，如果不做处理可能伤及深部组织器官，或将异物带入伤口深处引起感染。

损伤轻者先用碘酒、酒精将伤口周围消毒，然后在伤口上撒上消炎粉，用消毒纱布覆盖，再加以包扎。被不洁物刺伤的，要注射破伤风抗毒素，预防破伤风。

6. 切伤

切伤的伤口边缘整齐，出血较多，但周围组织创伤较轻。深的切伤可能切断大血管、神经、肌腱等组织。

损伤轻者先用碘酒或酒精消毒，然后在伤口上撒上消炎粉，用消毒纱布覆盖，较重者，应彻底止血，缝合伤口。伤情和污染较重者应该注射抗菌药，预防感染。被不洁物切伤的，要注射破伤风抗毒素，预防破伤风。

7. 踝关节扭伤

踝关节扭伤属于关节韧带损伤，在运动训练中最为常见。造成踝关节扭伤的原因是踝关节过度内翻或外翻而导致的踝关节内、外侧韧带受损。发生扭伤时，伤者伤处疼痛、肿胀，韧带损伤处有明显压痛，皮下有瘀血。

8. 肘关节损伤

肘关节损伤是由于运动技术不合理、运动方法不得当而发生的损伤。在进行小球类运动锻炼时常发生肘关节损伤。

在运动训练中，要避免肘关节损伤的发生，就应该做好充分的准备活动，合理安排运动量与负荷。在运动结束后，要做好整理活动，按摩肘部，以促进疲劳的恢复，加强保护。

急性肘关节损伤，要对伤肘进行特殊处理，要进行适当的休息制动，以促进恢复。

运动损伤发生后，可以局部冷敷，加压包扎，外敷新伤药。24 小时之后，可进行理疗、按摩、外敷中药。

可采取局部封闭注射肾上腺皮质激素类药物的方法，对慢性伤者，应以理疗、按摩、针灸治疗为主。

对有肌肉韧带断裂或伴有撕脱骨折者，宜进行手术缝合术等。

发生急性损伤后，在治疗期间要禁止参加大强度的运动训练，以免加重损伤或出现新的损伤。

经过一定的处理后，如果伤者损伤部位没有疼痛，即可进行运动，但需要注意的是，要合理地安排运动的负荷量与强度，负荷量与强度要逐渐增加。

伤者在练习与康复时，要佩戴必要的保护装置，如护肘、弹力绷带等，以免加重肌体的负担，造成其他的运动损伤。

9. 肌肉拉伤

肌肉拉伤是指在外力直接或间接作用下，使肌肉过度主动收缩或被动拉长所致的肌肉纤维损伤或断裂。发生肌肉拉伤时，会出现疼痛、压痛、肿胀、肌肉紧张、发硬、痉挛等症状，其中，有些损伤还伴有疼痛、撕裂样感，肿胀明显及皮下瘀血严重，触摸局部有凹陷及一端异常隆起者，可能为肌肉断裂。

伤势轻者可停止训练，立即休息，抬高患肢，局部冷敷并加压包扎，疼痛严重者，可酌情给止痛药。24 小时后进行理疗和按摩，对于肌肉断裂患者，应加压包扎并立即送往医院处理。

10. 胫骨痛

胫骨痛在运动医学中又称为"胫腓骨疲劳性骨膜炎"。此病多发生在跑、跳等运动项目中。由于这类活动使大腿屈肌群不断收缩，而过度牵扯其胫腓骨的附着部分，致使骨膜松弛，骨膜下出血，产生肿胀、疼痛等炎症反应，导致出现此病。在发生胫骨痛后，要注意足尖跑、跳的运动量，不要加重下肢的负担，进行少量的运动以促进慢慢恢复。在进行运动前一定要做好准备活动，运动后做好整理活动，可进行局部按摩。伤势严重者，立即就医。

11. 肩袖损伤

肩袖损伤是指肩袖肌腱或合并肩峰下滑囊的损伤性炎症病变。发生肩袖损伤时，肩外展会感到疼痛，有时会向上臂、颈部放射，肩外展或伴内、外旋时，疼痛加重，压痛局限于肩峰与肱骨大结节之间。肩袖损伤可分为急性损伤和慢性损伤，急性损伤期间常伴有三角肌痉挛疼痛，慢性损伤期间继发三角肌萎缩乏力。

在发生运动损伤后，可适当进行休息、调整，可采用物理治疗、针灸、按摩等方法治疗。除此之外，还可活动拉升肩关节和上肢，以促进恢复。如果发生肌腱断裂，则要立即就医。

12. 髌骨劳损

髌骨具有保护股骨关节面、维护关节外形和传递股四头肌力量的作用，是维护膝关节正常功能的主要结构。髌骨劳损一般是膝关节长期负担过重或反复损伤积累而成的。髌骨劳损是膝关节酸软疼痛，髌骨压迫痛，单足半蹲的时候有痛感。少数患者因长期膝关节疼痛不敢用力而肌肉萎缩或有少许关节积液。

当发生髌骨劳损后，可采用按摩、中药外敷，针灸等方法治疗；加强膝关节肌群力量练习，比如采用高位静力半蹲，每次保持 3~5 分钟即可，每日进行 1~2 次。

13. 腰部扭伤

腰部扭伤是腰部软组织的损伤。有明确的外伤史，伤后立即或一二日后发生腰痛，为急性腰部扭伤，亦称"闪腰"。肌肉轻度扭伤后疼痛显著，脊柱不能伸直；因肌痉挛而引起脊柱生理曲线改变为较重的扭伤。如是棘上韧带与棘间韧带扭伤，则受伤时感到局部突然撕裂样疼痛，过度前弯腰时疼痛加重，腰伸展时疼痛较轻，棘突上或棘突之间有局限而表浅的明显压痛点。若是筋膜破裂，则多发生在肌鞘部和髂嵴上、下缘，伤处有明显的压痛点，弯腰和腰扭转时疼痛较重，腰伸展时疼痛较轻。如果是小关节交锁，受伤当时即腰部剧烈疼痛；呈保护性强迫体位，不敢做任何活动，亦惧怕任何搬动，尤其不能做腰后伸活动，疼痛位置较深，不易触到压痛点，但叩击伤处可引起震动性剧烈疼痛。

休息：可仰卧于垫子或木板床上休息，腰部垫一薄枕以便放松腰肌，活动时要避免受伤组织受到牵拉。轻度扭伤可休息 2~3 天，较重扭伤需休息一周左右。

按摩、穴位按摩：取人中、扭伤、肾俞、大肠俞、委中等穴，手法强度应使病人有较强的酸麻胀感为宜。

其他疗法：如外贴活络止痛膏，内服活络止痛药，火罐疗法、针灸疗法、局部注射强的松龙、理疗等。

14. 关节脱位

在运动训练中，因受外力作用，使关节失去正常的连接关系叫关节脱位，又称"脱臼"。发生关节脱位时，伤者会感到剧烈疼痛，关节周围出现显著肿胀，关节功能丧失。有时还发生肌肉痉挛，严重时会出现休克。

在发生关节脱位后，切不可随意做复位动作，以免加重伤情。用夹板或三角巾固定伤肢，并尽快送医院治疗

15. 骨折

骨折是指在运动时，运动者身体某部受到直接或间接的外界力量撞击而造成的损伤。常见的骨折有肱骨骨折、尺桡骨骨折、手指骨折、小腿骨折、肋骨骨折等。骨折发生时伤者可感到明显的疼痛，患处出现肿胀的现象，肢体失去正常功能严重时还伴有出血和神经损伤，甚至发烧及突发休克等现象。

当发生骨折后，切忌随意移动肢体，应用夹板或其他代用品固定伤肢；如出现休克，应对患者实施人工呼吸。对于有伤口出血的患者，要采取止血措施，并送往医院进行

治疗。

二、体育运动训练疾病的防治

（一）过度紧张

1. 过度紧张的原因

身体及心理素质较差；运动水平不高；肌体出现过度疲劳现象；伤病中断训练后突然参加剧烈活动；患有某些心血管疾病的患者，突然参加剧烈运动，易导致过度紧张。

2. 过度紧张的症状

头晕、眼前发黑、面色苍白、全身无力、站立不稳；有恶心呕吐，脉搏快速细弱，血压明显下降的现象；严重者会出现嘴唇青紫，呼吸困难，胸肋部疼痛，肝脏肿大，心前区痛，心脏扩大等急性心功能不全等症状。

3. 过度紧张的预防

在运动前做好一定的准备活动，运动训练要全面，要循序渐进地进行；当伤病初愈进行运动训练时，要注意运动负荷量与强度的合理安排；在进行大强度运动训练前，应做好必要的体格检查；根据个人具体实际合理选择运动项目和训练方法；要注意运动训练的卫生，加强营养补充；运动训练要进行必要的医务监督，将运动疾病的风险降到最低。

4. 过度紧张的治疗

轻度的过度紧张，可安静地仰卧在垫上，短时间休息后可得到恢复；发生脑缺血时，应将患者平卧休息，头稍低，给以热糖水或镇静剂以促进恢复；对于严重的心功能不全的患者，应保持安静、平卧，指掐"内关"和"足三里穴"。如果昏迷，可指掐"人中穴"；对于呼吸困难或心跳停止者，应施以人工呼吸，然后去往医院治疗。

（二）岔气

1. 岔气的原因

岔气是指运动时发生与腹痛位置不同的突然性胸壁或上腹近肋骨处的疼痛现象，"岔气"出现的原因主要有以下两个：

①没有进行准备活动或准备活动不充分；

②发生呼吸节奏紊乱或心肌功能不佳的现象。

2. 岔气的症状

患者胸壁或上腹近肋骨处出现明显的疼痛；说话、深呼吸或咳嗽时局部疼痛；按压疼痛部位有明显压痛，但无红肿现象出现。

3. 岔气的预防

运动前做充分的准备活动，使身体适应逐步加大的运动量；没有特殊情况不要中断锻炼，运动锻炼中要掌握好呼吸的方法和节奏。

4. 岔气的治疗

深吸气后憋住不放，握拳由上到下依次捶击胸腔左、右两侧，亦可用拍击手法拍击腋下，再缓缓深呼气；深吸气憋住气后，请别人捶击患者侧背部及腋下，再慢慢呼气；连续做深呼吸，同时用手紧压疼痛处可有一定程度的缓解；用食指和拇指用力捻捏内关和外关穴，同时做深呼吸和左右扭转身躯的动作；可深吸气后憋住不放，用手握空拳捶击疼痛部位。

（三）肌肉痉挛

1. 肌肉痉挛的原因

肌肉痉挛，是指肌肉发生的不自主的强直性收缩的现象。人体的小腿腓肠肌、足底的屈拇肌和屈趾肌是最容易发生肌肉痉挛的部位。发生肌肉痉挛的原因有很多，主要是运动者体内失盐过多、冷刺激、肌肉收缩与舒张失调等原因所致。

2. 肌肉痉挛的症状

患者全身肌肉强直，双眼上翻或凝视，神志不清。出现身体局部抽风的现象，仅局部肌肉抽动，如仅一侧肢体抽动，或面肌、手指、脚趾抽动等。

3. 肌肉痉挛的预防

运动前后做充分的准备活动和整理活动；运动前对易发生肌肉痉挛的部位做适当的按摩；在身体疲劳时不宜参加长时间或大运动量、高强度的运动。

4. 肌肉痉挛的治疗

在运动训练的过程中，当发生肌肉痉挛时，牵引患者痉挛的肌肉常可使之缓解。例如，小腿后面群肌痉挛可伸直膝关节，用力将足背伸；足底部屈肌、屈趾肌痉挛，可用力使足和足趾背伸。除此之外，还可采用按摩的方法促进运动肌体的恢复，如推摩揉捏、点穴等手法，可促使缓解。

（四）肌肉酸痛

1. 肌肉酸痛的原因

在运动时肌肉活动量过大，而引起局部肌纤维及结缔组织的细微损伤，以及部分肌纤维的痉挛所致。

2. 肌肉酸痛的症状

局部肌肉纤维细微损伤及痉挛；整块肌肉运动时存在酸痛感。

3. 肌肉酸痛的预防

做好充分的准备活动，注意运动中有关局部肌肉的活动，锻炼要充分；科学、合理地安排运动负荷；避免长时间锻炼身体某一部位，以免加重局部肌肉的负担；做好整理运动，可采用一般放松练习和肌肉伸展牵引练习。

4. 肌肉酸痛的治疗

①对酸痛局部进行静力牵引练习，保持拉伸状态 2 分钟，然后休息 1 分钟，重复练习。

②对酸痛的局部肌肉进行热敷，促进血液循环及代谢过程，有助于损伤组织的修复及痉挛的缓解。

③对酸痛局部进行必要的按摩，使肌肉得到放松，促进肌肉血液循环，有助损伤修复及痉挛缓解。

④口服维生素 C。维生素 C 有促进结缔组织中胶原合成的作用，能加速受损组织的修复和缓解酸痛

⑤补充微量元素锌元素，锌元素有利于损伤肌肉的修复。

（五）运动中腹痛

1. 运动中腹痛的原因

准备活动不充分；运动者身体素质较差，训练水平较低；运动负荷过大；呼吸与动作之间的节奏配合不良；精神紧张，过度疲劳；膳食不合理，营养不良等。

2. 运动中腹痛的症状

①运动者在进行小负荷强度运动时，腹痛不明显。负荷强度增加后，腹痛逐渐加剧。

②腹痛部位，常为病变脏器所在。

左上腹痛，多为脾瘀血；左下腹痛，多因宿便引起；右上腹痛，多为肝胆疾患、肝脏瘀血；右下腹痛，多为阑尾炎；中上腹痛，多为急性或慢性胃炎；腹中部痛，多为肠痉挛、蛔虫病。

3. 运动中腹痛的预防

运动前要做充分的准备活动，运动时注意呼吸的节奏；可以采取各种训练方法，全面

提高运动者肌体机能水平；运动训练要科学，循序渐进地增加负荷量与强度；合理安排膳食与营养，饭后切忌参加剧烈运动。

4. 运动中腹痛的治疗

患者用手按压疼痛部位，或弯腰跑一段距离，一般疼痛即减轻或消失；降低运动强度，调整呼吸和运动节奏；病情加重时应停止运动，口服止痛药物，点掐或针刺足三里、内关、三阴交等穴位，进行腹部热敷等；经过治疗如果还没有效果，则立即就医。

(六) 低血糖症

1. 低血糖症的原因

运动前体内肝糖原储备不足，运动时不能及时补充血糖的消耗；长时间的运动导致运动者体内血糖量的大量减少；中枢神经系统功能紊乱，导致胰岛素分泌量增加；患者没有遵医嘱而参加运动训练。

2. 低血糖症的症状

轻者感到饥饿、疲乏、头晕脑胀、心悸、面色苍白、出冷汗；重者可出现神志模糊、语言不清、四肢发抖、呼吸短促、烦躁不安或精神错乱，甚至惊厥、昏迷；脉搏快而弱、血压偏高或无明显变化，或昏倒前升高而昏倒后降低，呼吸短促，瞳孔扩大；血糖呈明显降低症状。

3. 低血糖症的预防

在进行大运动量的运动时，应准备一些含糖的饮料；日常运动锻炼较少或者体能素质较差者，不宜参加长时间的剧烈运动。

4. 低血糖症的治疗

低血糖患者应采取平卧的方式休息，注意保暖；较轻者可饮浓糖水或吃少量食品，一般短时间内即可恢复；可静脉注射 50% 葡萄糖 40～100 毫升；昏迷不醒者，可针刺人中、百会、涌泉、合谷等穴，并及时就医。

(七) 运动性贫血

1. 运动性贫血的原因

一般情况下，运动性贫血是由各种原因引起的，如果运动者的生理负担量过大而参加运动训练就很可能导致运动性贫血的发生。

2. 运动性贫血的症状

在进行血液检查时，运动者的血红蛋白含量减少，男性低于 120 克/升，女性低于 105

克/升；头晕、乏力、易倦、记忆力下降、食欲差，发病缓慢；运动训练过程中常伴有气促、心悸等症状；皮肤和黏膜苍白，心率较快，心尖区可听到收缩期吹风样杂音等。

3. 运动性贫血的预防

合理安排运动负荷，运动的量与强度要循序渐进增加；根据个人具体实际，贯彻个别对待的基本原则；多食含蛋白质丰富的食物，尽力改掉偏食的不良习惯；补充身体必需的铁元素。

4. 运动性贫血的治疗

发生运动性贫血时，要适当减少运动的量与强度，必要时停止训练，等人体状况恢复良好时再参加训练；服用维生素 C 和胃蛋白酶合剂，以促进铁的吸收；口服硫酸亚铁片剂，可治疗缺铁性贫血；合理膳食，补充营养，多食用富含蛋白质和铁的食物。

（八）运动性血尿

1. 运动性血尿的原因

（1）肾缺氧

运动时血液重新分配，肾脏缺血缺氧，影响肾脏正常功能，以致红细胞渗出。

（2）肾静脉高压

运动者肾周围脂肪组织较少，长时间跑跳时，身体震动可使肾脏下垂，使静脉血流受阻，肾静脉压增高，从而导致红细胞渗出。

（3）肾损伤

运动时腰部的猛烈屈伸或蜷缩体位可使肾脏受到挤压，肾内毛细血管损伤，从而引起肾出血。

（4）膀胱损伤

在膀胱排空的情况下跑步，脚落地震动时膀胱后壁与膀胱底部互相触碰，而使该部位发生运动损伤，引起血尿。

2. 运动性血尿的症状

运动后即刻出现血尿情况；停止运动训练后，血尿则迅速消失，一般不超过 3 天；无其他症状出现，血液化验、肾功能检查、腹部 X 线平片等均正常。

3. 运动性血尿的预防

运动前后做必要的准备活动和整理活动；合理膳食，注意营养补充；饭后切忌立即进行剧烈运动。

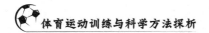

4. 运动性血尿的治疗

对身体进行全面的检查，排除病理性血尿，以免误诊；出现肉眼血尿时，应立即停止运动；对出现少量红细胞而无症状的运动者，应减少运动量，继续观察。

（九）冻伤

1. 冻伤的原因

冻伤是肌体的某一部分组织因寒冷侵袭而出现血液循环障碍，如水肿、水泡、坏死等局部损害的症候群。一般来说，冻伤发生的原因主要是人体长时间暴露在寒冷环境下，体温过度下降，血液循环障碍和细胞代谢不良，导致手、足、面颊、耳、鼻等局部发生损伤。

2. 冻伤的症状

受冻部位无痛感，变得苍白或蜡黄，有红斑和水肿、水疱和大疱、浅表坏疽、深部坏疽以及肌肉、肌腱组织、骨膜和神经损伤。

3. 冻伤的预防

采用多种形式的体能训练，以增强肌体的耐寒能力和免疫力；在进行运动训练时，运动者的着装要合理，衣服、鞋袜要温暖而合适；在气候寒冷时，身体外露的部分采取必要的保暖措施，如手套、耳套等。

4. 冻伤的治疗

第1度冻伤：禁用火烤或热水烫，也不要用雪水摩擦，应迅速放在38℃~40℃的温水复温，但水温不超过45℃，以免发生烫伤。复温后，局部可涂冻疮膏，也可用酒精棉球经常轻轻揉擦，使局部皮肤微红即可。注意患部保暖和清洁，避免因痒搔破。

第2度冻伤：小水泡不要弄破；较大的水泡，在局部消毒后用针头刺破，然后包扎。若已溃，可搽紫药水或消炎软膏后再包扎。

第3度冻伤：及时去医院接受治疗。

（十）中暑

1. 中暑的原因

中暑是热射病、热痉挛和日射病的总称，一般发生在炎热的夏天，尤其是在烈日的直接照射下多发生中暑现象。

2. 中暑的症状

身体发热、四肢乏力、头昏脑胀、恶心呕吐，胸闷等；烦躁不安、脉搏细速、血压下降；重症患者还会出现头痛剧烈、昏厥、昏迷、痉挛等症状。

3. 中暑的预防

在夏天进行体育运动锻炼应尽量避开炎热的时间段。

在高温天气下运动时，最好戴上遮阳帽，以防日光直射；衣服的选择要合理，以浅色或白色为宜。室内运动场地应有良好的通风、降温设备。另外要准备大量补充水分的饮料。

中暑早期会出现一定的先兆症状，如发现运动者出现大量出汗、恶心、头昏等现象时，应立即停止运动。

选择阴凉的背景进行运动训练，训练中应增加休息的次数。

夏天进行体育运动，消耗的水分较多，应及时补充水分。

运动锻炼后切忌用冷水浇身，要用温水洗澡，可有效地避免中暑的发生。

4. 中暑的治疗

对轻度中暑患者，应将其迅速移至阴凉通风处休息，解开衣领，并给予清凉饮料、浓茶、淡盐水和人丹、解暑片（每次1~4片）或藿香正气丸（每次1粒）等解暑药物。

对病情较重的患者，应立即移到阴凉处，让其平卧（或抬高下肢），采取的措施如下：中暑痉挛时，服用含糖、盐饮料，并在四肢做重推摩、按摩，头部用冰袋或冷水湿敷；中暑高热时，应迅速降温，如用冷水或冰水擦身，或在额、颈、腋下和腹股沟等处放置冰袋，也可用50%酒精擦浴；症状重或昏迷者，可针刺人中、涌泉等穴，并应立即送往医院接受治疗。

（十一）昏厥

1. 昏厥的原因

长时间站立或过久下蹲后骤然起立，使脑部缺血，容易引起昏厥。

跑动后立即停止，由于下肢血管失去肌肉收缩的挤压作用，加上血液本身的重力关系，大量血液积聚在下肢舒张的血管中，造成回心血量减少，因而心输出量减少，使脑部突然缺血，而发生晕厥。这种昏厥也叫"重力性休克"。

神经类型欠稳定的人，一旦受惊、恐惧、悲伤，或者看到别人出血，都可反射地引起广泛的小血管急性扩张，血压下降，从而导致脑部血液供应不足而发生血管抑制性昏厥。

2. 昏厥的症状

昏厥前，病人面色发白，感到头昏眼花，全身软弱无力；昏厥时失去知觉，突然昏倒；昏倒后，面色苍白、手足发凉、出冷汗、脉搏慢而弱、血压下降、呼吸缓慢。经过短时间的平卧休息，脑缺血消除，知觉迅速恢复，但精神不佳，仍有头昏、全身无力的感觉。

3. 昏厥的预防

当有昏厥的前期症状时应立即平卧，或由同伴扶着走一段路，可使症状减轻或消失；坚持锻炼，增强体质；久蹲后要慢慢站立起来；跑后不要立即站立不动，应继续慢跑并做深呼吸。

4. 昏厥的治疗

让患者平卧，头部稍放低，松解衣领，注意保暖；用毛巾擦脸，自小腿向大腿做重按摩和揉捏；病人没有苏醒，则用指针掐点人中穴；禁止给任何饮料饮用或服药。有条件的话，应给氧气和在静脉注射 25%～50% 葡萄糖 40～60 毫升；如呼吸停止，应立即进行人工呼吸，醒后可给以热饮料，注意休息；在急救同时，应尽快联系医生做进一步的治疗。

（十二）休克

1. 休克的原因

运动量过大；身体生理状态不良；肝脾破裂大出血、骨折和关节脱位的剧烈疼痛等。

2. 休克的症状

早期常有烦躁不安、呻吟、表情紧张、脉搏稍快、呼吸表浅而急促等症状；

发作期，表现为精神萎靡不振、面色苍白、口渴、畏寒、头晕、出冷汗、四肢发冷、脉速无力，血压和体温下降；严重者出现昏迷。

3. 休克的预防

对有可能发生休克的运动者，要采取相应的预防措施，如：活动性大出血者要确切止血；骨折部位要稳妥固定；软组织损伤应予包扎，防止污染等；对严重感染的病人，要采用敏感抗生素，静脉滴注，积极清除原发病灶，以免发生感染；充分做好严重患者的术前准备。

4. 休克的治疗

使患者安静平卧于床上，并注意保暖；可给服热开水及饮料，针刺或点人中、足三里、合谷等穴；由骨折等外伤的剧痛而引起的休克，应给予镇痛剂止痛；急救的同时，应立即送往医院做进一步的检查和治疗。

第三节　体育运动训练的医务监督

一、体育运动训练医务监督的内容

（一）对运动训练进行医学监控

为了提高自己的技能水平，学生必须要坚持长期的运动训练，而运动训练就是一项为提高自己运动能力，挖掘自身运动潜能而进行的大负荷的身体活动。在运动训练的过程中，学生必须要采用一定的医学技术手段对自身的健康情况进行科学监控，这样不仅可以适时了解学生的身体情况，避免运动疲劳的产生和累积，同时还可以监测出学生参加运动训练所取得的实际训练效果。

（二）体格检查

体格检查是运动训练监督的一项重要内容，体格检查就是对学生身体机能状况进行综合评定。这种检查可在不同的阶段和不同的状态（如安静状态、训练过程、恢复过程）下进行。另外，除阶段性的定期检查外还可进行动态观察和比较。

（三）运动性伤病的预防和治疗

在日常的训练和比赛中，受各种因素的影响，学生常常承受各种各样的运动性伤痛。因此，为了使学生健康地参与运动训练和比赛，就要及时发现和正确处理学生的运动性伤病，掌握学生患各种疾病和运动损伤后开始恢复训练和比赛的适宜时机、训练内容和运动量，能否参加比赛，以及参加比赛的项目和时机等。

（四）消除运动性疲劳

在长期的运动训练中，学生常因自身或其他方面因素的影响而产生精神疲劳和身体机能的下降，这是肌体为维护正常生理功能而做出的一种自我保护现象。因此，对学生的精神疲劳要给予充分重视和采取有效措施，以免引发肌体调节的紊乱和过度疲劳。

二、体育运动训练医务监督的常用指标

（一）脉搏

在安静时，正常成年人的脉搏（心率）为 70 次/分左右，正常范围是 60～100 次/分。

安静时心率超过 100 次/分的称为"窦性心动过速";安静时心率低于 60 次/分的则称为"窦性心动过缓"。长期坚持体育锻炼的人,经常会出现窦性心动过缓,这是心血管系统对长期训练产生适应的表现。

大量的研究和实验发现,除了通过测量运动训练和比赛时学生的脉搏,来衡量运动量的大小外,还可以通过人体在完成同样定量负荷后或完成极限负荷或力竭性负荷后,脉搏的比较来了解训练时肌体的状况。定量负荷后脉搏频率减少是人体运动机能能力提高的表现。如台阶实验、PWC170 等。如果负荷后脉搏增加,则提示运动能力没有提高,或训练效果不好;极限负荷指让受试者进行最大限度的发挥和表现其机能水平的运动,即随着负荷强度的增加要求运动到无法继续运动为止。这时脉搏所表现出的是肌体的最大负荷能力,其脉搏所能达到的水平越高,则心脏的负荷能力越好。

(二)血压

血压是反映人体机能状态及疲劳程度的常用指标。一般情况下,正常成年人动脉收缩压低于 18.6 千帕(140 毫米汞柱),舒张压低于 12 千帕(90 毫米汞柱)。清晨血压比较稳定。排除学生自身的健康原因,如果清晨血压较平时增高 20%,且持续两天以上不恢复者,常常表示运动量过大、过度疲劳或机能下降,这时就需要结合自身的具体实际,调整运动负荷。

(三)血糖

血糖是血液中各种单糖的总称,主要是葡萄糖、半乳糖、果糖和甘露糖等。正常人清晨空腹时静脉血糖浓度为 3.89~6.11 毫摩尔/升。临床上将空腹血糖浓度低于 2.80 毫摩尔/升者称为低血糖。在运动训练期间,如果血糖正常,运动成绩提高,则说明肌体功能状况良好;如果血糖呈持续下降的趋势,运动成绩下降,则说明运动时间过长、运动量过大,血糖利用过度或葡萄糖过量消耗,这时就需要重新确定运动负荷。

(四)血红蛋白

血红蛋白是红细胞中具有携氧功能的含铁蛋白质,可作为评定身体机能状况的一个重要生理指标。正常男子血红蛋白含量为 120~160 克/升,女子为 105~150 克/升。而在训练期间,如果人体血红蛋白浓度正常,则说明肌体功能状况好;如果血红蛋白下降 10% 以上(男子低于 120 克/升,女子低于 105 克/升)称为"运动性贫血";如果运动成绩下降,表示身体机能状况不好,注意调整运动量。一般来说,在一次紧张的训练或比赛后,血红蛋白含量会普遍下降,但经过一定的调整后,大都能恢复至训练或赛前水平。

（五）血乳酸

血乳酸是体内糖无氧酵解的代谢产物，血乳酸水平可作为指标区分有氧和无氧代谢，从而控制训练的性质。在训练期间，人体血乳酸水平越高，说明肌体无氧代谢程度越高，即训练强度越大。一般情况下，出现乳酸阈的水平是在 4 毫摩尔/升。在使用血乳酸作为训练强度监测指标时，注意取血的时间应在运动后 3~10 分钟。

（六）血尿素

血尿素是蛋白质的代谢产物。运动中，内脏器官循环血量减少，使尿素的排出减少；运动可使蛋白质的分解代谢加强，尿素生成增加。因此，血尿素水平可以作为肌体对运动负荷反应及恢复情况的医疗指标。通常情况下，正常血尿素的水平是 5~6 毫摩尔/升，运动者的血尿素的正常值是 7 毫摩尔/升。通过运动者安静时的血尿素水平可以及时了解肌体的蛋白质代谢情况，血尿素水平明显升高说明肌体处于疲劳状态。

在运动训练期间，动态观察血尿素可以有效评定运动者身体机能的状况，操作方法是在一周的运动训练中每 2 天查一次清晨血尿素水平。如果经过一周的运动训练后，血尿素水平逐渐升高，经过周末休息仍不能恢复，则表明运动负荷过大，肌体在训练后无法完全恢复，长期下去将导致疲劳积累；如果血尿素值平稳，没有明显的升高或改变，说明运动训练对肌体没有产生明显的刺激，是负荷量过小的表现，应加大训练量和训练强度；如果在一周的运动训练过程中，血尿素水平先增高，经过周末休息可基本恢复到训练前的水平，则说明运动量较为合理。

（七）心血管机能实验

在运动训练的过程中，运动者身体机能状况可以根据自身的具体情况选择合适的机能测定方法。有运动训练过程中，进行心血管机能评定主要是为了了解训练效果或者身体机能状况，心血管机能评定可以作为依据用于安排下一步训练计划。当运动者的心血管机能检查出现异常时，应对训练进行相应的调整。主要的机能测定方法有功率自行车测试、跑台负荷试验、台阶试验、改良联合机能试验等。

（八）调节代谢指标

1. 睾酮

睾酮在血液循环中有结合型和游离型两种，影响蛋白质合成的主要是游离型睾酮。通常男性睾酮的正常范围在 10.4~41.5 毫摩尔/升，女性睾酮的正常范围在 0.9~2.8 毫摩尔/升。睾酮能促进蛋白质合成和增加肌肉力量，促进骨基质增加和钙化，为神经肌肉传导提供营养，使神经末梢乙酰胆碱的释放易化。睾酮对红细胞生成，肌糖原和磷酸肌酸合成有一定的作用，因而与运动能力有着极为密切的关系。睾酮的生理作用主要是刺激男性性器官发育并维持其功能，刺激第二性征的出现和维持其正常状态。

2. 皮质醇

皮质醇可加速分解代谢过程，能使肌体对外界刺激产生应激和适应作用。皮质醇的正常值范围是110~690毫摩尔/升。肌体疲劳时，皮质醇的水平会上升，降低肌体合成蛋白质的速度，不利于肌体的恢复。

3. 血清肌酸激酶

血清肌酸激酶（CK）又称"磷酸肌酸激酶"（CPK），是短时间剧烈运动时能量补充和运动后ATP恢复的反应催化剂，与运动时和运动后能量平衡及转移密切相关。安静时，血清CK主要是由骨骼肌和心肌中的CK透过细胞膜进入血清。CK的正常范围是：男子10~100单位/升、女子10~60单位/升。而在训练期间，由于肌体骨骼肌局部缺氧，代谢产物堆积，自由基增多，细胞膜损伤和通透性增加，肌细胞内的CK进入血液，导致运动后血清CK升高。由于CK在血清中上升和细胞损伤有关，因此CK是评定疲劳程度和恢复过程的重要指标。

血清CK的变化受负荷强度的影响较大。一般短时间极大强度运动后5~6小时，血清CK升高，8~24小时达高峰，48小时后逐渐恢复，负荷强度越大，恢复越慢。值得注意的是，在训练期间使用血清CK做评价，需做CK同工酶等测定，并同其他临床诊断相结合，以区别于心肌炎时血清CK的上升。

第五章 球类运动训练的科学方法

第一节 篮球运动训练

一、篮球运动技术方面的训练

篮球运动技术主要包括传接球、运球、投篮、持续突破、抢篮板，以及抢、打、断技术。相应地，篮球运动技术方面的训练必须要包含这些技术的训练。

（一）传接球技术训练

就传球技术而言，有单手肩上传球、双手胸前传球。

单手肩上传球，以右手传球为例。在胸前双手持球，两脚以平行姿态站立，左脚在传球时向传球方向迈出半步，右手托球，同时将球引到右肩上方，肘部外展，上臂与地面近似平行，手腕后仰。左肩与传球方向相对，以右脚为重心，并用右脚蹬地，然后转体，迅速向前挥摆右前臂传球。球出手后，右脚随着身体重心前移而向前迈出半步，恢复站立姿势。

双手胸前传球，双手持球，高度与胸腹基本一致，两肘自然弯曲于体侧，呈基本站姿，眼要与传球方向一致。传球时，猛蹬后脚发力，重心前移，两臂前伸，旋转两手腕于内侧，用力下压拇指，迅速用食指与中指拨球，然后快速传球。球出手后身体迅速恢复站立姿势。

就接球技术而言，有单手接球和双手接球。

单手接球，以右手接球为例。右脚向来球方向迈出，接球时右臂微屈，手掌保持勺形姿势，手指自然分开，并向迎球的方向伸出手指，同时左脚迈出一步。当手指与球接触后，顺势后撤手臂，同时收肩，上体微向右后转动，然后用左手帮助将球握于胸前。

双手接球，用双手做接球动作时，眼睛要注视来球方向，自然分开手指，保持两拇指呈八字形姿势，两手保持半圆形动作。接来球前，双臂伸展而主动迎球，在此过程中，肩、臂、腕和指要放松。双手接球时，先用指端与球接触，同时随球后引两臂，以缓冲来球的力量，随时准备下一步动作。

传接球技术训练可遵照以下方法进行。

（1）训练原地双手持球基本姿势：每人一球，双手持球于胸前，以掌握正确的双手持球动作。

（2）训练原地徒手双手持球动作：不持球时，仍然可以正确地做出双手持球的徒手模仿动作。

（3）训练双手持球的徒手模仿动作：主要是模仿向来球方向伸臂—主动回收手臂的徒手接球动作。

（4）训练抖腕动作：每人一球，成基本站立姿势。双手持球于胸前，做传球发力时的抖腕动作，但球不离开手。

（5）两人一组一球的传接球训练：第一，两人一组一球，距离4米逐渐扩大到8米，然后再从8米逐渐缩小到4米，用双手胸前传、接球；第二，两人一组一球，相距5米左右，用双手胸前传、接球，在1分钟内看哪组传球次数多（记两人总次数）；第三，两人一组一球，两人四只手共持一球，一人做传球动作，一人做接球动作，两人的手都不离开球，像拉锯一样一传一接连续做；第四，两人一组一球，一人原地传，另一人向左、右、前、后移动做接球训练，两人相距4~6米，传接球一定次数后，相互交换。

（6）全场3人传接球训练：每传一次球都要通过中间人。在3人传球推进的过程中，要保持好三角队形，中间人保持在稍后，两边在前。

（7）迎面上步传接球训练：训练者排成纵队，教练持球距纵队5~7米。排头球员上步接教练传来的球并回传给教练，然后跑回队尾，接着第二名球员进行训练，依此类推。此训练还可要求训练者跑动接球、急停、上步传球。

（8）一人原地传球，另一人向左、右、前、后移动做接球训练：两人相距4~6米，传接球一定次数后，相互交换。

（9）三角传接球训练：每组4~5人。按逆时针方向传球和换人。接球时要上步，接传动作要连贯，不得走步。

（二）运球技术训练

运球技术有低运球技术、高运球技术。

低运球时，迅速弯曲两腿，重心下降，上体前倾，球的落点在体侧，用上体和腿保护球，同时，用手腕和手指短促地按拍球的后上方，使球控制在膝关节的高度。在低运球时，运动者应降低重心，目视前方，注意保护球。

高运球时，两腿微屈，上体稍向前倾斜，两眼注视前方，将肘关节作为弯曲轴，自然伸屈前臂，用手腕与手指在球的后上方按拍，拍按时动作要柔和而有力。在运球手臂的同侧脚的外侧控制前方球的落点，这样，球的反弹就会高于胸腹位置。在高运球时，运动者推按球要用力，手脚配合要协调。

运球技术训练可遵照以下方法进行。

（1）原地做高运球、低运球训练：左右手交替进行原地体前左右手变向运球。右手运球按拍球的右上方使球弹向左侧，左手按拍球使球弹向右侧，反复训练。

（2）原地胯下左、右运球训练：运球者右手持球加力使球从胯下自左反弹，左手迎引球后，再加力使球从胯下向右反弹回，依次两手交替运球，反复训练。

（3）原地体侧前后推拉运球训练：运球者两腿前后开立，运球手按拍球的后上方使球向前弹出，运球手迅速前移至球的前上方，按拍球使球弹回，反复训练。

（4）原地背后换手运球训练：运球者左手持球向左挥摆至体侧，然后用手指、手腕加力，使球经身体左侧向后右下方落于体前，使球向右侧上方反弹，右手在背后右侧控制球，加力向左运拍，依次在背后交替换手运球，反复训练。

（5）直线、弧线、曲线运球训练：分别做直线高、低运球训练；沿罚球圈中圈做弧形运球到对面底线，再沿边线运球返回；曲线运球训练：在全场做曲线变向运球。

（6）运球急停急起训练：根据信号训练急停急起或变速运球。

（7）领跑运球训练：一名球员不带球在前面时快、时慢，做变向、急停、后转身等动作，另一球员持球在后面跟随做相应的运球动作。

（8）后转身运球或背后换手变向运球训练：按路线到障碍物后做后转身一次或背后运球一次，再换手继续前进，反复训练。

（9）对抗运球训练：两人一组，每人运一球，在保证自己的球不被对方打掉的前提下，伺机打掉对手的球。此种方法也可若干人在固定区域内同时进行训练。

（三）投篮技术训练

投篮技术有原地双手胸前投篮技术、原地单手投篮技术。

原地双手胸前投篮，两脚左右或前后站立，两腿微屈，前脚掌着地，上体稍向前倾，眼睛注视瞄准点，两手五指自然张开，捏球两侧稍后部位，两拇指相对呈八字形，用手指和手掌接触球，手心空出，持球于胸前，屈肘靠近身体。投篮时，两脚蹬地身体伸展，同时两臂向前上方伸出。在进行原地双手胸前投篮时，运动者应把握好弧度，不然有碍于投球的命中，注意对手的站位。

原地单手投篮，以右手投篮为例，双脚在原地分开站立，右脚稍微向前方迈出，运用两脚中间的力量承担身体重心，肘弯曲，手腕向后方向仰，保持掌心向上，五指自然分开，用手将球放在右眼前上方，左手扶住球的侧面，两膝稍弯曲，上体放松并稍微向后倾斜，双眼与篮点对视。投篮时，下肢蹬伸，同时顺势伸展腰腹部，肘部上抬将前臂伸直，前屈手腕，手指在手腕的带动下将球弹拨出去，最后运用食指与中指将球用力投出，球与手相离后，右臂要自然跟进投篮动作。在进行原地单手投篮时，应注意手腕要有力，球的飞行要有弧度。

投篮技术训练可遵循以下方法进行。

（1）原地徒手模仿投篮技术动作训练，体会动作方法。

（2）原地徒手做不同角度的投篮训练，体会瞄准方法。

（3）原地模仿跳投训练。

（4）原地徒手做正面的定点投篮训练。

（5）两人一组一球，相距4~5米对投训练。

（6）自抛自接球后做急停跳投训练。

（7）在篮下左、右侧碰板投篮训练，距离可不断调整。

（8）五点晋级投篮训练：在球篮周围设五个点，靠近边线的一点开始，每个球员在第一个点投中后，方能晋升到第二点投篮。先投完五个点者为胜。

（9）在罚球线上做原地单手肩上投篮训练。

（10）近距离传、接球做行进间高手和低手投篮训练。

（11）运球做行进间单手高手、单手低手投篮训练。注意动作连贯，体会跨步和抄球时机。

（12）走步式行进间投篮训练：迈右（左）脚接球，上左（右）脚起跳投篮。

（13）在传、接、运球中做急停跳投训练。

（14）运球、传球、投篮组合训练，以培养球员综合运用技术的能力。

（15）在积极防守、消极防守情况下做各种投篮训练。

（四）持球突破技术训练

持球突破技术训练分有防守、无防守两种情况的训练。

1. 有防守时的持球突破训练

有防守时的持球突破训练如一对一接球急停突破训练、转身突破训练、运球中后转身突破上篮训练。

2. 无防守时的持球突破训练

无防守时的持球突破训练可遵照以下方法进行。

（1）每人一球，做原地持球交叉步和同侧步突破训练。

（2）接球急停突破训练：两人一组一球，无球球员向有球同伴示意接球方向，然后移动接球急停做交叉步或同侧步突破，轮流进行。

（3）突破上篮训练：球员成一列纵队，面对球篮，每人一球，按顺序做原地持球交叉步或同侧步突破接行进间投篮。抢篮板球后运球回队尾。

（4）侧步、交叉步突破训练：两人一组一球，相距2米面对站立，轮流做同侧步、交叉步突破训练。注意中枢脚不能移动，保证跨步、转体探肩正确，推按球要及时。

（五）抢篮板球技术训练

抢篮板球技术有抢进攻篮板球、抢防守篮板球。

抢进攻篮板球是抢篮板技术的重要内容。处于篮下或内线队员抢进攻篮板球，当同伴或自己投篮时，靠近篮下的队员要及时判断球反弹的方向，并借助假动作绕胯挤到对方的身前，并利用跨步或助跑起跳，跳到最高点进行补篮或直接获取篮板球。对于处在外线位置的队员抢篮板球，当同伴投篮时，如进攻队员面向球篮，则首先要观察判断球的反弹方向、速度和落点后，突然起动冲向球反弹方向进行补篮或抢获篮板球。

抢防守篮板球也是抢篮板球技术的一种方法。处于篮下防守，当对手准备投篮时，以对手的投篮位置与移动情况作依据，运用上步、撤步和转身等动作阻截对手，使其位于自己的身后，防守队员还要注意对有利的位置进行积极抢占。在篮下抢位挡人时，一般采用后转身挡人，降低重心，两肘外展，以抢占空间面积，并保持最有利的起跳姿势。对于处于外围的防守队员抢篮板球，当进攻队员投篮、防守队员面向对手时应观察判断对手，通过采用合理动作利用转身阻止对手向篮下移动，并抢占有利的位置。

抢篮板球技术训练可遵照以下方法进行。

（1）球员站成两列横队，根据教练口令做徒手原地双脚起跳，进行单、双手抢篮板球动作模仿训练。

（2）球员持球向篮板或墙上抛球后，上步起跳，用双手或单手在空中抢反弹回来的球。

（3）球员站成两列横队，要求面对面，保持一步间距，2人一组，根据教练的信号，前排训练者做前转身、后转身挡住后排训练者。连续数次后进行交换训练。

（4）球员站成两列横队，每人一球，向头上抛球后起跳，用双手或单手做空中抢球训练。

（六）抢、打、断技术训练

1. 抢球技术训练

（1）2人一组的训练：2名球员相距1.5米，面对面站立，一人双手持球于腹前，另一人按抢球的动作要求，突然止步将球抢夺回来。每人抢若干次后，攻守交换进行训练。

（2）3人一组抢空中球训练：一人持球与其他2人面对站立，距离3~4米，持球球员将球抛向空中，另外2名球员迅速起动、选位、起跳、抢球。

（3）4人一组的训练：2名进攻球员互相传接球，另外2人进行防守，当进攻球员接球刹那，防守球员立即上步抢球，不成功时，立刻后撤保持正确的防守位置和姿势，训练一段时间后，再进行攻守交换训练。

（4）抢地滚球训练：球员在端线两侧面对面站成两列横队。教练在端线中点向场内抛球，左右对应的2个球员快速冲向球，抢到球的球员向对面篮筐进攻，未抢到球的球员进行防守。

2. 打球技术训练

（1）接球时的打球训练：两人一组，相距1.5米。持球人做出传球动作后，另一球员立即上步打球。注意轮流训练。

（2）正面打、运球球员的球的训练：在半场或全场一攻一守的训练中，要求防守球员紧紧跟随运球球员。当球刚从地面弹起时，突然打球。

（3）抢篮板球下落时的打球训练：2人一组站在篮下，一人将球抛向篮板，另一人跳起抢篮板球。当获得球下落转身时，投球者立刻打球。注意轮流训练。

3. 断球技术训练

2人传球，2人在侧面或后面训练断球，体会横断球和纵断球的步法和手臂动作，攻守交换进行训练。注意开始训练时，传球距离远些，速度慢些，防守球员距进攻球员近些，然后逐步加大难度。

二、篮球运动战术方面的训练

篮球战术是在比赛中队员个人技术的合理运用和队员之间相互协同配合的组织形式。篮球战术的分类方法，有根据篮球运动攻、守对抗的特点，按进攻战术、防守战术来分的；有根据篮球比赛中队员行动组织原则，按个人战术行动、部分队员的战术配合和全队战术来分的；还有就是教材、教科书多采用的分类方法，即主要是以便于教学、训练和学习参考为原则，按战术系统来分的，如快攻与防快攻、区域联防与进攻区域联防等。

篮球战术的组织和运用的基本原则是用辩证唯物主义观点正确认识和处理战略与战术、战术与战术、战术与技术等的关系，指导思想正确，从实际出发，以己之长攻彼之短，充分发挥队员的主观能动性，掌握比赛的主动权，以争取比赛的胜利。

（一）进攻战术

组织进攻战术的原则是：（1）根据战略指导思想、技术风格和本队的具体条件，确定适合本队情况的落位队形；（2）充分考虑进攻的点和面，保持进攻的均衡性和内外结合性；（3）确定移动的基本路线；（4）保持球动人动；（5）保持进攻配合的连续性；（6）保证充分发挥每名队员的特点，保证进攻的机动性；（7）保证在连续配合中每一次投篮后，都有组织地冲抢篮板球；（8）保证攻守平衡，防止对方快速反击。

（二）防守战术

组织防守战术的原则是：（1）根据战略指导思想、技术风格和本队的具体条件，确定防守的落位队形和组织结构；（2）根据攻势防御原则，确定集中优势兵力积极展开夹击、围守和抢断；（3）对防守范围，要侧重防区和内外线防守力量的分配；（4）对后场篮板球的争夺和守转攻的反击、组织配合和人员分工都要明确安排；（5）不断提高队员攻击性防守水平，加强防守战术意识；（6）组织阵地防守战术时，要考虑针对性，保持机动，善于分辨主要防区和次要防区，善于动静结合，以便进行重点防守，破坏对方的主要进攻配合，变被动为主动。

（三）中锋任务

中锋应具备的条件包括身材高大、沉着、冷静、灵活、反应快，具有很好的耐力和弹跳力，技术全面，善于居中策应，能准确地投篮、积极拼抢篮板球，并有较强的防守能力。

中锋的具体任务是在阵地进攻中落位于对方篮下，一般活动在离篮下 5 米左右的范围，积极攻击和得分，进行策应、掩护，积极拼抢篮板球，组织本方进攻和牵制住对方防守。在防守时及时退防，看住对方中锋队员和负责组织本方篮下的防守与协防，保证后场篮板球的控制。

（四）前锋任务

前锋应具备的条件是身材较为高大，速度快，弹跳好，技术全面，是主要得分的队员。

前锋的具体任务是守转攻时及时投入快攻，迅速快下完成攻击任务；在阵地进攻中，经常在罚球圈两侧、底线两角及底线一带的区域内活动，与中锋、后卫配合，果断地寻找个人攻击机会，在对方阻挠下完成各种进攻动作，高大前锋队员应加强篮下进攻；由攻转守时积极进行阻截，退入后场积极地看住对手切入篮下和投篮，配合全队协防，并积极拼抢篮板球。

（五）后卫任务

后卫应具备的条件是身体素质好，快速而灵活，技术全面，控制支配球能力强，比赛中沉着冷静，篮球意识好，有组织指挥才能。

后卫的具体任务是进攻时主要在罚球弧顶外及其两侧一带活动，组织全队的进攻，传好球并给同伴创造投篮机会，进行中远距离的准确投篮和持球突破。由攻转守时，堵截对方传球，延误其推进速度。在后场防守中，除紧盯对手和积极阻挠外围进攻队员的中距离投篮和传球外，还要协助同伴进行夹击、围守、积极抢断球。

（六）传切配合

切入队员要善于掌握时机，当防守者只注意球或因企图封断传球而失去防守位置的一刹那迅速切入。对方防守较紧时，要用假动作或动作方向、速度的变化摆脱对手，切入篮下。持球队员要做瞄篮、突破、运球或其他进攻假动作，牵制对手。当切入者摆脱对手并能接到球时，要及时地将球传给他。

（七）突分配合

突破动作要突然而快速，在突破过程中首先要做好投篮的准备，又要随时观察场上攻守队员的位置和行动，以便及时、准确地传球。其他进攻队员要掌握时机及时跑到有利的进攻位置上接球。

（八）掩护配合

掩护时的身体姿势要正确，距离要适当，动作要合理，避免掩护动作的不合理而造成犯规；要运用投篮、切入等假动作隐蔽自己的行动意图；要掌握切入和传球的时机，并根据防守者的情况，及时变换配合的方法。

（九）策应配合

策应队员在策应前要注意及时抢占有利位置，接球后两脚开立，两膝弯曲，上体稍前倾，两肘微屈，两手持球于腹前，用臂和身体保护好球。要随时注意观察场上情况，以便及时将球传给获得有利进攻机会的同伴或自己进攻。在策应过程中，要用转身、跨步及时调整策应的方向和位置，以便协助同伴摆脱防守，增加策应的变化与威胁。传球队员要根据策应者的位置和机会，及时传球给策应队员，争取做到人到球到。传球后要及时摆脱防守准备接球。

（十）挤过配合

挤过时要贴近进攻者，跨步动作要及时、突然、有力。后撤防守的队员位置要适当，注意观察切入者和掩护者的行动，做好补防准备。

（十一）穿过配合

防守掩护者的队员要及时提醒同伴并主动让路，穿过队员要及时迅速地调整防守位置和距离。

（十二）绕过配合

防守掩护者的队员要及时提醒同伴对手的掩护，在同伴绕过的一刹那，要贴近对手。绕过的队员要快速调整防守的位置和距离。

（十三）交换配合

交换防守时，在一般情况下防守掩护者的队员要提醒同伴，准备换防。换防时，防守掩护者的队员要及时阻截对方队员摆脱的进攻路线，而被掩护的防守队员要迅速调整自己的防守位置，以防进攻队员切向篮下和接球。

（十四）夹击配合

要正确选择夹击的时机，行动要积极、果断、突然，出其不意、攻其不备。夹击时用身体和腿部控制进攻队员的活动，挥动手臂，封堵其传球路线，但要防止犯规。

（十五）关门配合

防守突破的队员应积极抢步堵住进攻者的突破路线，临近突破一侧的防守队员要及时向同伴靠拢进行"关门"，不给突破者留有空隙。

（十六）补防配合

补防时，动作要迅速、果断，其他防守队员要注意观察突破队员的分球意图，并及时抢占有利位置争取断球。

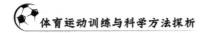

第二节　足球运动训练

一、足球运动技术方面的训练

足球运动技术训练包括踢球、传接球、运球、颠球、头顶球、射门、抢断球技术，以及守门员技术方面的训练。

（一）踢球技术训练

踢球技术包括脚背正面踢球、脚内侧踢球、脚背内侧踢球。脚背正面踢球又有脚背正面踢地滚球、脚背正面踢定位球。

脚背正面踢地滚球，直线助跑，最后一步稍大。脚背正面踢定位球，直线助跑，最后一步要稍大些。

脚内侧踢球也有脚内侧踢地滚球、脚内侧踢定位球。

脚内侧踢地滚球，迎球支撑脚踏在预计踢球的侧方约 15 厘米处。膝盖微屈，踢球腿以髋关节为轴，稍向后摆。前摆时，膝外转，脚迅速外转 90°，脚尖稍翘起，脚掌与地面平行。踢球时脚腕用力绷紧，脚内侧触球的后中部。踢球后，脚随球前摆，但不宜过大。

脚内侧踢定位球，直线助跑，支撑前的最后一步稍大些。支撑脚踏在球的侧面约 15 厘米处，脚趾正对着出球方向，支撑腿膝关节微屈。在支撑脚着地时，踢球腿大腿带动小腿由后向前摆动，在前摆的过程中大腿外展。当膝关节的摆动接近球的正上方时，小腿做爆发式摆动，在触球前将脚跟送出，使得脚内侧部位所形成的平面与出球方向垂直。踢球脚脚底与地面平行，脚尖微微翘起，踝关节功能性地紧张使脚型固定，触（击）球后身体跟随移动，髋关节向前送。

脚背内侧踢球有脚背内侧削踢定位球、脚背内侧踢反弹球。

脚背内侧削踢定位球又称"香蕉球"。脚背内侧部位击球的后中部，摆腿的方向不通过球心，沿弧线前摆。击球的瞬间，踝关节用力向内转，使球侧旋沿弧线运行。

脚背内侧踢反弹球多用于踢侧方或侧前方来的空中下落球。根据来球的落点及时移动到位，在反弹时球离地的瞬间踢球，其他的动作要求与踢定位球相同。

踢球训练可遵照以下方法进行。

1. **基本踢球技术训练**

（1）踢固定球训练

可以采用一人把球踩在脚下，另外一人用脚的不同部位踢球，体会脚的触球部位。

（2）踢定位球训练

可对足球墙、足球网训练，也可采用各种形式的对练，训练的距离由近至远，重点关注动作的协调性和准确性。

（3）无球模仿训练

在地面上设想有一目标，跨步上前做踢球动作，然后过渡到几步慢速助跑的踢球模仿动作训练，最后可做快速助跑踢球的模仿动作训练。

2. **踢地滚球训练**

通过观察、判断来球的速度和方向，调整自身的控制能力，并根据出球目标选择支撑脚的位置。可以踢从正面、侧面或侧后方传来的球；可以限定脚法，也可视来球任意选用脚法进行训练。

3. **踢墙训练**

（1）距墙5米进行踢球打墙训练。重点关注小腿的摆动、脚与球接触面、支撑环节是否正确。

（2）距墙5米踢墙训练一段时间后，可将距离加到25米左右，再进行中等力量的训练，此时要重点关注大腿的摆动。

当踢静止球有一定基础后，可逐步增加踢个人控制的活动球及球墙所碰回来的活动球。

4. **各种脚法的两人训练**

不论是传球还是射门训练，都可两人进行，若两人训练踢定位球，则辅以接球训练；若进行踢活动球训练，则可相隔一定的距离进行不停顿的连续传球训练。

（二）传接球技术训练

1. **传球技术训练**

这里主要说两人、三人传球技术训练。

（1）两人传球技术训练

两人传球技术训练的方式包括直传斜插传球、斜传直插传球。

（2）三人传球技术训练

训练者甲与丙相距25~30米，乙为中间接应人，甲长传球给丙，丙不停球传给迎上接应的乙，乙再回传给丙，丙再长传球给甲，以此重复训练。乙可定时与甲或丙交换位置。

2. 接球技术训练

接球技术可从以下几点入手进行训练。

（1）两人一组面对站立，相距 5 米左右，一人用手抛球，一人接各种空中球训练（如大腿、腹部、胸部、头部），可逐渐加大距离、加大力量（或增加旋转）。

（2）将球踢高或用手抛高、然后进行接反弹球的各种训练。

（3）正面接地滚球训练。两人面对站立，相距 10 米左右，一人踢地滚球，另一人迎上去接球。

（4）两人在跑动中进行传接球训练。两人一组使用一球，在一定范围内跑动中训练，要求接球时尽量使用多种方法，传球时可传出各种性质的球，距离近时以地滚球为主，距离远时以空中球为主。

（5）3 人一组进行接球转身训练，每人相距 10 米站成一条直线，甲传球给中间的乙（正对接球人传，或传到接球人附近），乙迎上来接球转身，传给另一端的丙，丙迎上接球然后再回传给乙，乙接球转身传给甲，如此循环往复。

（6）利用足球墙进行训练。采用足球墙训练各种方法接地滚球，由开始原地接逐渐过渡到迎上去接，或开始接在脚下。逐渐过渡到接所设想的适宜的位置上去。根据需要可加大踢球力量，提高反弹球速，增加接球难度。

（三）运球技术训练

运球技术可从以下几方面进行训练。

1. 慢跑中的运球训练

分别用单脚内侧运球，脚背正面运球，脚背外侧运球，运球方向沿直线进行训练；双脚交替用脚背内侧运球沿折线运行训练；单脚交替用脚背内侧和脚背外侧运球沿折线训练；沿弧线运球训练，用脚内侧、脚背内侧、脚背外侧沿中圈线做顺时针、逆时针运球训练。

2. 扣推组合训练

运球中，右脚脚背内侧侧向（或侧后向）扣球，左脚脚内侧推直线球。依次交替进行训练。

3. 拉球训练

在一定范围内自由运球，听哨音后用一只脚做支撑脚，另一只脚用脚前掌触球顶部，拉球绕支撑脚做圆圈运动，一步一步拉球。

4. 扣球转身变向运球训练

在一定范围内自由运球，听哨音后用一只脚支撑，一脚用脚背内侧做扣球，使球改变方向应在 90°以上，身体随其转动沿改变后的方向继续运球。

5. 拉球转身 180°运球训练

在一定范围内自由运球，听哨音后用一只脚支撑，另一只脚拉球至身后，沿拉球脚一方转体 180°继续运球。

6. 抬头运球训练

训练者站在教练对面成一列横队（或不成队形），相距 15 米以外。教练给手势后，训练者按教练手势所指方向运球前进，同时要随时注意教练不断变换的方向和不断变化的位置。

7. 运球绕杆训练

训练者成一路纵队。第一人过杆后传球给后人，后人重复第一人的动作，依次进行。

8. 拨球训练

在一定范围内自由运球，按手势用一只脚做支撑，另一只脚用脚背内侧或外侧拨球绕支撑脚做圆周运球，两脚轮流训练。

（四）颠球技术训练

颠球技术训练有一人一球、一人和三人一球颠球训练。

1. 一人一球颠球训练

（1）原地颠球

每人一球用某一部位颠球，或用多部位颠球，也可安排高、低交替颠球。用某个部位颠几次球后，用力将球颠高接着改颠低球，高高低低，反复交替进行。

（2）行进间颠球

每人一球颠球向前移动，保持稳定性，尽量使球不落地。可由慢到快逐步提高训练难度。

2. 两人一球颠球训练

用脚背、大腿、头部以及身体各有效部位触球，掌握好触球的力量，尽量不让球落地。每人可触球一次或多次后传给对方，连续进行。

3. 多人一球颠球训练

四五人一组，围圈用两球颠球。可规定每人触球的次数与部位，也可自由掌握触球的

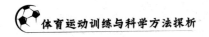
次数与部位。

(五) 头顶球技术训练

头顶球技术训练分单人训练、双人训练、多人训练。

1. 单人训练

(1) 双手举球在头前，用前额正面或侧面去触击球，体会触球部位。

(2) 做各种头顶球的模仿动作训练。

(3) 利用足球墙进行训练：自抛球由墙弹回时，进行各种顶球训练。

(4) 利用吊球进行训练。改变吊球架上足球的高度进行各种顶球训练。

2. 双人训练

(1) 两人一组一球，面对面站立，间隔 10 米，进行一人抛球，一人原地和跳起头顶球训练。

(2) 顶球射门训练。顶球队员站在罚球弧附近，掷球队员站在球门内或球门侧面将球抛至罚球点附近，顶球队员跑上顶球射门。

(3) 鱼跃头顶球训练（在垫上或沙坑里训练）。先进行鱼跃落地动作训练。较好地掌握落地动作后，一人抛球，一人在垫上进行鱼跃头顶球训练。

(4) 两人一球，相距 20 米左右，甲脚传头顶球飞向乙，乙顶回给甲。数次后轮换进行传、顶球训练。

3. 多人训练

多人可进行变向顶球、争顶球训练。

(1) 变向顶球训练

甲抛球给丙，丙转体顶向乙的胸前，乙接球后再抛给丙，丙将球顶向甲的两脚之间，轮换进行训练。

(2) 争顶球训练

三人一组，一人传球，另两人与传球人相距 20 米以外。传球队员传出高球，两人争顶（一人防守，一人进攻）。可将训练移至门前，一人在侧面传高球（或踢角球），另两人在罚球点附近，其中一人向外顶球，另一人向球门里顶球。

(六) 射门技术训练

射门技术可通过多种方式进行训练，包括对抗射门训练、运球过人射门训练、运球射门训练等，具体如表 5-1 所示。

表 5-1 射门技术训练方式

方式	操作
对抗射门训练	将训练者分成 2 组,训练者 A 与 B 同时跑动争抢由 C 传出的球,抢先控球者为进攻者,另一人为防守者,进攻者进行摆脱防守射门
运球过人射门训练	A 运球突破防守者 B 后射门,完成后由 B 捡球;A 做防守者,B 做进攻者,重复进行训练
运球射门训练	将训练者分成若干小组,在不同地点进行直线运球射门和曲线运球射门,训练者射门后捡球返回,并交换位置进行训练
踢墙式射门训练	持球人和传球人相距 5~8 米,如持球人 A 带球或直接传球给传球人 B,B 接球后直接传球给 A 射门。可根据情况进行高、低球射门训练
接长传球射门训练	将训练者分成 2 组,训练者 A 与 B 分别在跑动中接 D 与 C 的长传,快速起脚射门。训练者也可接中传球射门
一对一攻守射门训练	在长 25 米、宽 15 米的范围内设两个球门,可有守门员,进行一对一攻防、突破或摆脱后立即起脚射门的训练。可定向攻防,也可谁能完成射门即由谁再得球向另一方向继续进攻射门
多球多点射门训练	在不同地点设供球人 B、C、D、E、F。训练者 A 首先跑动接 B 的传球,做接球射门或直接射门,完成后再跑动接 C 的传球射门,依次接 D、E、F 的传球,完成射门。此训练可采取计时或记数的方法进行
直接射门训练	将训练者分成 2 组,训练者 A、B 分别上前接 D 与 C 的传球,直线射门。A 也可传球给前场的 D,再上前接 D 的回传球,直接射门

(七)抢断球技术训练

抢断球技术训练可遵照以下方法进行。

(1)两人一球训练。队员甲运球向乙突破,队员乙选择好时机实施正面脚内侧堵抢动作。两人脚内侧同时触球时,队员乙立即提拉球,将球拉过队员甲的脚面并控制住球。在训练中可以先慢后快。

(2)两人配合训练。一人直线运球前进,另一人追赶至适当位置抓住时机进行铲球训练。在训练过程中,运球者应注意配合铲球者。

(3)一人直线运球前进,另一队员由后赶至成并肩伺机实施合理冲撞并控制球。在进行训练时,运球者应注意配合抢球者。

(4)铲球训练。将球放在前面离训练者 3~3.5 米的位置,训练者原地蹬出做铲球动作,体会和掌握铲球技术动作。当原地铲球掌握以后,训练者可将球沿地面缓慢抛出,自己追球并铲掉。

（5）在两人面前 6 米左右处放一球，听哨音后同时冲向球，要求两人同时跑动，在适当的位置和时机进行合理冲撞抢球训练。经过一段时间的训练后，可将静止的球变为活动球。

（八）守门员技术训练

守门员技术训练可遵照以下方法进行。

（1）两腿跪在地上，两手持球上举，向两侧做大腿、上体、手臂依次触地的扑球训练。

（2）守门员接由 10 米外踢来的各种地滚球、平空球和高球。训练时可将踢球者增加至 2~4 人，从多方向踢出多种性质的球。

（3）在活动球门前、后侧各设一名守门员，分别接各种来球。守门员每接一次球后，立即互换位置。

（4）吊球训练。训练中可由无人干扰到一人或多人干扰，再过渡到对抗中完成动作。

（5）数名队员相向交叉运球，在 5 米外先后射门，守门员快速连续扑接球。

（6）守门员从蹲伏于地的队员身上跃过接踢来的球。

（7）将球掷向左、右、前、后，守门员依次扑接球。

（8）队员运球直逼守门员，守门员选择最佳时机扑接脚下球，注意重复训练。

二、足球运动战术方面的训练

足球运动战术有个人攻防战术、局部攻防战术、整体攻防战术，对这些战术要不断地进行重复训练。

（一）个人攻防战术训练

1. 选位与盯人的训练

（1）训练场地 30 米×10 米，一对一攻防目标人。两名目标人仅限于在 4 米长的一段底线上活动。进攻队员试图将球传给对面的目标人，防守队员封堵传球或运球突破线路。

（2）训练场地 30 米×10 米，一对一攻防多个目标运球过球门线。训练的重点是选择与调整盯防位置的合理性和及时性，逼迫对手处于不利的进攻局面。

（3）无球的选位与盯人训练。两人一组，面对面站立，相距 2 米，一攻一守，进攻队员由慢到快做摆脱跑动，防守队员快速移动选位，不让进攻队员跑到身后。

2. 防守与保护的训练

（1）训练场地 10 米×30 米，传球员传球给被盯防的进攻队员，规定防守队员的任务为迫使进攻队员横向活动并阻止其到达对面的端线，两名防守队员注意保护。训练重点是合理地保持距离、角度，相互呼应。

（2）训练场地 30 米×10 米，设一个球门，1 名守门员，执行越位规则，两名队员进攻射门。任何进攻队员一旦接到传球时，一名防守队员立即快速向场内跑动防守，另一名防守队员力争延缓对方的进攻。训练的重点是保持跑位的正确、快捷路线与位置。

3. 定位球攻防的训练

（1）罚球区侧的任意球进攻训练

罚球区侧的任意球进攻训练根据不同需要和训练的不同阶段配置不同人数。

第一，设 1 名主罚者，2~3 人排墙，1 名守门员，主罚队员训练内弧线和侧下旋内弧线球射门。

第二，增加 3 名进攻包抄队员，防守队员同上，训练主罚队员传前、中、后三点及包抄队员抢点攻门。

第三，增加墙内侧防守队员 4 名，进攻队员 6 名，罚球处 2 名。训练传门前三点，攻守对抗争抢。也可训练由罚球队员利用墙外侧空当突破传中，中间进攻队员包抄抢点攻门配合。

第四，队员掌握技术要领后可进一步发展训练。9 名队员进攻，11 名队员防守。罚球地点在罚球区侧方不同位置移动，进行规定次数或时间的实战对抗。

（2）罚球弧附近的任意球防守训练

第一，在无对手情况下进行防守的布局。

第二，对由 9 名进攻队员的各种选位进行防守。

第三，在教练员指导和调整防守的情况下，进行规定数量或时间的实战对抗训练。

（3）角球进攻训练

第一，两人训练。一人传高球给同伴头顶蹭传。

第二，守方 3 名队员，其中 1 名守门员，两后卫分别站在近、远门柱处。5 名进攻队员，其中 1 名发角球，1 名在球门区侧，3 名进攻队员位于守门员前后侧方，阻挡防守者的视线和限制其活动。球发出时，3 名进攻队员迅速向不同方向拉出至球门区外后立即形成三点包抄攻门。

第三，配置 9 名进攻队员、11 名防守队员进行实战对抗训练。

（4）角球防守训练

第一，在无对手情况下，排练所有队员的防守站位布局，明确各队员的任务后进行训练。防守队员行动较协调后转下一阶段的训练。

第二，9 名队员进攻，自由选位，11 名队员防守。要求发球者踢出各种不同弧线和落点的球进行对抗训练。

（二）局部攻防战术训练

1. 二过一战术配合训练

二过一战术配合训练应进行以下各种训练。

（1）连续斜传直插二过一训练，要注意训练的配合形式及路线。

（2）各种长、斜传直插射门训练，注意传跑的时机与传球的速度、落点。

（3）连续直传斜插二过一射门训练，注意基本跑位形式及路线。

（4）二对一攻防训练，注意传跑的时机与传球力量、跑动速度变化等。

（5）各种固定、无固定配合路线的踢墙式二过一配合训练，要注意两人间的传球与跑位、传球的时机、传球的力量及速度等。

（6）回传反切二过一配合训练，要注意基本的配合形式及路线。

（7）交叉掩护二过一配合训练，注意基本配合形式、配合时机、路线及交接球的技巧。

2. 多人攻守战术配合训练

（1）二对二攻防训练

第一，二对二十一攻防。4 名队员进行二对二攻防，攻方跑动摆脱后接"自由人"的传球，寻求与同伴二过一或采用运球突破，创造射门机会。

第二，二对二十二攻防。边线处的进攻接应队员只参与另一半场的进攻。守方在中线处设防，进攻方将球传给位于规定区线内的对方"自由人"得分，累计得分。

（2）三对二或四对三攻防训练

其基本形式主要包括各种训练空间内的三对二或四对三传抢、运球过线、攻防小球门的训练。主要训练的是局部的基本攻防能力。

（3）四对四攻防训练

选择一块 40 米×（20～25）米的训练场地，进行四对四攻防底线——盘带球比赛训练。进攻队员带球越过球门线得分。重点是变速与变向运控球训练、一对一攻防局面训练、盯人与选位训练。

（三）整体攻防战术训练

整体攻防战术训练有诱导性攻防训练、特定条件下的攻防训练。

1. 诱导性攻防训练

（1）诱导性进攻

进攻队员 7~10 名，防守队员 4~6 名进行攻防训练。训练场地外的左、中、右各设一名进攻发球队员。训练时所有进攻队员根据教练的指令改变进攻方向。

训练时要注意进攻重心的及时转移和保持合理进攻队形，各场区战术配合套路的熟悉与演练。

（2）诱导性防守

防守队员 7~10 名，3 名进攻接应人相互间传球接应，所有防守队员向有球局部移动，保持合理的整体防守队形。

2. 特定条件下的攻防训练

（1）全场八对八、九对九、十一对十一攻防训练

第一，在场地两边各设一纵向 5 米宽的自由区。通过上、下半场自由区内的进攻接应队员的触球，进攻射门才有效。进攻接应队员只能传球，但不得对其防守。

第二，进攻方必须全部到达对方半场，本方射门才有效。要注意整体攻防重心的推进与后撤的快速及时性。

第三，除 1 名防守队员外，防守方其他队员必须在前 2/3 场进行防守。

（2）半场攻守单球门，七对七、八对八攻防训练

防守方获得球权后迅速将球传给中圈内的教练，进攻方马上转入防守阻挠对方向教练的传球。若原防守方传球成功，应立即调转进攻方向接教练的传球展开进攻，另一方调转防守方向进行防守。如此反复训练。这种训练的目的是增强攻防转换的角色意识及转换的快速性。

（3）全场十一对十一攻防训练

主要是限制进入对方半场进攻的触球次数或时间，从而控制进攻纵深与进攻推进速度。

第三节　排球运动训练

一、排球运动技术方面的训练

排球运动技术方面的训练包括准备姿势、移动技术、发球技术、传球技术、垫球技

术、扣球技术和拦网技术的训练。

（一）准备姿势训练

1. 单人训练

（1）徒手模仿各种准备姿势。

（2）原地跳起转体 360°后，立即做好准备姿势。

（3）原地做俯卧撑 3~5 次后，立即起身做好准备姿势。

2. 合作训练

两人一组，一人做准备姿势，另一人纠正其错误动作，两人相互交换进行；一人做上举、平举、放下的手势，另一人根据同伴的手势做相应的直立、半蹲、摸地动作；一人慢跑，听到同伴既定的哨声后，做相应的半蹲、稍蹲、低蹲准备姿势。

（二）移动技术训练

1. 单人训练

（1）以半蹲准备姿势开始，连续做各个方向的交叉步移动。

（2）自抛自接球训练：将球向前、后、左、右抛出，然后快速移动把球接住。

（3）采用交叉步或滑步从排球场地的一侧边线移动到另一侧边线。

（4）在进攻线和中线之间连续做前进和后退的移动，并在改变移动方向时用手触摸进攻线和中线。

（5）站在端线后，先前跑 6 米，后退 3 米，再前跑 6 米，再退 3 米，再前跑 6 米依次迅速移动到对方端线。

2. 合作训练

（1）两人一组训练：一人做准备姿势和移动，另一人纠正动作；一人主动做各个方向的一步移动，另一人跟着做模仿训练，要求跟随者的反应速度要尽量快；一人将两个球依次向两个不同的方向抛出，另一人迅速移动后依次将两个球接住并抛回；一人垂直抛球，另一人在规定地点做好准备姿势，看到同伴抛球后力争在球没有落地之前从球下钻过。

（2）三人一组训练：两人绕三角障碍物任意跑动，另一人追逐同伴，要求三人在跑动过程中不断变换移动步法。

（3）5~6 人一组训练：平行站在端线处做原地跑，看或听到指定信号后立即启动冲刺跑动。

（三）发球技术训练

1. 单人训练

（1）自抛球训练：将球平稳地向上抛出，且抛出的球不旋转，固定抛球高度。

（2）抛球配合引臂、摆臂训练：先做不离手的抛球训练，抛球同时做引臂和摆臂击球训练（不实击），注意控制训练节奏。

（3）抛球配合挥臂训练：抛球后做挥臂动作，但不要将球击出。

（4）单手掷球训练：在墙上画一条直线作为掷球目标，然后反复进行掷准训练，提高掷球的命中率。

（5）对墙发球训练：站在距墙约 6 米处，采用多种形式的发球，然后将与墙的距离拉大至 9 米左右继续进行发球训练。

（6）距网发球训练：距网 6 米或站在端线外采用多种形式进行发球。待技术较为成熟后，加大发球力量。

（7）在距排球场发球区的 10~12 米、12~14 米、14~16 米、16~18 米处分别画 A 区、B 区、C 区和 D 区。面对所画的球区训练发球，要求发球落点依次落在 A 区、B 区、C 区和 D 区。

2. 合作训练

（1）两人一组训练

一人持球于击球点高度，另一人击球并体会击球点位置和挥臂动作；双方在规定的时间内将一定数量的、具有威力的、速度快的球发到对方场内；每人连续发 5 个或 10 个攻击性强的球，规定失误 1 个则多发一个攻击性强的球，无攻击性的球不算，直至完成任务。

（2）多人一组训练

全体分成两个小组，按规定依次将球发到场上的 1~6 号位，每人 6 个球，成功总次数多的组胜。全体分成四个小组，在发球区内依次发球。发攻击性强的球得 2 分，发一般球得 1 分，发球失误得 0 分，先获得规定分数的组胜。全体分成若干小组，两组或几个组同时进行对抗比赛，规定每人发球的次数，各组学员依次发球，发球成功次数多的组胜。

（3）进行二对二、三对三的接发球对抗训练。

（四）传球技术训练

1. 单人训练

（1）徒手模仿传球的蹬地、伸膝、伸臂，训练准备姿势、身体协调延伸动作和正确手型传球动作。

（2）连续向上抛球，然后自己接住球，自我检查手型是否正确。

（3）自抛自传：双手胸前垂直向上抛球，抛球高度约 1 米，当球下落到手中时，手指、手腕保持一定的弹性将球轻轻地反弹起来。

（4）对墙传球：在墙上画一条直线作为掷球目标，与墙相距 3 米左右，对准墙上的目标连续传球。

（5）定点传球。

2. 合作训练

合作训练或者两人一组，或者三人一组。两人一组可进行传击球训练、传接球训练、抛传球训练等，具体如表 5-2 所示。

表 5-2　两人一组的排球合作训练

训练方式	操作
传击球训练	动作不限，击球次数越多越好
传接球训练	一人抛球，另一人接球，体会传球的正确手型
抛传球训练	一抛一传或一抛一接，也可传（接）对地反弹球。着重体会传球的正确手型
对传训练	两人相距 3~5 米，连续传球
传固定球训练	一人按传球手形持球于额前，向额前上方做推送动作；另一人用单手压住球，给球一定的力量。体会正确的传球手形和身体其他相关部位的协调用力
顺网对传训练	在网前相距 3~4 米，一人固定做顺网传球，一人先自传一次再传给对方
移动后传球训练	由同伴抛球，训练者移动后传球。抛球者可将球抛至跑动传球者的各个方向
传不同高度的球训练	两人相距 4~6 米，交替传高球和平球，距离可逐渐增大

三人一组，一人固定，两人前后交换位置传球；或者各相距 3 米，中间一人做背传。

（五）垫球技术训练

1. 单人训练

徒手模仿各种垫球方法进行垫球，注意检查手型是否正确；动作不限，自己抛球后，用单手或双手连续击球；连续对墙垫球训练，距离逐渐由近而远；垫球接力，进行原地自垫接力或行进间自垫接力；将球放在固定位置，反复冲到球的正面或侧面，用双手垫球。

2. 合作训练

（1）两人一组的训练：面对站立，一人做垫球的徒手训练，另一人观察其动作并纠正其错误之处；一人抛球，一人垫球；一人发球，一人垫球；一人垫球，一人传球；垫固定球，一人持球于腹前，另一人用垫球动作击球，体会击球动作；移动垫球，一人抛球，一人在向各个方向的不断移动过程中垫回同伴抛来的球。

（2）三人一组移动垫球训练：两人相距3米左右固定站位，一人站在前面相距4米。两人连续向正前方抛球，另一人左右移动连续垫球。

（3）四人移动垫球训练：两人相距4米左右固定站位，连续抛球向正前方约4米处，另两人垫球后左右移动垫球，交换垫球位置。

（4）4~6人一组训练：对垫训练时，可隔网也可不隔网，可跑动也可不跑动进行对垫比赛。持球接力训练时，第一人把球放在垫击位置上，用走或跑前进到规定距离后返回，将球交给第二人。第二人按照第一位持球者的方法将球传给第三人，依次进行直至本组队员轮完。要求持球者在持球移动过程中手臂要伸直，球不能掉地。

（六）扣球技术训练

1. 单人训练

单人可进行以下训练。

（1）徒手模仿挥臂击球训练，体会鞭打动作。

（2）原地快速挥臂，打一定高度的树叶或扔小石子。

（3）原地起跳摆臂训练，体会摆臂动作。

（4）原地对墙自抛自扣，或自抛后原地起跳扣球，或助跑自抛扣球训练。

（5）原地低网自抛扣球训练。

（6）一步起跳摆臂训练，二步起跳摆臂训练。

（7）一步、两步、三步助跑起跳扣固定球训练。

（8）两步助跑起跳扣球。助跑速度由慢到快，步幅由小到大，两步之间衔接紧密，动作连贯。

（9）连续对墙扣反弹球。

2. 合作训练

（1）两人一组训练

扣固定球，一人双手持球于头上，另一人扣固定球，同伴扣球瞬间，持球人技术撒手；对地扣反弹球；一抛一助跑扣球训练；一人举球至肩上，另一人进行扣固定球训练；结合二传，在4号位扣抛球；结合二传，扣一般高球。此外，还可结合一传、二传，进行4号位扣球。先训练扣斜线球，后训练扣直线球。

（2）三人一组训练

两人分别在 2 号位扣 3 号位抛球，另一人扣斜线与直线球；一人抛球，另一人在 5 号位接同伴的抛球，并将球垫给网前的第三人（二传队员），第三人助跑后起跳扣球过网。

（七）拦网技术训练

1. 单人训练

单人可进行以下训练：

（1）在网前做原地起跳拦网。

（2）原地或对墙做徒手伸臂、提肩、手腕下压捂球的动作。

（3）顺网由 4 号位方向依次向 3 号位、2 号位做并步、交叉步或跑步移动的起跳拦网训练。

（4）在 2 号位、3 号位、4 号位网上设置三个高于网上 40~50 厘米的固定球，从 2 号位或 4 号位开始，向左或右移动起跳双手捂盖球。

2. 合作训练

（1）两人一组训练

两人原地起跳配合拦网；两人移动后起跳配合拦网；两人隔网站立，在网边移动起跳拦网，两人在网上拍手；两人隔网站立，一人做徒手扣球动作，另一人原地起跳拦网；两人隔网站立，一人在扣固定路线球，另一人移动起跳拦网；两人隔网站立，一人主动，一人被动在网前移动起跳徒手拦网；两人隔网站立，一人扣球，一人拦球。要求扣球准确，拦网不起跳；两人隔网站立，一人双手持球于网上沿，另一人原地起跳拦固定球。

（2）三人以上一组训练

二对二对抗训练，双方各自站在本方进攻线中间，听信号助跑起跳到网前，4 人相对在网上拍掌，落地后，双方两人各自向外侧移动拦网，落地后再移动返回到原位做网上拍掌。

二、排球运动战术方面的训练

排球运动战术方面的训练包括接发球、接扣球、接拦回球、接传、垫球及其进攻的训练。

（一）接发球及其进攻战术训练

接发球及其进攻主要包括接发球、二传、扣球等主要技术环节。

1. 发球—接发球训练

发球—接发球训练可从以下几方面着手。

（1）短距离一发一接训练：三人一组，1人发低平球，1人接发球，相距8~9米，发球的速度由慢到快，到位10~20个球后相互交换。

（2）发—接对抗训练：1人发球，5人接发球，两边同时进行，到位5~10个球转一轮。可根据本队的战术需要，选择4人接发球或3人、2人接发球。

（3）三发三接比赛训练：6人一组，3人站在发球区发球，3人接发球，两边同时进行。比谁先完成到位10个球，接发球连续失误两个，扣除一个到位球，发球连续失误两个则计接发球到位一次。

2. 发—接—传（调整）训练

发—接—传（调整）训练可从以下几方面着手。

（1）二发二接一调训练：2人在发球区轮流发球，其他队员2人一组接发球并调整传球，轮流进行。

（2）一发三接一调训练：两边同时进行对抗，比哪一方先传10个好球。

（3）一发二接一调训练：为了增加接发球的难度，教练或队员站在后场区的高台上发球，两人一组接发球，1号位队员轮流插上传球。

3. 发—接—调—扣训练

发—接—调—扣训练可通过一发一接一传一扣训练、二发二接一传一扣训练等达成，具体如表5-3所示。

表5-3 发—接—调—扣训练达成方式

方式	操作
一发一接一传一扣训练	发球队员在发球区发球，对区3号位专人二传，4号位队员接发球后扣一般球
二发二接一传一扣训练	2人发球区轮流发球，1人固定传球，2人接发球后直线扣球，可两边同时进行
二发二接一传三扣训练	2人分别在发球区发球，对区1、5号位处两人一组轮流接发球，1人专门二传组织2号、3号、4号位队员进行战术进攻
三接一传三扣训练	1人专门二传，3人接发球，若一传的到位，可组织各种快速多变的战术
三人一组接发球进攻	教练或队员在发球区发球，对区3人一组接发球进攻，组成有效进攻，继续接发球进攻，若无效进攻或失误则换下一组

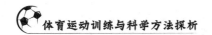

（二）接扣球及其进攻战术训练

接扣球及其进攻主要包括拦网、防守、二传、扣球等技术环节。

1. 扣—防训练

扣—防训练可通过三人连续专位防守训练、三人一组防重扣训练等达成，具体如表5-4所示。

表5-4　扣—防训练达成方式

方式	操作
三人连续专位防守训练	教练在地面或高台上向指定区域扣球、吊球，3人连续防守10~20个好球为一组
三人一组防重扣训练	对方2号、4号位分别进行远网扣球，1号、5号、6号位防守，10~15个好球一组
二扣三防训练	教练在2号、4号位网前扣球或吊球，1号、5号、6号位队员防守及接应，计时轮换
三扣三防训练	教练在进攻线前将球分别抛给2号、3号、4号位队员扣球，对方3人防守，防守10个好球后攻防队员交换

2. 调—扣训练

调—扣训练可通过一调一扣训练、内撤调扣训练而达成。

一调一扣训练：教练分别向进攻线附近抛球，1号、5号位队员迅速移动，将球传给2号、4号位队员扣球，可以循环进行。

内撤调扣训练：教练向中场附近抛球，2号位队员迅速移动内撤，将球传给4号位队员扣球，可以循环进行。

3. 防—调训练

防—调训练可通过两人一组防调训练、三人连续防调训练等方式达成，具体如表5-5所示。

表5-5　防—调训练达成方式

方式	操作
两人一组防调训练	教练站在高台上扣球或吊球，两名队员从端线启动，1人防起球后另1人将球调整到2号位或4号位
三人连续防调训练	教练在网前扣球或吊球，队员在1号、5号、6号位防起球后，由离球最近的队员将球调整给教练。也可配一名专门调整的二传

续表

方式	操作
三人一组防调训练	教练分别站在2号、4号位高台上扣球或吊球，3名队员从端线启动，防起球后将球调整到2号位或4号位。防调一个好球换下一组
两人一组内撤防调训练	教练在3号位隔网吊球，4号位队员拦网后迅速下撤防吊球，1号位队员插上将防起的球调整到2号位或4号位

4. 防—调—扣训练

防—调—扣训练可通过三人一组防、调、扣训练；三人一组连续防、调、扣训练；三防一调进攻训练达成。

三人一组防调扣训练：教练在高台上扣球，三人一组防调扣。扣10个好球换下一组。

三人一组连续防、调、扣训练：教练在高台上扣球，三人一组防、调、扣成功，可以连续进行，任何一个环节失误则换另一组。如果不能进攻，但未造成失误，可再给一次机会，连续两次无攻则换组。

三防一调进攻训练：由教练在高台上或地面扣球，网前设二传一名，其他3人积极防守，防起球到位组成快攻战术，不到位可进行调整进攻。

5. 拦—防—调—扣训练

拦—防—调—扣训练可通过一拦三防调扣训练、二拦三防调扣训练、三拦三防调扣训练达成。

一拦三防调扣训练：教练在4号位或2号位高台扣球，1人拦网，其他3人防、调、扣。

二拦三防调扣训练：教练在4号位或2号位高台扣球。2人拦网，其他3人防起后调、扣。拦网队员要积极后撤参与调、扣。教练可有意识地扣直线、斜线或打拦网队员手，以增加拦网和防守的难度。

三拦三防调扣训练：对方队员分别在2号、3号位或4号位扣球，3人配合拦网，其他3人后排防守。场上6人均应积极参与调整传球及反击扣球。

（三）接拦回球及其进攻战术训练

接拦回球及其进攻主要包括保护—调整—扣球等技术环节。

1. 保护训练

接拦回球的保护训练可通过自我保护训练、拦—保训练、二传队员保护训练等方式达成，具体如表5-6所示。

表5-6　接拦回球及其进攻保护训练的达成方式

方式	操作
自我保护训练	自抛自扣，对方单人拦网，扣球完成后立即进行自我保护。扣球的力量由轻到重，逐渐增加难度
拦—保训练	教练向网上沿掷球，对方双人拦网，两名队员从两侧跟进保护。可两边同时进行
二传队员保护训练	二传队员组织进攻后，立即参加保护。因为二传队员最了解本方的进攻点，最容易保护成功
双人拦网下的保护训练	对方两人一组定点拦网，二传队员组织各种进攻后，场上队员参加保护。也可以组成3人定点拦网，以强化保护训练

2. 保—调—扣训练

保—调—扣训练可通过以下方式达成。

模拟拦回球"保攻"训练：4号位队员跳起拦扣，教练在高台抛模拟拦回球，场上队员积极保护，力争起球组织进攻。2号、3号位队员也可参照进行。

集体拦网下的"保攻"训练：2号位队员扣球，对方组成2~3人的集体拦网，可有意识地扣在拦网队员的手上，场上队员积极保护，力争起球组织进攻。3~4号位队员也可参照进行。

（四）接传、垫球及其进攻战术训练

接传、垫球进攻包括接球、传球和扣球等主要技术环节，其进攻战术训练可通过以下训练方式达成。

1. 组成"边二传"进攻的训练

教练可有意识地将球抛向中场或远角附近，3号、4号位队员迅速下撤准备接球或进攻，2号位队员做好打"两次球"或接应传球的准备，后排队员主动接球，以保证前排快攻的形成，同时也可以参加后排进攻。

2. 后排插上组成"边二传"进攻的训练

教练将球抛向后场或远角附近，2号、3号、4号位队员迅速下撤准备接球或进攻，1号位队员快速"插上"组织进攻，后排5号、6号位队员接球后也可以参加后排进攻。

3. 组成"心二传"进攻的训练

教练隔网将球抛向后场，2号、4号位队员迅速下撤准备接球或进攻，3号位队员迅速撤至进攻线附近以"心二传"阵型组织进攻，后排 1 号、6 号位队员后排梯次进攻。

第四节　网球运动训练

一、网球技术训练方法

（一）场外提高技术的训练方法

提高网球技术的最好方法是经常在场上和同伴一起训练。但是，如果没有场地，又没有别人和你一起练习，仍然可以用以下几项简单的场外练习方法来提高自己的技术水平。如果每天能花几分钟在球场外做这些练习中的一种或几种，你很快就会发现自己的球打得更好了。

1. 对着镜子来检查挥拍动作

站在一面大镜子前面，挥拍时可看见自己的全身，通过镜子检查自己后摆时球拍的最远位置、击球点位置以及随挥动作完成的位置。重复做挥拍击球动作，直到头脑里对正确的击球动作有了概念。在球场上，当击球的动作不正确时，要回想这些概念，这会有助于做出正确的挥拍动作。

观察镜子里自己的击球姿势，并纠正那些不正确的动作。例如，许多人正手击球的后摆过高或者过低，可以在镜子里看着自己球拍向后拉到了什么位置，如果太高了，则自己调整并继续在镜子前练习，直到获得正确的姿势。

2. 练习抛球的稳定性

抛球不稳定会影响发球的质量，练习抛球的方法是在家中找一间高天花板的房间，或在户外靠近建筑物的地方，或是在网球场周围的围栏外练习抛球。用拍子伸向前上方来测定抛球的高度，注意这个点与天花板或户外墙上的某部分或球场围栏的距离，并继续练习抛球，使它总是抛到那个点上。当每次都能把球抛到这个位置上时，即可挥动球拍，但不是去击球，目的是帮助改进发球节奏。当球抛起后，可以让它落地，用以检查球是否抛在了身体的前侧方。

3. 练习拍球来提高控制能力

任何时候，只要手里有一把球拍，都可以做简单的拍球练习。用球拍对空中或地面拍球来提高手、眼的配合。可以做这样的游戏，看自己不丢球能连续弹拍多少次。这个练习看来简单，但开始后会发现比自己想象的要难得多。因为获得稳定总是不容易的。这种拍球练习也可以提高球感。如果想提高放短球的感觉，就练习把球抛入空中，再用球拍接住球并尽量不让球弹起。

4. 用"影子练习"来加快技术水平的提高

"影子练习"是在球场外带拍而不带球的挥拍和步法想象练习，也可以在家中练习，还可以在等待上场时做此练习。设想着打各种球并在移动时大声说出来。

例如，你可以从发球开始，跟随发球上网稍停一停，准备第一次截击，再向前移动做第二次截击，然后后退打高压球，用小步和侧踮步尽快地移动，但动作要做完整，并且要在身体前面打想象中的球。在整个练习中，你口中要说出每次击球的动作名称，也可以请同伴喊出击球的动作，自己照着做，这样练习可以使重心真正保持向前。

5. 对墙练习，使击球动作定型

对墙练习比同样时间的场上练习更能集中思想。几乎所有的网球技术都能对着墙来练习，但是，对墙击球不能太用力。有些人喜欢猛力击球，结果球回来得太快，以致没有时间做好下次击球的准备姿势，当进行落地球练习时，应站在离墙9米左右处，充分后摆以及做完随挥动作，目的是练习击球的稳定性。可以在墙上做一个记号，大约离地面1.20米，记下命中的次数。也可以两人同时用一个球来进行对墙练习，因为两个人打，近似于网球的比赛节奏，并且在击球后也像比赛一样移动，所以比较有兴趣又能提高练习效果，不像一个人打墙时总在同一位置上，这样又移动又练习了步法，是初学者最应采用的方法。

6. 背靠墙，纠正截击动作

许多人因为挥拍太大而不能干脆利落地截击空中球，截击后后摆太多，球会快速打在还未向前挥的球拍上，其结果不是打不好就是失误。矫正的方法是背靠墙做截击动作，这面墙可以阻止球拍在后摆时超过肩部，然后用一个短促的撞击动作向前击想像中的球。这种练习只要几分钟便可以做，或在家中或在等待上场时背对着铁丝围栏做都可以。

（二）提高技术训练方法

对于任何一个初学者来讲，提高网球水平最快、最有效的方法就是训练，但训练要有明确的目的。在球场上单纯从这边端线到那边端线来回击球，只是加长了准备活动，毫无其他意义。要使训练有意义，就必须结合实践，特别需要有一些能测定出技术是否进步、训练是否有效的具体方法和手段。这里提供了一些对于初学者最有帮助的训练惯例，所有这些方法都经过了多年教学实践的检验。对于初学者应尽量多利用这些训练方法并和同伴一起运用这些方法练习，选用最能弥补自己短处的方法，更能够提高自己的技术水平。在训练时间上，每周至少安排三次训练，每次打 1 小时左右，就足可以使你的球打得更好。

1. 要与同伴配合练习

如果想集中练习某一项特定技术，可以和同伴商量，相互配合训练。例如，你想练习发球，同样就可练接发球。预先告诉他你要发他的正手还是反手，使他可以集中注意力击好球，然后两个人交换，使双方都可以练习发球和接发球。同样，还可以一起练习挑高球和高压球、落地球和截击球，但训练时，手上的球一定要多，使动作能稳定连续地进行。

2. 用计数来提高击球的稳定性

许多初学者击球时球的往返次数不多，下面这个练习可以使他们用竞争的方法来提高击球的稳定性，看看自己能多少次不失误地连续把球击过网，记下数字并努力打破自己的纪录。起初，可能只可以打上三四个来回，但是，照这样练习，很快就可以打到几十个，然后也许会打近百次。

开始练习时，可以在移动中打正、反手击斜线球，然后，试试前、后、左、右地调动对手。不要"打死"对方，要争取多练习一些线路，掌握自己可以依靠的击球方法。

3. 练习自己的薄弱技术

训练的重点应该放在自己的薄弱技术上。例如，许多初学者的高压球不行，他们往往让球在地上弹起后打落地球。那么，就请同伴挑一些容易打的近网高球，供自己练习高压球。如果网前技术很差，就请同伴多拿一些球，连续送出较慢的、使你能够截击的球。当练习自己的短处时，也不要放弃特长的训练，否则，顾此失彼，长处也变成短处了。

4. 在半个场地上练习，提高准确性

有许多半个场地的训练方法能帮助提高水平。例如，一名队员站在网前截击的位置上，另外一名队员站在对面端线的角上，网前队员应该力求把所有的球都深深地打在对面端线角上，而端线运动员则应尽量破网。

可以在半个场地上进行打来回的比赛，也可以只用半个场地进行小场地比赛（场地上的黑影区算作界外）。不时地换到另半场去练习，使双方队员都能练到反手和正手，以及练习网前技术。

5. 用乒乓球计分法练习落地球

建议想练习落地球技术的运动员采用乒乓球"21 分"的计分方法进行比赛，在比赛中，每个球都必须落在发球线和端线之间才算好球，这样能帮助你养成将落地球打深的习惯。可以全打斜线球，也可以全打直线球，这决定于自己想练习什么样的击球技术。同

时，可以放弃常规的发球作为开始，只让球落地，然后击出作为 1 分的开始就行了。计分可以用 21 分或 11 分制。由谁发球都可以，主要目的是练习击落地球。

6. "周游世界"练习法

这是需要多名练习者同时来进行的练习方法。将练习者分成两队站在底线后，一队为 A 组，另一队为 B 组。A 组第一人发球给 B 组，B 组第一人还击好球给 A 组，然后快速跑到 A 组队尾去排队。这时 A 组第一人还击好球给 B 组第二人，A 组第一人跑向 B 组排尾去站队。B 组第二人也还击好球给 A 组，A 组第二人接球还击 B 组，还击的球员要跑向对方的排尾，依次类推。凡是在击球中失误者一律退出场外当观众给队员加油，不再排队参加游戏了。击球直到剩下最后二人决出冠、亚军为止。此练习方法要求队员有控制球的能力，同时要在移动中击球，扑救各种球，还要有快速的奔跑能力，这是一种综合性的练习。

7. "争胜利"练习法

将练习者分成两组，每组最多为 4 人，分别站在两边的端线外。每一个组由一名队员出来开始比赛，进行底线对攻。先失分者退下场，换上第二名队员，胜利方再上场一人，形成二打一的局面，由胜方开球，如胜方又获胜，失分者退下场，换上第三名队员，胜方再上一人形成三打一的局面，由胜方发球，游戏继续进行。但是，如果胜方失分，场上 3 名队员全部退下场去，再上一人，对方则加一人形成二打一。直到某方 4 名队员全部站到场地上了，这一方就算获胜。

8. 发球、接发球练习法

固定发球，控制落点。此练习方法要求控制发球的落点变化。两个区可以同时练习，各区安置三个目标，以击到目标为最好。此练习直到将目标全部击倒为止。

接发球训练。此练习要求巩固接发球回直线的能力。发球者站在中场发球，接发球回直线，20 次后交换一下接发球的位置。

发球、接发球综合训练。此练习要求发球者先告之接球者：我要发向正手侧 5 次，反手侧 5 次，中路 5 次，然后不知方向 5 次。这样接球者就有目的地练习接各种不同方向的球，同时也有适应比赛性的接发球。可固定一个区练习，也可以两个区交换练习。20 次为一组，然后进行交换。

9. 底线网前基本技术训练

固定线路练习。在 A 侧的练习者从发球开始，B 侧还击直线球，A 侧还击斜线球。这种练习固定线路，发球方始终还击斜线球，接球方也始终还击直线球。要求练习者两边移动练习正、反手。5 次之后，双方交换一下回击的线路。

对角线对攻球。两名练习者分别站在底线后，练习对攻，要力求将球打在近底线 1.8 米处以内，要做到充分到位，挥击动作完整。每一球都争取打几十次往返，球速要逐渐加快，但不要变换击球方向，争取每次击球都落入同一点或附近一点上。练习 10 分钟以后，换到另一区，这样正手、反手底线对攻就都练习了。

一打二底线与网前的练习。此种练习主要是练习底线队员 A，应该在底线跑动还击 B 和 C 截击回来的各种球。A 可以随意对准 B 或 C 击球，争取能破 B 和 C 的网才好。B 和 C 主要帮助 A 来训练，还击球的落点要有深有浅，截击回来的球要控制好角度和力量。5 分钟后 B 换 A 位置、C 换 B 位置、A 换 C 位置进行循环练习。

"动脑筋"练习。此练习方法由 C 开始发球给 A，A 还击给 C，C 截击给 B，B 还击给 D，此时 D 可以随便还击给 A 或者 B。但是要求按照直线来球还击斜线、斜线来球还击直线的规律，继续打下去，失误者退出场排队。C 失误由 D 补，D 失误由 B 补，A 或 B 失误由场下排队的人来替补。要求：在任何情况下，眼睛要注视四个方向的情况变化，头脑反应更是要灵活，要观察来球，并且改变路线。这种练习方法形式简单，变化迅速，是一种非常好的技术和智力的训练。

"二打一"练习。此练习要求 A 发球后上网前与 C 一起截击 B 的回击球，同时，A 手里要拿三只球作为补球用。B 在底线接发球后还击网前队员 C，然后可以随意还击 A 或 C，力争能破网得分或者挑高球。要注意快速移动击球。C 和随球上网的 A 在网前利用截击球或者高压球对准 B 进攻。如果球失误了，A 要用手里球补发一只，保证练习不间断，直到手中的球全部发完了，一组练习停止。五组练习之后，可按 A—B—C—A 的顺序换一次位置。此种练习的目的在于网前队员练习了截击和高压球，底线队员练习破网击球，很近似于比赛中的节奏，要求队员击球力量只有 60% 就可以，主要练技术。

打凌空球练习。此练习要求一人站到发球线附近（A），对面两人站在底线后（B 和 C），向截击者（A）打平肩高的球，或者挑高球，可任意打直线或斜线。网前截击者要把球回击深一些为好，也可打高压球，击球时要有一定的力量和好的落点，争取得分。要求截击者 A 的脚步移动要快速，击球时要有战术意识，使自己有充分回位的时间，要敢于赢球得分。B 和 C 要协助 A 练习凌空球，要把球回得准确，要有一定的难度，但也要让 A 能回击。5 分钟后，按 A—C—B—A 的顺序交换练习位置。

网前与底线对抗。在场外用多球来补球，A 先发球给 C，C 直线破网给 B，B 截击到底线，C 快速跑去击直线球，B 移动抢打截击得分。在整个练习过程中，如果出现失误，则 A 就用补一球的办法使练习连续进行下去。要求练习者要有破网的胆识，每球必争，截击者也不能放松，一定要出击凶狠。计分形式可采用 11 分为一局，然后按 A—B—C—A 顺序再练习。

趣味练习"发球和随影"。此练习方法是 A 练习发球给 B，B 接发球还击小斜线，C 当 A 发球时便以影子在 A 身旁做模仿发球动作，然后上到网前去截击。此练习的目的就是每一单一技术进行练习，感觉好像一个组合练习一样，还有一定的趣味性，即"影子"。所以练习时，要求练习者集中精力，专心练习自己的内容，5 分钟后按 A—C—B—A 的顺序交换位置。

高、低球练习。此练习为高压球和网前低截击球，网前练习者站在发球线与中场之间，端线队员 B 先发一个高球给 A，A 打高压球给 B，A 打低平球破网，A 截击给 B，B 再次挑高球，重复此练习。要求 A 要积极移动打好每一次的高压球，然后争取上到网前做好截击球，再移动进行下一次高压球。B 发球时可拿多球，如果失误就补发一只球，让练习继续进行下去。5 分钟后两个人交换一下位置，再进行练习。

放短球练习。此练习要求前后快速移动，救短球和放短球。A 站在发球线上，手里拿一只球，B 站在对面的发球线上。A 放一个短球到 B 的网前，然后快速向后跑到端线用球拍触线，再快速返回去救 B 放的短球。B 从发球线快速跑到网前救短球，然后再放一个短球到 A 的半场。当 A 快速救起球后，两人在半场上对打，决出胜负。要求两人都要去快速救起短球的同时再放短球，要控制好击球的节奏。采用先到 11 分为胜者的计分方法，每分可以交换发球。

双打随击球练习。此练习要求双打随击球，然后争取上网。A 发球后先上到发球线附近击随击球给 D 或 C，然后 D 可还击 A，让他击随击球，也可击打 B. 然后双方要将该分打出胜负为止，每分球后可换到另一区练习，也可以 4 人交换位置互相练习。要注意：双打两名队员之间的互相保护。

双打抢网练习。此练习要求双方队员都要有很好的网前意识。A 发球后要快速上网打随击球，C 回击小斜线球，当 A 还击时，D 在网前要果断出击去抢打网前截击球，B 争取补救球，保持本队的平衡。也可以找时机出击抢打 C 的回击球，打出胜负，然后交换发球区，4 人交换位置。要求在网前的队员要有抢网的意识，看准时机果断抢打。底线队员争取自己在回击球的过程中创造机会，使自己能上到网前控制网前的位置。

二、网球运动员的身体训练

如果想在网球场上发挥自己的最佳水平，一方面要通过网球训练，另一方面还要进行一些结合网球专项的身体训练。网球项目也需要有灵敏、速度、力量、耐力等身体素质条件来保证，而这些素质可以通过系统的身体训练得到提高。每个训练者的训练量是不同的，所以应该制定适合自己的训练计划。下面提供一些身体素质的练习方法供练习者使用。

（一）灵敏性的训练

网球运动同其他球类运动一样是一项全身协调的运动，因此，网球运动员要有灵敏和协调的身体素质，才能在身体移动、不断变化、非常迅速的情况下，完成各种复杂的击球动作。灵敏性应该放在身体素质的首位。

1. 猜拳追逃

此练习目的是发展灵敏素质和跳跃、奔跑能力，培养机智、果断等品质。

在场地上画一个长 8 米、宽 2 米的长方形，两端为起跑线，把练习者分成相等的两队（3~5 人组成一队），分别站在长方形的两端。由一人发令，各队的第一个人用单脚跳前进，当两人相遇只距离一大步时停止，换另外一只脚站立，然后面对面猜拳，输者单脚跳着返回起跑线，胜者追拍。输者到达起跑线而未被拍着，可得一分，否则由对方得分。然后各队换第二人进行，最后以得分多的一队为胜，但要注意在追跳时不得越出长方形或踩线。起跑时必须用单脚跳前进，如果提起的脚落地，即算失去一分。两人中途相遇时，必须另换一只脚站立，并跳着返回追拍。

2. 踢木块球

此练习目的是发展灵敏素质以及弹跳、平衡和控制身体的能力。

练习方法：在场地上画长 2.5 米、宽 1.5 米的长方形，中间画一条横线作网。两名练习者分别站在端线上，"球"用木块代替，用打乒乓球的方法，甲先发球，把球放在端线外，用单足跳动，将球踢到乙方场地内（落在端线、边线和网上都算好球）。乙方从端线外用单脚跳一步到球附近，再用跳动的脚把木块踢回甲方场地内，这样不断地踢来踢去，若一方把木块踢出场外，另一方则得 1 分，可按 21 分计算。但是要注意，把球踢到对方后，腾空脚方可落地，但不能移动，否则算失 1 分。回踢时只能跳动一次（双脚起跳，单脚落地），跳动两次以上算失 1 分。在跳动时踩着网或球没有过网算失 1 分。

3. 扔乒乓球

练习目的是培养躲闪灵敏、反应迅速的能力及投接的准确性。

练习方法：在地面上画一个长方形或者圆圈（面积的大小可根据人数多少和场地情况而定），将队员分为人数相等的两队。甲队站在活动区外，乙队任意分布在活动区内。由甲队队员用一乒乓球（也可用小沙包等）向乙队队员投击，乙队队员可以在活动区内奔跑躲闪，也可以在空中接住乒乓球。被击中者为"伤员"，应暂时退出活动区。如果乒乓球被乙队队员接住，就可以叫一名"伤员"继续参加，没有"伤员"时可存着以后用。到乙队队员全部被击中时甲乙两队交换位置，继续进行。但是要注意，活动区内的人不能跑出界外，投击者必须在圈外投击，投击头部以下为有效，被击者接乒乓球时，如果未接住，也算被击中。

4. 钻越人障

此练习的目的是培养灵敏素质和协调性。

练习方法：把练习者分成两人一组，每组配备一个低凳。甲队员在低凳上做俯撑动作，乙队员站立在甲队员身旁，当甲撑起时，乙队员从甲身下钻过，做5~10次后，甲、乙队员交换位置。但是要注意，在进行该练习时，应告诉乙队员在钻入障碍时不要起身过早，以免撞击同伴。为增加该方法的趣味性，可采用计时比赛形式进行，也可让甲队员直接在地上做俯撑，以增加难度。

5. 跳绳练习

跳绳练习对于加快脚步动作和提高耐力都是有益的。在练习过程中能长时间把重心放在前脚掌上，这样与运动员在网球场上的步法特别相似。因为网球运动员快速的步法是良好的网球技术的基础，网球运动员必须具有急停、急起到位击球的能力，并且能长时间把重心放在前脚掌上。在跳绳练习中，正摇跳、反摇跳和双摇跳等都要练，最初每次跳2分钟，以后提高到5分钟，也可以计数来进行练习。每天练习一次，每天的运动量可根据自己的实际情况而定。

（二）速度的训练

在网球比赛中，速度是完成战术的重要因素。网球运动中的速度包括：反应速度、起动速度和各种距离的跑动速度。特别是反应速度，即当运动员预测到对方来球的方向、速度和落点后决定怎样还击时的行动。网球的跑动速度要求在对方行动变化的情况下做出应答性的反应，同时又要在快速起动时变换方向或改变动作。

1. 曲径移动练习

此练习的目的是掌握短距离、快速的停起步移动来适应场上的变向移动。

练习者手持网拍在端线外双打边线处等待，开始后队员手持球拍沿着双打边线快速跑动至网前，用球拍触及球网后，沿着单打边线用后退步回到端线。向前跑至发球线时，变成垫步跑至发球线中央，再沿着发球线向前跑，用球拍碰网，然后用后退步跑至发球线。侧垫步到另一单打边线，向前跑用球拍碰网，沿着单打边线后退至端线，沿着双打边线向前跑至网前。在整个练习过程中可以记录一下每次跑动的时间，争取打破最好的成绩。

2. 碰线移动

此练习要求练习者步法快速移动，同时改变前后移动方向。

从双打边线外开始向前跑，用手碰最近的线，然后用后退步至开始时的位置，再向前跑动用手碰场上所有的线：双打边线—单打边线—发球中线—另一单打边线—另一双打边线—单打边线—发球中线—单打边线—双打边线。此练习可两人分别站在半场内同时练习，两人也可比赛，也可通过计时来看谁的成绩好一些。

3. 四球移动练习

此练习要求练习者在快速移动中变换方向，是对于速度素质比较系统的锻炼。

在双打边线外放 4 只球，练习者拿着第一只球快速冲刺至最近的边线，把球放在线上，然后快速跑回拿第二只球，冲刺至下一条线上，同样把球放在线上。重复同样的动作，直至把 4 个球都放在不同的线上。也可把所有的球都放在线上后，练习者跑到最远的一条线上，把球一个个地捡回来，放在同一处。可用计时来激励练习者。

4. 四角移动

此练习的目的是训练练习者快速、灵敏，有极强的腿部力量，同时适应场上的方向变化。

在发球线与中线相交处摆放 4 个球，在单打半场的四个角上画上圈。练习者从双打边线外发球线处开始跑入放球处，然后捡起一只球，放在前面的一个角上后返回中场放球处，再捡第二个球，把它放在另一个角上返回。重复上述动作，直至在四个角上都放上一球。然后反方向一次把所有的四角的球都集拢来一起放在中央处。放完后，马上返回开始起跑的地点。此练习可以用计时方法让每个练习者都争创好成绩，计时从离开起点时开始到回到起点时为止。

5. 围追堵截

练习目的：培养快速反应能力，加快移动速度。

在一块场地中间画两条平行线，相距 2 米，将参加者分为人数相等的甲、乙两组。面对面站在线旁，在场地两端各画两条终点线，与平行线相距 20 米。当发令员吹哨一次，两组队员原地不动，发令员吹哨两次，甲组队员迅速跑动去追拍乙组队员，乙组队员立刻转身向本方终点线奔跑。最后以抓获较多队员为胜方。发令员吹哨三次，乙方则去追拍甲方，方法相同。但是要注意，一名队员只能追拍对应的一人，一方队员不能继续追拍已跑到终点线的对方队员。如果某方输了，可罚原地高抬腿跑 20 次。

第六章　有氧及塑身运动训练的科学方法

第一节　有氧运动训练

一、有氧运动的基本知识

（一）有氧运动的概念

从本质上来讲，有氧运动指的是长时间开展的运动或耐力运动，能够有效的、充分地袭击练习者的心、肺，也就是练习者的血液循环系统与呼吸系统，使其心肺功能得到提高，进而保证身体的各组织器官都能够获得充分的营养供应与氧气，使得练习者最佳的身体功能状态得到维持。所以，有氧运动含义中所指的较长时间应该最好保持在超过 20 分钟，且维持在 30 分钟至 60 分钟之间，并且其运动形式应该对于练习者心肺功能的提高能够起到一定的促进作用，常见的运动形式有步行、慢跑、原地跑、骑自行车、游泳、有氧健身操，等等。而短跑、举重、静力训练或健身器械等运动，一般被称作是无氧运动。虽然它们能够使人的肌肉与爆发力得到增强，但是，之所以说无氧运动的健身效果没有有氧运动理想，主要是因为无氧运动不能够使练习者的心肺功能得到有效刺激。

（二）有氧运动的特性

在有氧运动开展的过程中，机体吸氧量同机体消耗的氧气量之间存在的关系是大致等于的关系，在运动的过程中只有这样，才能够使练习者始终处于"有氧"的状态下。同时，在时间短与强度高的情况下有一些运动也能够完成。在实际运动的过程之中练习者吸入的氧气量同其消耗的需求很难相适应，换句话说，练习者机体内部呈现出"入不敷出"的氧气状态，如果练习者长期处于这种"缺氧"的状态，从事这样的无氧运动，那么十分不利于练习者机体的健康发展。

有氧运动会消耗机体的氧气，将一种不至于上气不接下气，但是会有轻微气喘的感觉带给练习者；有氧运动会使练习者不至于大汗淋漓，但是会轻微出汗；有氧运动不会使人感觉到肢体的疲劳感，会舒展练习者的全身。一种好的有氧运动，并不是上肢或者下肢的局部运动，而是一种全身性运动。如果能够在悦耳的、有氧的音乐背景下开展有氧运动，那么对于练习者长时间的投入是有利的，能够促进更加良好锻炼效果的取得。所以，对于有氧运动的特性，作者进行了如下的总结。

1. 需要较长时间开展的运动

有氧运动是一种需要较长时间开展的运动，最佳持续时间应该保持在 20 分钟至 60 分钟之间，而练习者体内的糖或脂肪等物质的氧化为运动提供了所需要的能量。

2. 一种全身性的肌肉活动

对于有氧运动而言，在开展时如果练习者机体全身参加的肌肉越多，那么获得的效果就越好，最佳状态是 1/6 至 2/3 的肌肉群。反之，如果练习者开展的是小肌肉的局部性运动，那么就会导致局部疲劳非常容易发生，直接中断了运动过程，因此，想要持久开展是不可能的；同时，足够的氧气消耗量是很难达到的，更不要说促进血液系统、呼吸系统与循环系统的改善与提高了。

3. 具备一定的强度

对于有氧运动而言，应该在某一个特定的强度范围保持，最好是在中等强度、低等强度之间，同时，应该保持 20 分钟或者是更长的持续时间。

4. 具有一定的律动性

对于有氧运动而言，实际上是一种肢体的律动性活动。如果运动是具备律动性的，那么就很容易对运动强度进行控制，只有这样才能够在适宜的有氧运动强度范围内，维持合适的运动强度，进而获得最佳的效果。反之，如果运动是断续性的，那么就会存在较大的强度变化，从而获得不理想的运动效果。

二、有氧运动中各个项目的训练

（一）有氧健身走

在人们生活中存在的一种基本运动形式就是走，同时，这也是人们掌握最早的健身方法。由于它没有性别、年龄、体质强弱与场地器材的约束，因此，只要长时间坚持走就能够使身体得到强健，对疾病进行防治，获得延年益寿的效果。因此，千百年来，经久不衰。

1. 有氧健身走的锻炼价值

在 1992 年的时候，世界卫生组织关于走进行了明确的指示，即步行是世界上最好的运动。在步行的时候，因为机体的大部分肌肉与下肢肌肉都得到了活动，可以对于肌肉萎缩进行防止。相关科学研究证明，如果一个人能长时间坚持走步，那么他的腿部肌肉群的收缩会比一般人多。如果人的步行速度较快，时间较长，路面存在较大坡度的话，那么就会产生越重的负担，主要表现在心跳加快、心肌收缩加强、增大心输出量，那么就能够有效地锻炼心脏。对此，医学家的观点是，对于大多数人而言，每一天的行走路程应该至少保持在 60 分钟，也就是 5 千米。如果一名男子每一天进行不超过 1 个小时的步行，那么同每一天步行在 1 个小时以上的男子相比，前者比后者会高出 4 倍的心脏局部贫血率。

在吃饭之前，或者之后进行行走，不仅能够使食欲得到增加，消化得到促进，同时还能够对糖尿病进行有效地防治。唐代著名的医学家孙思邈曾经发表过这样的观点，即"食毕当步行""令人能饮食无病""行三里二里及三百二百步为佳"。现代医学也证明了，步行能够使神经肌肉紧张得到缓解，使大脑的血液循环得到促进，所以，能够使脑细胞的功能得到有效地发挥。

2. 有氧健身走的基本技术

尽管有氧健身走看起来简单，但是却有着巨大的学问蕴含在其中。对于有氧健身走的基本技术进行掌握，使正确的走姿得以形成，能够使体质得到有效地增强，促进形体的健美。

（1）在有氧健身走开展的过程中，应该摆正头部、双眼目视前方，自然伸直躯干，沉肩，微挺胸腰，微收腹。这样的姿势对于畅通经络是非常有效的，能够保证顺畅的气血运行，使人体在良性的状态下活动。

（2）在有氧健身走开展的过程中，前移身体重心，保证臂部与腿部之间的协调配合，同时要有适中的步幅与自然、有力的步伐，当两只脚落地的时候要具备一定的节奏感。

（3）在有氧健身走开展的过程中，应该保证自然的呼吸，对于腹式呼吸的技巧要尽量注意，也就是说应该尽可能稍用力地呼气，自然地吸气，使步伐节奏和呼吸节奏之间协调配合，只有这样才能够在开展较长距离的步行时，使自身的疲劳感减少。

（4）在有氧健身走开展的过程中，对于一些技巧要始终注意，即紧张和放松、借力和用力，也就是说，当用力步行几步以后，可以顺势借力再走几步，这样的转换方式能够使步行的速度得到大大提高，同时会使人获得轻松的感受，使体力得到节省。

（5）在有氧运动开展的过程中，有一只脚同地面互相接触的时候，应该有一个脚趾内收，也就是"抓地"动作，如此一来对于腿部与脚部的微循环能够起到一定的促进作用。

（6）有氧健身走的速度快慢取决于个人的实际情况。诸多研究证明，如果按照每一分钟 80~85 米的速度行走，如果连续走路的时候，时间能够超过 30 分钟，那么能够获得最佳的健身、防病的效果。

3. 有氧健身走的方式

（1）有氧健身走的自然步法

有氧健身走的自然步法主要包含三种，分别是自然步法的缓慢走、自然步法的普通走、自然步法的快速走，最佳步行时间是每一分钟 60~70 步、每一分钟 70~90 步、每一分钟 90~120 步。通常来讲，有氧健身走的缓慢走与普通走对于一般保健而言是非常适用的，需要注意的是，如果步行者是患有高血压、冠心病、呼吸系统疾病或者脑卒中后遗症的老年人，那么活动的时间应该减少到 20~30 分钟；有氧健身走的快速走对于一般健身而言是比较适用的，活动的时间应该保持在每一次 30~60 分钟。由于有氧健身走的快速走具有较大的运动强度，所以对于减肥者与需要对心脏功能进行增强的人来讲是比较适合应用的。

（2）有氧健身走的摩腹散步法

摩腹散步法，主要是指在有氧健身走开展的过程中，用两只手对腹部进行柔和的旋转按摩。每步行一步就要进行一周的按摩，交替地正转、反转地进行。在我国的传统保健中，将其视作为腹功，观点是为"移行百步两手摩腹除食滞"，这种方法对于胃肠道的蠕动与胃液的分泌能够起到一定的促进作用，同时对于胃肠道疾病与消化不良的防治能够起到一定的帮助。如果对于摩腹散步能够每天都坚持的话，那么就能够有效促进腹部脂肪的消除与优美形体的保持。

（3）有氧健身走的倒行法

在有氧健身走中，倒行法的主要动作是：①预备姿势：立正身体、头部抬起、前挺胸部、双眼目视前方，保持拇指的向后状态，对"肾俞"穴位进行按压，同时向前伸出四指。②倒着行走的时候：开始于左脚，尽量地向后抬左边大腿，之后再向后面迈出，后移全身的重心，保持前脚掌与地面的接触，向左脚移至重心，只要在换成右边的脚交替开展。为了能够对安全作出保证，应该对平坦的场地进行选择，保证有氧健身走的倒行法能够在没有障碍物的空间上进行。

在日常生活中，由于躯体向前的活动量同向后的活动量相比，要多很多，同时由于存在较少的背伸活动，还有不平衡的躯体俯仰活动，所以，对于人体腰肌劳损、姿势性驼背、四肢关节功能障碍等问题，很容易就出现。而有氧健身走的倒行法能够保证腰部肌肉放松或者收缩的规律性，同时对于改善腹部的血液循环也是很有帮助的，能够使腰部组织的新陈代谢得到加强。如果能够对有氧健身走的倒行法长期坚持，能够使姿势性驼背、腰肌劳损等情况进行有效防治，并且能够促进人形体健美的保持与运动能力的增强。

（4）有氧健身走的摆臂步行法

在有氧健身走的摆臂步行法进行的过程中，需要前后用力地摆动双臂，步行的速度保持在每一分钟60~90步，能够使胸廓与肩部的活动得到增进。此种方法的对于患有慢性呼吸系统疾病的患者而言是非常合适的。

（5）有氧健身走的竞走法

对于有氧健身走的竞走法而言，应该保持躯干的直立状态，或者是向前稍倾躯干，两只手臂之间呈现90°左右的角度，同双腿的前后摆动相配合。脚跟应该先着地，之后全脚掌滚动落地，同时要伸直膝关节。当脚步落到地面以后，应该按照惯性前移身体，当支撑腿与地面保持垂直状态的时候，向前摆出摆动腿的大腿，同时随着大腿将小腿向前摆出，在这个时候，摆动腿能够对同侧髋关节起到带动的作用，使之向前送出。对于中青年人而言，有氧健身走的竞走法比较适合他们，能够使人的关节灵活性与耐力得到增强。此外，该种方法也可短期调剂于散步之间，以促进有意一种姿势长期走路而引发的疲劳感得到减少，使有氧健身走的乐趣得到增加。

（6）有氧健身走的爬楼健身法

在有氧健身走的爬楼健身法进行的过程中，对楼梯大步地蹬跨，能够充分地锻炼到大腿的肌肉；轻快地用脚掌一级一级的往下，能够使左脑和右脑能够得到同时的锻炼；在上楼梯的时候，保持小步匀速的状态，能够多个关节都能够在运动中参与，例如，上肢关节、背部关节、腰部关节和腿部关节，等等，对于心率的加快能够起到一定的促进作用，增大肺活量。

登楼梯作为有氧锻炼的一种形式，属于较为激烈的程度。在开展爬楼健身法的时候，需要练习者具有良好的健康状态，通常采用的运动方式有：走路、跑步、多级跳与多级跨越，等等。练习者可以从环境条件与自身身体状况出发考虑，对于适宜自己的锻炼方式进行选择。刚刚开始练习的人，应该保持20分钟的慢速活动，然后随着体能的增加，逐渐对速度进行加快，或者是使持续时间得到延长。如果体能的承受时间能够维持在30分钟到40分钟的时候，那么就能够向跑、跳或者是多级跨楼梯逐步过渡了。

此外，对于有氧健身走而言，其基本技术不仅仅存在上述的几种，还有脚跟走法、蹬腿走法、边聊边走法，等等。

4. 有氧健身走的要求

（1）应该放松精神

对于行走，古人的观点是，应该保持一种闲暇自如的状态下行走。也就是说，应该尽可能地放松精神，只有这样才能够使精神调剂、疲劳解除的作用得到充分的发挥。

（2）应该重视时间与地点的适当选择

首先，有氧健身走的适宜时间是：饭后的一个小时、临睡前、傍晚或者清晨的时候；其次，对最佳的环境进行选择。在有氧健身走开展的过程中，最好选择空气新鲜、树木较多且车辆较少的地方，例如，海边、河边或者湖边，等等。需要说明的是，尽量选择平坦的道路。此外，如果身体状态不是很好的话，还可以在保证空气新鲜的前提下，按照同样的时间在家中活动。

（3）应该要持之以恒

为了能够使健身的目的得以顺利实现，每一天最好应该保持 30~60 分钟的步行时间。同时，练习者应该持之以恒，每天坚持，保持制度化的 60 分钟有氧健身走时间。但是并不是每一个人都能够保证花费一个小时的时间去完成体育锻炼的，因此，就需要他们通过不同的途径与方法在日常生活、学习和工作中尽可能地多走动。例如，上学或者上班的时候不再选择代步工具，而是步行，当需要步行购物的时候尽可能地对较远的商店进行选择，还可以选择登楼梯而不是乘电梯的方式，等等。所以，对于每一天步行 60 分钟的运动量可以分成 20 次或者 3 次来完成，并不是非要一次走完才可以。

（4）应该要保持适中的速度

针对每一个人而言，其自身的健康状况直接决定了其走路的速度，可以是快速的，可以是慢速的，也可以是不快不慢的中速状态。在有氧健身走的初级阶段，最好是保持缓慢的速度，也就是说应该每一分钟走 60~70 步之间就行，即每一个小时 3~4 公里。当此种锻炼状态保持两周以后，可能给对中速进行应用，也就是每一分钟走 70~90 步就可以，即每一小时 4~5 公里。保持此种锻炼状态到第四周以后，就能够对快速走进行使用，也就是每一分钟走 90~120 步，即每一小时 5~7 公里。需要注意的是，在健身走每一次开展的过程中不能走走停停或者是时快时慢，最好都应该保持匀速的状态。

（5）应将距离控制好

应该步行的距离是多少，取决于年龄状况或者是健康状况。在有氧健身走刚刚开始的时候，可以先短距离的散步，之后每一周将距离增加一些。最为理想的锻炼方法就是缓慢增加距离的方法，而不是急于求成。

（6）应该对衣着进行注意

在有氧健身走开展的过程中，身着运动衣，脚穿运动鞋的衣着情况是最为理想的。

（7）应该要保持适宜的运动量

有氧健身走开展的过程中，对于运动量的控制主要取决于脉搏、食欲、睡眠和身体反应等一些自我感受。例如，如果标准是心率，那么最好保持 100~120 次/分的步行心率。

如果练习者的食欲好、睡眠佳、身体没有明显的不适感觉，那么就说明现在的步行量是合适的。无论对哪一种方法进行选择，都应该按照每一个人的健康状况对运动强度与运动量进行确定。应该持之以恒、循序渐进，且不能操之过急。

（二）有氧健身跑

这里提及的有氧健身跑，主要是指一项群众性的健身活动即通过跑步能够使身心健康得到增强。尽管有氧健身跑没有较强的吸引力，然而，作为一项有氧运动，却是最为有效、最为简单的。

1. 有氧健身跑的锻炼价值

有氧健身跑的价值主要通过以下几个方面表现出来：

（1）有氧健身跑能够使心脏得到保护

有氧健身跑锻炼能够促进冠状动脉血液循环的良好保持。如果能够长时间开展有氧健身跑锻炼活动，那么其并不会随着年龄的增长而缩窄自身的冠状动脉，能够保证心肌供血的充足，进而使各种心脏病得到有效预防。

（2）有氧健身跑能够使血液循环得到加速，使血液分布得到调整，使瘀血现象得以消除，促进呼吸系统功能的提高

作为全身性的一种健身运动，有氧健身跑能够对静脉血液回流起到有力的趋势作用，使盆腔和下肢静脉淤血的情况得到减少，使静脉内血栓的形成得到预防。此外，有氧健身跑开展的过程中，呼吸力量得到了加强，呼吸深度得到加大，进而使肺部的通气量得到有效地增加，积极地影响着呼吸系统。

（3）有氧健身跑能够使神经系统的功能得到增强，使脑力劳动者的疲劳得以消除，对神经衰弱进行预防

有氧健身跑能够对大脑皮层的抑制与兴奋进行调整，同时对于人体内部平衡、精神振作与情绪调剂也存在一定的调整作用。

（4）有氧健身跑能够使人体新陈代谢得到促进，体重得到控制，对肥胖症进行预防

在有氧健身跑开展的过程中，能量的消耗是不可避免的，能够对机体的新陈代谢起到一定的促进作用。对于中老年人，尤其是中年人而言，能够较好地实现减肥的目的。此外，有氧健身跑还能够使脂质代谢得到改善，使血内脂质过高的情况得到预防，进而促进高脂血症的预防与治疗。

2. 有氧健身跑的基本技术

（1）有氧健身跑的姿势

在有氧健身跑开展的过程中，练习者应该保证正确的跑步姿势，只有这样才能够在节省体力的基础上跑得更快。练习者应该保持身体的正直状态，同时向前微倾，不能使头部和上体左右的摇晃，应该始终在一条直线上保持。对于练习者摆动双臂的动作而言，不仅仅要对身体的平衡进行维护，还能够对于两条腿的摆动动作与蹬地动作起到一定的帮助，使跑步的速度得到加快。双臂在摆动的时候应该同躯干之间保持一定的距离，同时自然地前后摆动；双手应该保持半握拳的自然状态，适当地弯曲肘关节，把肩关节作为轴，在做前摆动作的时候，尽可能地不将肘部露出来，在做后摆动作的时候，尽可能地不将手部露出来。同时，切记低头动作、端肩动作与弯腰动作都不能出现。之所以向后蹬双腿，目的是产生身体前进的推动力，需要注意的是，应该积极有力地进行后蹬，充分伸直髋关节、膝关节与踝关节，腿部的前摆能够使有氧健身跑的步伐得到加大，在做前摆动作的时候，练习者应该放松大腿，同时向前按照惯性呈自然折叠状态。

（2）有氧健身跑的呼吸

有氧健身跑作为一项运动，需要比较大的体力消耗。在有氧健身跑开展的过程中，练习者需要通过肺脏对大量的氧气进行吸收，将二氧化碳排出来。疲劳出现时间的快慢，主要取决于是否具备充分的肺部换气量，是否具备正确的呼吸动作。有氧健身跑进行过程中应该尽量用鼻子呼吸，如果呼吸深急的情况出现，也可以利用口部对呼吸进行协助。有氧健身跑的呼吸应该深而慢，具备一定的节奏，通常是每两步呼一次，每两步吸一次，还可以是每三步呼一次，每三步吸一次。如果有氧健身跑的速度不断加快，那么就应该不断加深呼吸深度，加快节奏，使自身的氧气需要得到满足。

如果练习者开展的是较大强度的有氧健身跑练习活动，那么呼吸的频率就会很快地增加，刚刚开始开展练习的人一般会出现呼吸困难的感觉，如果想要对呼吸困难现象的出现进行防止，首先就需要对于运动强度与负荷量适当安排，应该量力而行，根据具体情况出发；其次，对于呼吸的动作也要给予一定的重视，对于呼吸的节奏进行调整，对于呼吸的深度进行加大。

3. 有氧健身跑的方式

（1）有氧健身跑的慢速放松跑

在有氧健身跑中，相对比较简单的就是慢速放松跑，练习者可以按照自身的体质情况来确定慢的程度，如果练习者是体弱者或者老年人，那么就可以保持稍快于走步的速度，尽量保持不大喘气的呼吸。放松全身的肌肉，自然摆动双臂，保持轻快的步伐。在有氧健身跑开始练习的时候，对于呼吸的节奏要注意，保证缓、伸、细、长。一般来讲，有氧健身跑的最佳锻炼时间应该每一天 20 分钟到 30 分钟，每一周 5 次到 6 次，当然如果每隔一天开展一次也是可以的。

（2）有氧健身跑的变速跑

有氧健身跑的变速跑，就是一种有氧健身跑进行时慢跑与快跑互相结合，交替进行的跑步方式，此种方法对于具有较高体质的锻炼者而言是比较合适的。在开展变速跑的有氧健身跑的时候，练习者可以按照自身的身体状况对速度进行随时改变。例如，练习者可以交替的进行快速跑与慢速跑，或者是交替地进行快速跑或中速跑，等等。如果练习者的锻炼水平不断地提升，那么就可以对运动量进行逐渐地增大，将有氧健身跑的作用最大限度地发挥出来。

（3）有氧健身跑的跑走交替

有氧健身跑走、跑交替进行的方式对于身体素质较弱、刚开始进行练习的人而言是比较有效的。如果练习者能够坚持有氧健身跑走跑交替的方式进行锻炼的情况下，那么其就能够达到 15 分钟的跑步时间，如果继续坚持下去，那么就能够连续跑步几公里了。

对于有氧健身跑走跑交替的锻炼方式而言，可以做出其他的一些改变，例如，在走跑交替中也能够将跑跳交替练习加入在里面，也就是说跑步一段时间以后可以进行 3 次到 5 次的跳跃，再进行一段距离的跑步以后，跳跃 3 次到 5 次。如果按照这样的方式，就能够使练习者由于长时间墨守成规练习而不断活动的肌肉关节得到一定的调整，同时能够使练习者的疲劳得到缓解，使其弹跳力得到锻炼，还能够使练习者的跑步乐趣得到增加。

（4）有氧健身跑的定时跑

对于有氧健身跑的定时跑而言，主要包含两种形式。其一，练习者每一天都应该坚持一定时间、没有速度限制的跑步。例如，在第一阶段，应该有 10 周到 20 周的适应期，每一周跑步三次，同时每一次应该有 15 分钟的连续跑；第二阶段，练习者应该会有 6 周到 8 周的适应期，每一周跑步三次，同时每一次应该有 20 分钟的连续跑；第三阶段，练习者应该有 4 周的巩固期，每一周跑步三次到五次，同时每一次应该有 30 分钟的跑步时间。对于那些能够承担更大强度身体锻炼的年轻人来讲，还能够每一周进行三次跑步，每一次时间长达 45 分钟，最大的承受时间是 60 分钟。其二，将一定的距离在限定的一段时间内跑完的方法。在练习的开始阶段，练习者跑完较短的距离可以在较长的限定时间内完成，例如，500 米的距离应该在五分钟的时间内跑完。之后伴随练习者身体素质水平的不断提升而使跑步的速度得到加快，将跑步的时间缩短，或者是使跑步速度加快，将跑步速度加快，以促进练习者速度耐力素质的提高。

（5）有氧健身跑的跑楼梯

有氧健身跑的跑楼梯作为一种健身健美运动项目，具有显著的时尚性特征。查阅相关的医学论证可以得知，跑楼梯不仅是一项能够使练习者心肺功能得到增强的，需要全身参与的有氧运动，同时还是一项不受性别限制、年龄限制的体育锻炼方法，此外，练习者不需要花费任何投资，且能够对运动量灵活地进行掌握，正是由于其特殊优势的存在，使有氧健身跑的跑楼梯成为日常生活中的一项减肥去脂的全新健身招数。在有氧健身跑跑楼梯开展的过程中，需要不间歇地进行颈部、背部、腰部和肢体等部位活动，同时，还要有节奏地放松、收缩肌肉，如此一来能够使肺活量得到增加，促进血流量的加速，使练习者的身体代谢得到改善，心肺功能得到增强。

（6）有氧健身跑的越野跑

有氧健身跑的越野跑，主要指的是健身跑锻炼活动在森林、山地、田野或者是公路等户外进行的情况。有氧健身跑的越野跑能够促进自然与运动锻炼紧密联系在一起，因此，有氧健身跑的越野跑具有十分显著的健身效果。

综上所述，有氧健身跑属于一种需要较大体力消耗的体育运动项目。在有氧健身跑开展的过程中，练习者需要通过肺部对氧气进行吸收，将二氧化碳排出去。所以，练习者是否具备正确的呼吸动作，直接决定了其出现疲劳时间的快慢。在有氧健身跑练习活动进行的过程中，练习者呼吸时应该尽量使用鼻子，一般来讲，有氧健身跑的呼吸节奏是每两步一呼每两步一吸，还可以是每三步一呼每三步一吸。如果练习者加快了自身的跑步速度，那么就应该随之相应的加深呼吸深度，加快节奏，使自身对氧气的需要得到满足。如果练习者出现了深急呼吸的状况，那么练习者就能够通过口部对呼吸进行协作，需要注意的是对于口部张得太大的情况要尽可能地避免，减少嗓子干燥情况的发生。

在冬季来临的时候，就会存在较低的气温，因此，练习者在开展有氧健身跑练习活动之前必须要将准备活动做好，防止运动损伤的情况发生。如果有氧健身跑每一天都开展的话，那么由于消耗的水分多，练习者需要对适当的盐分与水分进行补充。夏季来临的时候，在凉爽的清晨或者傍晚开展有氧健身跑练习活动是比较合适的。但是，需要注意的是，当有氧健身跑练习活动结束以后，应该适当做一些整理活动。

第二节　塑身运动训练

一、塑身运动的基本知识

塑身运动是以身体练习为基本手段，运用专门的动作方式和方法进行锻炼，以塑造体形，培养姿态，改善气质，增进健康为目的的一项新兴体育项目。

塑身运动以塑造优美形体为主要特点。形体美的内容很广泛，它包括体形美、姿态美、动作美和气质美。形体美的方法也很多，它包括形体训练、健美运动、健美操、体育舞蹈、瑜伽等。

塑身运动以"健康、力量、美丽"为目标，是人类期盼与追求的身体状况的最高境界。在塑身运动中，无论是形体训练、体育舞蹈，还是健美运动、健美操，无不处处表现出"健、力、美"的特征。随着现代物质文明的不断提高，人们修饰与塑造自己愿望的意识不断深入，花钱买健康的观念不断提高，塑身运动在我国越来越受到欢迎和深入普及，广受推崇，已成为走在生活时尚前沿的最佳运动项目，成为青少年特别是现代职业女性追求的目标。

二、塑身运动中各个项目的训练

（一）瑜伽

瑜伽健身是使心灵、肉体和精神和谐统一的一种运动方式，即使身心处于相对稳定、平衡的状态。瑜伽也是指个体与更宏大的某种事物之间的合一，也可称为具有灵性的存在。

1. 瑜伽的功能

（1）预防疾病，消除忧郁

随着竞争的日益激烈，工作压力的不断增大，人的心态变化和承受力比较大，随之而来的心理疾病不断增加。瑜伽练习会使人们的内心变得更平静更平和，没有怒气，没有怨言。这意味着，较少患上可能由于紧张与忧虑引起的疾病。瑜伽的一些姿势是轻柔的按摩和伸展身体，同时使身体的每一个部分都得到益处。

（2）提高平衡能力

瑜伽练习对保持人体生理功能，如呼吸调整、心率、流汗、血压、新陈代谢的频率、体温和其他一些重要的机制的平衡很有好处。瑜伽重建人体功能的平衡效果显著。有些姿势是针对提高人的身体平衡能力。在练习活动的规律性开展下，人们能够获得许多，例如，坚韧、平衡、灵活性以及一定的抵抗疾病的免疫力，此外，还能够使自身的神经得到安定，疲劳得到消除，进而在睡眠的状态下使人们获得真正意义上的放松与安定。

2. 基本坐姿

（1）简易坐

坐在地上或垫子上，将右小腿弯曲，放在左大腿之下，将左小腿弯曲放在右大腿之下。双手放于两膝之上，头、颈、躯干都保持在一条直线上。

（2）半莲花坐

坐在地上或垫上，弯曲右小腿让右脚底板顶紧左大腿内侧，弯起左小腿并将左脚放在右大腿上，头、颈、躯干都保持在一条直线上。交换两腿的位置，继续再坐下去。

患坐骨神经痛的人不宜做此练习。

（3）莲花坐

坐在地上或垫上，双手抓住左脚，将其放于右大腿上，脚跟放在肚脐区域下方，左脚底板朝天。双手抓住右脚，扮过左小腿上方，放在左大腿上，右脚底板朝天，脊柱保持伸直。尽量长久地保持这个姿势。交换两腿位置练习。

这个姿势较为难做，但它是一个很有用的松弛练习，掌握好它之后，能引发顺畅的呼吸，增加上半身的血液循环，对哮喘和支气管炎病人有益。每次打坐之后，要按摩两腿、两膝和脚踝。

3. 站立体位法

（1）风吹树式

做法：

①站姿。双脚并拢，合掌胸前。吸气，双手向头顶高举，手臂轻轻夹住耳际，上身有往上延伸之感觉。

②吐气，上身弯向左侧，与此同时，将髋部向右侧推移保持 5 次呼吸。

③吸气，还原向上。吐气，再弯向右侧，将髋部向左侧推移，保持呼吸 5 次。

（2）三角转动式

做法：

①保持两膝伸直的同时，将右脚向右方转 90°左脚向右方转约 60°。

②呼气，双臂伸直，将上身躯干转向右方，让左手在右脚外缘碰触地板。右手臂向上伸展，与左手臂成一直线。双眼注视右手指尖，伸展双肩及肩胛骨。保持约 30 秒。

③恢复时吸气，慢慢先将双手、躯干以致最后将两脚转回各自原来的伸展状态，再转回基本站立式。

4. 跪姿体位法

做法：

①金刚坐姿，双掌置于膝盖上，伸直背部，调匀呼吸。

②吸气，臀部离开脚跟，俯身向前，抬臀凹腰，膝部，脚背贴地面，手臂伸直，指尖对膝盖，下颚抬高，背部收紧，保持片刻。

③吐气，手掌施力收腹，拱起背部，头部向下，下颚尽量抵住胸部锁骨处，动作静止，自然呼吸5次。

④再次吸气，下颚向上抬，头部后仰，凹腰部，挺臀部。动作静止，自然呼吸5次。上、下各重复练习3次。还原金刚坐，调匀呼吸。

5. 蹲姿体位法

以花圈式为例。

做法：

①蹲坐着，两脚并拢，脚心和脚跟要完全贴在地面上。

②分开大腿和膝盖，身体向前，两手由两腿中间向前伸。

③手臂弯曲往后，两手握住脚踝后面的部分。

④握紧脚踝之后，呼气，头向下碰触地面。

⑤停留一分钟，自然地呼吸。

⑥吸气，头抬起来，手松开，休息。

6. 瑜伽调息法

（1）呼吸法

认识呼吸的重要性并掌握正确的呼吸方法是瑜伽练习者的当务之急。正如《瑜伽经》所言：改变你的呼吸，就改变了你的身体；改变你的呼吸，就改变你的心灵。

呼吸通常有四种方式：胸式呼吸、腹式呼吸、完全（瑜伽）呼吸、喉呼吸。

①胸式呼吸

仰卧式，右手轻轻放在肋骨上。深深吸气，但不要让腹部扩张，代替腹部扩张的是把空气直接吸入胸部。在胸式呼吸中，胸部扩张，腹部应保持平坦。然后，当吸气越深时，腹部越向内，朝脊柱方向收，肋骨向外和向上扩张，接着呼气，肋骨向下并向内收。

②腹式呼吸

仰卧式，右手轻轻放在肚脐上。吸气时，把空气直接吸向腹部，吸气正确，手随腹部抬起，吸气越深，腹部升得越高。随着腹部抬起，横膈下降，接着呼气，腹部向内朝脊柱方向收缩，凭着尽量收缩腹部的动作，把所有空气从肺部全部呼出来，横膈升起。

③完全（瑜伽）呼吸

仰卧式，左手放在肋骨上，右手放在肚脐上。慢慢地吸气，让空气先进入肺的下部，肚子抬高，再进入肺的中部和肺的上部。慢慢地扩张锁骨，以便吸入最后一点空气。接着慢慢地呼气，先放松肺的上部，再放松肺的中部，最后放松腹部，收缩腹部肌肉，让空气全部呼出。再循环吸气和呼气。完全（瑜伽）呼吸应是畅顺而轻柔的。整个呼吸应像一个波浪轻轻地从腹部波及胸腔中部再波及胸腔上半部，然后减弱消失，应该是稳定、渐进的；而不应是分节或跳动的，不应该是匆忙或使劲的。

完全呼吸是把以上两种类型的呼吸结合起来完成的，首先要熟练腹式呼吸后再练习完全呼吸。完全呼吸是一种自然的呼吸方法，练习巩固之后，这种呼吸方法就会成为你日常生活中一种自主行为。

④喉呼吸

喉呼吸是通过两鼻孔进行呼吸，由于收缩喉头声门还会带出轻微响声。在吸气时，能听到"萨"的声音；呼气时，能听到"哈"的声音，就像婴儿熟睡时发出轻微鼾声。喉呼吸是最奇妙、使用范围最广的呼吸法之一，它不受调息功法深浅的限制，做起来很简单，任何人、任何时候、任何姿势都可以兼练喉呼吸。练习者还可以把舌头向上或向后翘，让舌头底部顶住上腭后部来呼吸，练习喉呼吸时尽量做深呼吸。

（2）收束法

收束法是瑜伽术中的一种"封锁法"，目的是要把生命之气约束在身体的某些部分之内，形成某种类型的压力或力量。通常瑜伽收束法有四种，即收颔收束法、收腹收束法、会阴收束法、大收束法（庞达三收束法）。

①收颔收束法

至善坐式，两眼闭合90%；深吸气或呼气，悬息（屏气），低头，下巴紧抵胸骨，两臂伸直，向前耸肩，两手紧压两膝，保持姿势，直至你需要呼气或吸气为止；深呼气或吸气；抬头，还原成至善坐式。

②收腹收束法

至善坐式，深吸气，彻底呼气，悬息，稍低头，两臂伸直，向前耸肩，两手紧压两膝，腹部向内向上收，保持姿势；还原成至善坐式。

③会阴收束法

至善坐式，闭上两眼，放松；深吸气或呼气，悬息，用力收缩会阴部，保持姿势；还原成至善坐。

④大收束法（庞达三收束法）

至善坐式，闭上双眼，放松；深吸气，再深呼气，悬息；同时做收颔、收腹、会阴三种收束法，保持姿势；慢吸气，还原成至善坐式。

（3）调息法

人体在吸气之后，就会自然地呼气，呼与吸之间还有着自然的停顿。瑜伽调息就是意守这呼吸过程中停顿的冥想。调息的目的既在身体方面，也在精神方面，瑜伽认为，人身体上的疾病主要是由于体内生命之气的流通发生障碍引起的，通过练习"吸纳"（吸气）、"呼吐"（呼气）、"悬息"（屏气）来调节体内生命之气向正确方向运行，就能确保整个经络系统中生命之气的畅通，使人体保持健康。

7. 瑜伽松弛法

瑜伽松弛法是一种让瑜伽练习者得到极好休息的功法，包括瑜伽休息术、瑜伽松弛法和瑜伽冥想。通过有意识的调身、调息、调心，使人体肌肉、精神、心灵达到松、静、自然的放松状态。

（1）休息术

瑜伽休息术由三个部分组成，即准备部分（瑜伽语音冥想）、基本部分（放松身体各部位和瑜伽场景冥想）、结束部分（充沛精力后起身放松）。

瑜伽休息术在日间练习的主要目的是快速消除疲劳，恢复精力。因此，练习时间比较短，仅做基本部分和结束部分的练习，练习者最好保持清醒状态。如果有人在练习时打起鼻鼾，弄醒的正确方法是按摩和揉擦其头顶（即百会穴），这人醒来就不感到难受。如果鼾声不是非常响，那就别惊扰他们，顺其自然；也有些人刚开始时打鼾，但很快就不打了，不要匆忙制止，也应顺其自然。

瑜伽休息术在夜间练习的主要目的是帮助人们尽快放松身心，消除失眠的痛苦，直到自然而然地睡着。因此，休息术的时间因人而异，相对于日间练习的时间长些，可以做三个部分的练习，如果做到基本部分，放松身体各个部位就睡着，那就更好。

瑜伽休息术有两种练习方法，第一种方法是由一个人读引导词，其余的人就聆听做练习；第二种方法是自己在心里默默自我引导练习。但人们必须经过第一种方法练习后，才能够做第二种方法练习。

（2）松弛法

①仰卧放松功

仰卧式，两腿分开与肩同宽，脚尖自然朝外，两臂放在身体两侧，掌心向上；双眼闭合，全身放松，自然呼吸；意守呼吸，每次吸气或呼气，都对自己说："我正在吸气或呼气。"

②俯卧放松功

俯卧式，两臂上举，掌心向下，双眼闭合，全身放松；意守呼吸，每次吸气或呼气，都对自己说："我正在吸气或呼气。"

③鱼戏式放松功

俯卧式，头右转，两臂上举，十指相交，置于头部下方，右腿弯曲，靠近胸部；转动两臂，左肘朝上，右肘放在右大腿上，头靠在左臂弯曲处；保持姿势；还原成俯卧；换左侧同样练习。

④仰卧伸展放松功

仰卧式，两腿稍分开，两臂上举，掌心向上，平放地上，双眼闭合，全身放松；吸气，右臂和身体右侧向上伸；呼气，右臂和身体右侧还原；吸气，右腿向下伸展；呼气，右腿还原；换左边做同样练习。

⑤动物式放松功

长坐式，右腿屈膝，右脚抵住左大腿内侧；左腿后屈，左脚跟抵住臀部；吸气，两臂上举，掌心向前；呼气，上体前屈，前额触地，保持姿势；吸气，还原；换左边做同样练习。

⑥婴儿式放松功

跪坐式，两臂下垂，两手放在两脚旁，掌心向上，指尖向后；上体前屈，腹部胸部紧靠大腿，前额轻轻触地，两臂放松，保持姿势；还原成跪坐式。

⑦月亮式放松功

跪坐式，两臂上举，掌心向前；上体前屈，前额轻轻触地，保持姿势；还原成跪坐式。

⑧手抱膝放松功

仰卧式，两腿屈膝，大腿贴近胸部，两手十指交叉抱住双膝，双眼闭合，全身放松，保持姿势；还原成仰卧式。

⑨摇摆放松功

仰卧式，两腿屈膝，大腿靠近胸部；两手十指交叉至大腿下，抱住两腿；低头，让身体前后摇摆 5 次，顺势成蹲式。

⑩站立放松功

开立式，低头，下巴贴近锁骨，双眼半闭，两臂、两手和所有手指垂下；放松肩背、大腿、小腿肌肉，全身放松，保持姿势；抬头，还原成开立式。

（3）瑜伽冥想

瑜伽冥想，简单的理解，就是一种克服物质欲念的方法，是在精神完全放松时给自己的一种暗示。目的在于获得内心平和与安宁。瑜伽冥想练习是将思绪停留在一个点上，固定不动，通过排空杂念，渐渐地找回自我，明晰自身，最终达到精神快乐和智慧。

瑜伽冥想有许多体系，如著名的八支分法瑜伽和哈他瑜伽。然而，有一种瑜伽冥想体系既可以说是上述体系中的一部分，也可以把它看成一个独立的体系，这就是瑜伽语音冥想。瑜伽语音冥想现在被认为是现代最实用、最有价值的瑜伽精髓。

通过瑜伽冥想练习。能很好地调理身心，消除由于精神紧张和忧虑引起的各种疾病，改正很多有害于身心健康的不良习惯，成为最有效的预防身心疾病的良药。

（二）普拉提

1. 普拉提训练原则

（1）专注力（concentration）

普拉提（Pilates）运动疗法是融合肢体和心灵（body-mind）运动，训练以意志力去控制身体动作。专注力对身心的重要性是不需要质疑的，它有利于理清思绪、集中精神、增加和培养冷静处理突发状况的能力。在普拉提练习开展的过程中，必须要保证每一个动作的完成都是全身心投入的，在保证动作准确度的同时，还要对身体动作观察的敏锐度进行培养，从而使其自身姿势正确性评断与动作自我纠错的多项能力得到建立与培养。

（2）控制力（control）

运动时若对动作无控制力，不但无法从运动中受益，反倒容易造成伤害。Pilates 的运动疗法没有随性或偶然发生的动作，每一个动作都是经由意识性的引导，例如头的位置、背部的弧度、手指的方向、手腕弯直、膝盖面向，而非听任身体的摆布限制。

（3）流畅感（flowing liqovelnent）

想要有优雅的举止，就得从动作流畅感的训练做起。僵硬的肢体动作通常是因为肌肉过度紧绷，限制了关节活动范围，或是因肌力无法支撑肢体所造成。如想拥有芭蕾舞般的优雅身形，并改善僵硬的肢体动作，则得从矫正身体的不平衡做起。

（4）核心（centering）

Pilates 运动疗法指的"核心"是肋骨以下至骨盆的部位，这个部位又称作能量室（powerhouse）。加强此部位的肌肉群可提高身体的稳定性及全身姿势的正确性。例如常穿高跟鞋的女士，因身体的重心前移，而造成骨盆前倾，小腿、大腿的前侧肌肉紧绷，若腹肌又不够强壮无法稳定骨盆的位置，则相当容易造成腰部的负担，引起腰椎疼痛等问题。交错骨盆部位的肌肉群包括了腹肌、背肌、臀肌、髋关节屈区肌、髋关节伸展肌与髋关节内外侧肌，而这些肌肉群也是 Pilates 运动训练的重点。

2. 普拉提的课程形式

为确保学员的安全与学习效率，一对一的教学方式是最理想的上课形式。就算是团体课程，也皆以小班制的方式教学，一堂课时间约为一小时。

（1）个人课程

这种方法是一位教师指导一位学生的上课方式。Pilates 的训练相当强调动作进行的过程与细节，许多看似容易的动作如不知其训练目的和动作的正确性，不但徒劳无功反而有可能造成运动伤害。由于每个人的肢体结构与训练目标各不相同，若能通过一对一的教学方式，教师更能针对个人需求做更深入的观察与加强，并依据个人学习状况随时调整课程内容，以达最高学习效率。

以运动伤害康复为目的的学生更需注意训练过程的安全性。如果你是初学者，建议先从个人课程着手，因指导教师可以较深入的观察与了解你个人的肢体状况。通常教师会先替初学者做肢体的评鉴，评估项目如：肌力、柔软度、协调感、姿势正确性、肢体认知能力，有无特殊肢体畸形等。

许多潜在或早已存在的肢体问题，只有经过专业训练的教师才能通过观察给出判断。就已练习过 Pilates 的人来说，团体课程若能定期搭配个人课程也有助动作学习的正确性提高。

（2）团体课程

为确保学员的学习效益，器材练习的团体课程通常只采用小班制的上课方式，由 1 位教师教导 3~4 位学生。垫上训练的课程大多则以团体方式教学，上课人数约 10~15 人。学员在加入团体课程之前，应确定对此运动技巧已有足够的了解和练习，才能充分收益并避免所谓的伤害。有经验者可依个人喜好和需要做选择。

3. 普拉提动作解读

（1）使颈部保持弯曲状态

①练习者在垫子上面仰卧，分开自己的双腿，保持与胯部同样的宽度；收紧自身的腹肌，保持骨盆的中立状态，在地面上紧贴上自己的肩胛骨，同时打开胸部。

②练习者将自身的后颈部伸长，同时轻轻地用下巴去尽量与前胸接触；练习者吸气，将头部通过腹肌的力量向上，微微地向前拉起。

③练习者呼气，向初始位置还原，通过腹肌来控制头部。

（2）使腹部保持弯曲状态

①练习者在垫子上仰卧，保持双腿的弯曲状态，且同胯部之间保持同样宽度状态；练习者双手在地板上平放，手心朝下；吸气。

②练习者将后颈部伸长，使自身的腹肌收缩，在脑后枕住双手。

③练习者吸气，与此同时将头部用双手扶住，向上将连肩胛骨在内翘起。

④练习者朝着骨盆的方向将前部的胸骨与肋骨进行放松，伸直双腿；练习者吸气，同

时保持原有姿势不变，保持骨盆的中立状态，伸直自身的脖颈与脊柱；练习者呼气，向初始位置还原，将腹肌收紧。

（3）练习者的伸腿练习

①练习者在垫子上仰卧，保持双腿和胯部之间的同等宽度，弯曲左腿，伸直右腿；收紧自身的腹肌，保持骨盆的中立状态，在地面上紧贴肩胛骨，同时打开胸部。

②练习者吸气，抬高自己的右腿，与骨盆之间呈现出45°的状态，同时保持骨盆的中立状态，放松脊柱。

③练习者呼气，将自身的右腿向初始位置还原。并且此期间将腹肌始终收缩，需要注意的是肩胛骨与地面之间要始终保持接触；完成上述动作以后，再换成左腿，对上述的动作进行重复。

（4）桥式练习

①练习者在垫子上仰卧，双腿保持弯曲且平行的状态，在身体的两侧平放双手，手心朝下；练习者吸气，向着肋骨方向下沉肩膀，挺直背部，收紧腹肌。

②练习者呼气，抬起骨盆，平行于背脊的中部；将腹肌、臀肌和脚筋收紧，两只脚掌完全同地面接触。

第七章 户外运动训练与拓展训练的科学方法

第一节 山地与空中运动训练

一、山地运动训练

（一）登山训练

登山技术的产生与发展，首先是来自人们生活、生产劳动实践。随着登山专门技术和专门装备的形成，登山逐渐从旅行活动中分离出来，成为一个独立的体育运动项目。进行登山训练主要可从以下几方面入手。

1. 路线选择

在选择线路时，要以最大限度地节省体力、时间为宗旨，注意选择安全系数最高，最有利于发挥参与者优势的路线。具体而言，线路选择应遵循以下几点。

（1）提前绕行

在进入山地之前，应做好准备工作，对地图进行仔细解读，统观全局，尽量规避有风险的路线或障碍物，避免受到障碍物影响而做折返绕行，浪费不必要的时间。

（2）沿道路行进

在登山过程中，应沿着先前有人走过的登山道行进，注意避开兽道，这样方便在行进过程中明确自己所处的位置，明确整个登山的过程的目的。

（3）走高不走低

在登山过程中，要优先选择地势高的道路，一方面，地势高，可视性好，便于确定位置；另一方面，在恶劣天气，地势高的位置不容易遭遇滚石、洪水、泥石流等。

（4）比赛路线选择

如果参加登山比赛，路线的选择直接影响到比赛结果。在实际的比赛过程中不存在绝对的最佳路线，而只有最适合自己的路线。因此，在行进的过程中，登山者要根据自身的实际情况合理选择路线。

2. 读图训练

根据山地的地形图，应明确目标点的位置，确定好行进路线，并在行进过程中根据地图对路线进行及时调整。具体而言，读图时主要可采取以下几种方法。

（1）借点法

借点法是指当自己所在的位置（站立点）附近有明显的地形点或地物时，用最快的速度奔跑至该点，以该点为依托寻找目标地。

（2）借线法

借线法是指如果目标地点位于线状地形上或其附近，就可以沿着地图的线状前进，这样可以有效提高行进速度。

（3）拇指行进法

拇指行进法是指将拇指压在自己所处的点（站立点）上，在行进过程中拇指所示方向与即将要行进的路线方向要一致。需要注意的是，运用这种方法时要确保位置方向的连贯性与正确性。

（4）记忆法

记忆法是指参与者在寻找检查点的过程中，分段记住前进路线的方向、距离以及所要经历的主要的地形点或特征物等内容。

3. 行进训练

（1）行进原则

山地行进要比在平地行进困难得多，如果在登山过程中遇到恶劣天气和复杂的地势，更会加大行进的难度。这就需要在登山过程中遵循以下几点原则。

①了解山地地形、熟悉山区气候

只有对山地的地形和山区的气候有一定的了解，才可以有效保障山间行进的安全。在行进时，应做到有路时沿路走，无路时选择山脊、山梁、植被稀疏地、溪流边缘，保持开阔的视野和容易行进的地形。如果在山地宿营，应避开低洼地势，了解山区温差变化，熟悉不同季节的山区气候变化，避免雨季登山。

②控制行进节奏，合理分配体力

登山过程中，行走节奏要与呼吸相适应。无论下山还是上山，一定要适当，过快或者过慢都会使体力下降加快，导致过早疲劳。另外，在整个登山行程中对体力的安排要合理，注意体力的合理分配与使用，以保证登山过程中不会过于疲劳。

③走梁不走沟，走纵不走横

"走梁不走沟，走纵不走横"是在山地行进时的一个重要原则，"梁"指的就是山峰凸起的地方。因为在地势高的地方，有着很好的视野，便于确定位置以及保持行进的方向，较高处一般更通风、干燥，遇到荆棘、杂草、虫害等麻烦的概率较小。登山时，纵向行进可以避免走弯路绕远，能最快到达山顶。

④行进组队及大步走的原则

列队登山行进中，队伍成员的排列顺序有一定的规律性，通常情况下，队伍的最前面是经验丰富的领队，领队的任务是准确掌握步调和路线，统领全队。第2、第3位置是组队行进中位置最好的地方，一般都是经验不足、体力或负荷较重的队员。队伍末尾的队员也应安排有经验的登山者。在登山行进过程中，登山者应采用尽量大的步幅以便于能更好地节省体力。

（2）行进方法

山地行进的方法主要有以下几种。

①上山步行法

上山行走，与走平地相比要消耗大量的体力，因此，在山上步行时要将各种条件都考虑进去，包括诸如登山者的身体状况、气象条件、团体及个人能力与装备等，以便于最大限度地调整姿势节省体力。开始上山行进时，要注意控制步伐节奏，开始阶段可稍缓慢，进入状态后适当提高登山速度并保持在一个稳定的速度水平。正确的登山姿势为，将脚适度抬起，尽量节省体力，再配合手臂的摆动及肩、腰的平衡，有节奏地爬，并调整好呼吸。结合不同山地地形可以选择不同登山路线行进方法，主要有直线攀登和"之"字形攀登两种方法。

②下山步行法

和上山相比，下山时的体能消耗较少。但俗话称"上山容易下山难"，这主要是因为下山比上山更容易发生意外。在行走时，要注意路况，谨慎选择落脚点。下山不宜过快，否则很容易发生意外并且更加费力，越是陡坡越要放慢行进速度。

③山脉棱线步行法

良好的登山行进路线应选在山脉棱线。山的棱线有着各种不同的形态。有的是光秃秃的岩石，有的覆盖着茂密的林木。沿着山脉棱线行进时尽量按小径走。遇到雾气大时要沉着，仔细观察四周后再前进，以免走错路而消耗体力。走棱线如果迷路，一定要沉着冷静，谨慎行事。

4. 穿林训练

攀登海拔较高的山峰时，会遇到不同植被，在穿越不熟悉的山林时，应注意以下

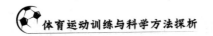
几点。

第一，应带上指南针，最好能请当地人做向导。

第二，穿越山中树林时，登山者要注意方向和登山团队之间的联系。

第三，穿行丛林时，应穿着长袖衣和长裤，避免和减少草木的枝杈刺伤或划破皮肤，防止蚊虫叮咬。

第四，在通过藤蔓竹草交织的丛林时，要使用砍刀开路行进，复杂的高草地区应用长的树枝进行开路，以避免遇到虫蛇。

5. 渡河训练

大型的山间，通常会有各式各样的溪流，由于山间的地形复杂，天气变化无常，河水的流速和水位的变化很大。因此渡河时一定要谨慎。具体而言，应根据实际情况采用不同的渡河方法，常用的方法主要有以下三种。

（1）单人渡河法

渡河时，选择一根长棍用来撑着河底渡河。使木棍与两脚一起形成三个支点，木棍这一支点要在水的上游一侧。之后两脚交替移动，重心前倾，依靠木棍的支点，每走一步，两脚站稳后才能移动木棍。如果水流湍急，应在渡河者的腰间系上保护绳，同行者在岸上保护，可最大限度上避免意外危险情况的发生。

（2）两人渡河法

适用于水不太深的溪流，两人对面站立，双手相互搭在肩上，步调一致地慢慢从河的浅处穿过。

（3）多人渡河法

多人渡河法具体又包括以下两种。

一是"墙式"渡河法。多人共同渡河时可采用3~5人组队"墙式"渡河法，即几个人站成一列横队，相互搭着肩膀面向对岸缓缓前进。

二是"轮状"渡河法。几个人围成一个圆圈，相互搭着肩膀，朝着水流方向像车轮一样地转动，以有效减缓水流带来的冲击力。

6. 迷失对策

在登山过程中，如果出现迷失的情况，应做到以下几点。

第一，发现迷路后，停止前进，并仔细寻找周围明显的地物或地貌，然后确定自己的站立点。如果视野不够开阔找不到地物，应先跑到地势较高的地方，确定自己的位置后继续行进，如果都不奏效，尽快原路返回。

第二，迷路时，可标定地图，对照实地的参照物以准确定位自己所在的位置，之后根据实际情况另选路线行进或原路返回再行进。

第三，在山林中或者旷野中迷路时，不要轻易改变开始行进时所确定的前进方向。

（二）攀岩训练

攀岩运动是年轻人非常喜爱的户外运动项目，攀岩运动对身体条件的要求很高，但更加重要的是能够熟练地掌握基本技能。攀岩技能掌握的好坏直接影响攀岩者的攀登能力、攀登水平，因此应重视攀岩基础技能训练，为提高攀岩技能水平和保障安全打好基础。攀岩运动的技能是要经过不断地磨炼才能够熟练提高的。

1. 手部动作与技能

攀岩运动需要依靠攀岩者的身体姿势、手臂动作、脚部动作三个方面的共同协作才能完成。

（1）手的基本技能

攀岩运动手部的基本动作，包括抓、抠、拉、推等多个动作，针对支点上不同突凸的特点，可以采用不同的方法。同一支点可以有多种抓握的方法。这里重点介绍以下几种常用动作。

抓——用手抓住岩石的凸起部分。

拉——抓住前上方牢固支点，小臂贴于岩壁，抠住石缝隙或其他地形，以手臂力量拉动身体移动。

张——手伸进缝隙里，以缝隙为支点，手掌或手指曲屈张开发力，移动身体。

推——利用手臂对岩体或物体的推撑移动身体。

抠——用手抠住岩石的棱角、缝隙和边缘。

（2）手的攀岩技能

在攀岩运动中，所使用到的手部动作有很多，面对同一支点的不同方向也会存在不同的抓握方法，主要有以下几点。

一是开握。当支点的边缘或某些点的小洞可以为手指第二关节提供支撑时，其整个手部就可以靠在岩面上。手指并拢，让手指与支点进行充分的接触。

二是紧握。四指并拢，并将拇指搭在食指上，由手指的第一关节受力（弯曲程度超过90°），扣紧支点。在运用过程中，大拇指的力量非常关键，主要靠它来锁住食指。

三是半紧握。抓点方式与紧握相似，只是拇指并未压在四指上。同样只有第一指关节受力，而且第一指关节弯曲程度超过90°。

四是抓握。与开握相似，但通常需要拇指协同发力，可以用手掌去握住支点，以增加抓握的稳定性。

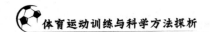

五是反扣支点。可抓握方向朝下或与身体移动方向相反。这个动作是靠手与手或手与脚之间的反作用来实现。

2. 脚的基本动作与技巧

（1）脚的基本动作

踏——利用脚前部下踏较大的支点，减轻上肢的负担，移动身体。

蹬——用前脚掌内侧或脚趾的蹬力支撑身体。

跨——利用自身的柔韧性，避开难点，以寻求有利的支撑点。

挂——用脚尖或脚跟挂住岩石，支撑和移动身体。

（2）脚的攀岩技能

攀岩运动中，攀岩者应充分利用脚部强大的负重能力、耐力和爆发力。攀岩鞋在不到1厘米宽的支点上都可以稳固地支撑全身重量。攀岩鞋的选择宜小不宜大，鞋越紧，发力越稳固。一般来说，两腿外旋，大脚趾内侧靠近岩面，两腿微屈，以脚踩支点维持身体重心，在自然岩壁支点大小不一和方向不同的情况下，要灵活运用，攀岩运动的基本脚法主要有以下几种。

一是正踩。通过鞋尖内侧边拇趾处进行踩点。主要是依靠增加攀岩鞋与支点之间的压力来增大摩擦力，尽量抬高脚跟，将身体重心转移至脚尖，以支撑身体平衡。

二是侧踩。通过攀岩鞋的前脚掌外侧边四趾部位进行踩点。在做侧踩动作时也应尽量抬高脚跟，以增加脚部对支点的压力来增加摩擦力支撑身体。

三是鞋前点踩。使用攀岩鞋的正前方部位踩点。针对一些比较小的支点或指洞点无法使用正踩或侧踩，可将前脚尖部塞进去支撑。

四是脚后跟钩。用脚的后跟部位钩住支点。多用在屋檐的翻出部位上，用脚的后跟挂住支点。在钩的过程中，伸腿、屈胸，向上直到脚能钩到支点，腿部发力将身体钩向钩点的方向。

五是顶膝。这一动作是用脚部踩住支点的同时用膝盖顶住另一个支点，形成脚部和膝部的互压而完成的，维持身体平衡，放松手臂。

六是挂腿。当一只手抓握一个比较大的支点时，将这只手对侧腿抬起，挂在手腕上，并依靠手腕和手臂的力量移动身体，另一只脚做辅助的发力，控制身体平衡。

3. 手脚配合

（1）侧拉

侧拉一般在过仰角及支点排列近于直线时使用，其特点是能够极大地节省上肢力量，达到一些不易达到的支点，主要采用的地段集中于过仰角地段。掌握侧拉技能的要点是身体侧向岩壁，同侧手触摸岩壁，而后单腿支撑重量，同侧手抓握上方支点，另一只腿伸直用来调节身体平衡。

面对岩壁时，膝盖向前弯曲，因此抬腿踩点必然受到阻碍，而侧向岩壁时，这些问题就迎刃而解了。侧拉可以视当时支点的位置连续做。做第二个侧拉时，双手抓稳后，以支撑脚为轴转体，脸转向对侧，平衡腿在支撑腿前交叉而过，以脚尖外侧踩下一支点，平衡腿变成支撑腿，自由手变成支撑手，从而完成第二次侧拉。自由手应在发力前就向上举起，同时肋部尽力贴向岩面。为便于做转体动作，脚一定要尽量少踩支点，身体始终保持紧张。

（2）手脚同点

手脚同点技术一般用来应对支点较少的岩壁。有着身体向上幅度大的特点。攀岩过程中，当一些手点高度在腰部附近时，把同侧脚也踩到此点，身体向上向前压，把重心移到脚上，发力蹬起并伸手抓握下一支点的技术叫作手脚同点。其间另一只手用来保持平衡。

（3）节奏控制

控制好攀岩节奏可最大限度地节省体力，因为每做完一个动作，身体都会有一定的惯性，一旦上一动作做到正确到位时身体自然也会达到平衡状态，如果达到了这种状态就可以顺势去过下一个支点，做到两个动作之间不做停顿，连贯的同时保证各个细节要到位，向上时由脚部承重，而手主要的作用是保持平衡和使身体靠近岩壁。动作不求快但求稳。这样会使得攀岩过程变得更加容易，可有效减少身体能量消耗。

4. 结绳训练

攀岩过程需要进行保护，掌握结绳技能是学习攀岩的重要内容，常用结绳方式方法主要有以下几种。

（1）单结，用于固定其他绳结的绳尾，单股或双股都可以打。

（2）渔人结及双渔人结，用于连接绳子或伞带，不易松脱。

（3）8字结，主要用于绳索中段的打结。

（4）称人结，基本的绳结，绳尾一定要加半扣。

（5）水结，主要用于连接伞带，此结易松，故必须用力打紧及经常检查。

5. 保护技能训练

（1）上方保护

上方保护应做到以下几点。

第一，攀岩者与保护者各自做好准备（穿戴好装备）。

第二，攀岩者与保护者相互检查，注意"8"字环、安全带、铁锁等是否牢固。

第三，攀岩者向保护者发出"开始"信号。

第四，保护者向攀岩者发出"可以开始"信号。

第五，攀岩者开始攀登、保护者实施保护。

第六，攀岩者登顶后发出"下降"信号。

第七，保护者发出"可以下降"的信号，开始放绳。

（2）下方保护

下方保护应做到以下几点。

第一，起步时保护者站在攀岩者下方，双手张开，防其脱落。

第二，保护者选择最佳的位置和站立姿势。

第三，保护者精力集中，密切关注攀岩者的行动，力求有一定的预见性。

第四，保护者始终要有一只手紧握通过下降器的绳子（右手随时制动）。双手协调配合，根据需要随时收、放，松紧度适中。

第五，攀岩者处于或可能处于危险状态时，要及时给予提醒。

第六，攀岩者脱落时，不能立刻收紧绳子，要给予一定缓冲。

二、空中运动训练

（一）热气球训练

热气球是以空气受热膨胀的物理原理，使气球升空，从而实现人们在空中自由飞翔的运动。据国际航联统计，热气球在所有飞行器中的安全系数最高，并兼有体育、娱乐、探险功能，因此是一项非常受欢迎的户外运动项目。

1. 起飞训练

一个热气球的起飞至少需要四个人的共同作业。具体操作程序如下。

（1）在地上把热气球地球囊铺展开。

（2）将热气球与放在一边的吊篮连接在一起，用一个小的鼓风机，将风吹入球囊。

（3）将火点燃加热在气球球囊内的空气，热空气使气球升到垂直于吊篮的位置，使热气球的气球立起来。

（4）地面人员解开热气球的地面固定装置，热气球就可以起飞了。

2. 驾驶训练

热气球是随风而行的，并非真的被"驾驶"。由于风在不同的高度有不同的方向和速度，驾驶员可以根据飞行需要的方向选择适当的高度。

3. 飞行时间控制

（1）起飞时间

在一天当中，太阳刚刚升起时或太阳下山前 1~2 个小时，风很平静，气流也很稳定。因此，是热气球飞行的最佳时间。

（2）空中持续飞行时间

如果热气球携带足够的石油液化气或丙烷，一只热气球通常能持续飞行 2 个小时。热气球飞行的持续时间也受其他因素的影响，例如气温、风速、吊篮重量（包括乘客）和起飞的具体时间等，因此具体的空中飞行时间要结合实际情况来确定。

4. 飞行速度控制

热气球的飞行速度与风速密切相关，具体来说，热气球飘飞速度的快与慢，是由风速的快慢决定的，因为热气球本身并没有动力系统，飞行速度完全取决于风速。热气球最大下降速度 6 米/秒，最大上升速度 5 米/秒。

5. 着陆训练

热气球着陆需要地勤人员的帮助，地勤人员驾驶卡车或小货车跟随飘飞的气球，预先到达降落点，指挥热气球上的人员平稳着陆。

（二）滑翔伞训练

滑翔伞是以地球引力为动力，在下降（低于 1.5 米/秒）的同时会获得高于 60 千米/时的向前飞行的速度。滑翔伞起源于 20 世纪 70 年代初的欧洲，于 20 世纪 80 年代末传入我国后，备受许多崇尚自然者和年轻人的喜爱，并拥有了较为广泛的参与人群。

1. 张伞训练

在进行张伞训练时，具体应做到以下几点。

第一，检查吊绳是否有乱绳打结或脱落，铺伞时风口朝上铺成扇形，吊绳应在伞衣的上方，操纵绳拉至伞衣外侧，将伞衣后缘全部露出。

第二，将左右操纵带分开放，伞衣中心线与起跑路线保持一致。

第三，将操纵绳放在最外面，后组绳放在中间，前组绳放在最里面。

第四，将操纵带挂至套带的挂钩时，再次检查伞绳是否杂乱，前后操纵带是否扭曲。

2. 收伞训练

在进行收伞训练时，具体应做到以下几点。

第一，将两手的操纵环分别扣回原位。

第二，整理操纵带（两组），左手握住小连接环处，右手将所有吊绳握在手中，手臂

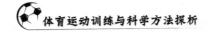

尽量伸至最长，先绕成圆形交至左手，再继续将吊绳收于左手中，直到无法再收为止。

第三，右手握住吊绳与伞衣连接处背至肩上。边收吊绳边向前走，不可在原地用力拉吊绳，以免伞衣被尖锐物刮破。

3. 折伞训练

在进行折伞训练时，具体应做到以下几点。

第一，检查伞衣两侧吊绳有无乱绳，将左右吊绳分别打结并置于伞衣上。

第二，将一边伞衣由稳定翼处一片一片折至中央部位后换另一边，在此中央部位与另一边相叠，此时必须将伞衣内部空气由后缘风向口处压出，再由后缘风向口方向折叠。

第三，注意折伞的顺序，应先收伞衣，再收套带，最后收安全帽，并将伞衣及时放入伞包。

4. 斜坡起飞训练

在进行斜坡起飞训练时，具体应做到以下几点。

第一，选择起飞地点。起飞斜坡应正面迎风、坡度在 25°~30°。

第二，确定张伞时机。在预定起飞地点上方约 10~20 米处开伞。

第三，起飞时的风速条件判断。无风时，跑速达 3 米/秒时，可安全起飞。初学者的理想正面风约为 12 米/秒。

5. 滑行训练

在进行滑行训练时，具体应做到以下几点。

第一，快速向前跑，使伞衣在头顶正上方张开，让空气由风口灌入后、翼型适度形成。在跑的过程中，伞衣应始终在头顶的正上方位置。如果在跑的过程中，伞不在头顶正上方，而是倾斜拉起时，伞衣调整要慢慢拉下倾斜相反方向的操纵绳，人同时向中央下方跑去，使伞衣恢复头顶正上方。

第二，伞衣保持在头顶上方时，加速向山下跑。当伞衣升力增加时，身体会有向上拉起感觉，切忌跳跃，应继续加速向前跑，以免使伞衣瞬间失去重力而塌下。

第三，升力感觉相当强时，跑动中双手同时将操纵绳拉下至肩膀位置，使伞衣和飞行员向空中飞去。离地后，双手下拉操纵绳至相同位置，使飞行伞以自然直线向前飞行。

6. 转弯训练

转弯训练主要包括以下几点。

第一，左转弯。左操纵绳拉得比右操纵绳多时，伞向左侧转动。

第二，右转弯。右操纵绳拉得比左操纵绳多时，伞向右侧转动。

第三，转弯时，操纵绳不可超过 1/4 耳朵位置，以免倾覆坠落。

第四，停止转弯。将拉下的操纵绳回至原位或将两操纵绳置于同一位置即可停止转弯。

7. 刹车训练

刹车训练主要包括以下几点。

第一，使用双手伸直的操纵绳位置为全滑行。

第二，双手下拉至双耳位置为 1/4 刹车。

第三，双手拉至双肩为 1/2 刹车。

第四，双手拉至腰部为 3/4 刹车。

第五，双手伸直为全刹车。

8. 降落训练

降落训练主要包括以下几点。

第一，确认降落地点。在空中确认降落地点、操纵绳双手拉下相当 1/4 位置，并保持此姿势行进。

第二，加速着陆。当滑翔伞在空中进入最后降落滑行时，稍许加速。

第三，及时刹车。掌握合理的刹车时机，刹车过早，伞衣高度较高会因停顿而失速，伤及飞行员尾椎或腰椎、坐骨神经，并有骨盆破裂的危险；刹车过晚，下降速度较快，可能伤及脚。一般来说，当高度降至 5 米以下时将操纵绳拉下，双脚即将接触地面，高度大约 1 米时将操纵绳拉下至全刹车位置。

第四，保持正确的着陆姿势。保持镇定，双脚应伸直，在降落过程中，手脚协调配合，注意缓冲以便安全着陆。

第二节　冰雪与水上运动训练

一、冰雪运动训练

(一) 滑冰训练

1. 速度滑冰训练

速度滑冰历史悠久，是冰上运动的源头，冰上运动的其他项目都是在速度滑冰的基础上产生和发展起来的。现代速度滑冰运动是在 13 世纪的荷兰逐渐发展起来的，目前是冬季奥运会的常规比赛项目。速度滑冰基本训练具体分析如下。

（1）起跑训练

①起跑姿势

根据站立姿势，起跑姿势可分为正面起跑（正面点冰式起跑、丁字式起跑、蛙式起跑）和侧面起跑（两刀平行与起跑线成一定角度的侧向站立的起跑）；依据项目距离长短，起跑姿势可分为短距离起跑和长距离起跑。

②起动技术训练

起动是起跑的第一步，是指浮腿向前摆动迅速跨出着冰、后腿快速用力蹬离冰面的技术。滑冰起动时，迅速向前上摆动浮腿，并使前脚冰刀尽量外转；身体重心前移，呈前冲姿势，用力蹬直后腿，两刀抬离冰面，身体有个腾空阶段；两臂配合腿快速摆动；髋随重心移动而前送，外转的前脚冰刀以内刃踏切着冰，刀跟落于前进方向的中线上；蛙式起跑，两手迅速撑离冰面，两腿同时用力蹬冰，并快速前摆浮腿。浮脚冰刀无须做外转动作。

（2）直道滑跑训练

①起跑姿势

滑冰者身体呈流线型，上体前倾，与冰面形成 $10° \sim 25°$ 角，团身，两肩下垂，头部微抬起；大腿深屈，身体重心线从后背下部穿过大腿，经过膝盖后与脚的中后部相接。

②自由滑行

滑冰者支撑腿冰刀由外刃过渡到平刃支撑；鼻、膝、刀成三点一线的滑行姿势；身体重心放在冰刀中后部上方；两肩平稳，上体前倾；保持基本滑跑姿势，避免身体上下起伏。

③收腿动作

利用蹬冰腿蹬冰结束的反弹力及内收肌群收缩，将冰刀抬离冰面，完成收腿还原动作。收腿应止于浮腿收至身体重心下方的矢状面。

④单支撑蹬冰动作

单支撑蹬冰动作的分界时机是从开始横向移重心起，到浮腿冰刀着冰止。单支撑蹬冰动作应注意把握准确的蹬冰时机、牢固的蹬冰支点和侧蹬方向、浮腿做协调配合、用刀刃中部蹬冰。

⑤摆腿动作

浮腿从后位的矢状面摆向身体重心移动方向；膝盖领先，以大腿带动小腿摆向身体重心移动的方向（前侧方）；大腿前摆置于胸下，使膝部由下垂状态向前上抬起贴近支撑腿膝部；摆腿动作快结束时，两腿、两刀尽量靠近，浮脚冰刀放于支撑脚刀前面，用刀后部着冰。

⑥双支撑蹬冰技术动作

自浮腿冰刀着冰后，随重心移动缩小蹬冰角，刀尖指向滑行方向；利用蹬冰腿肌肉产生尽可能多的能量，尽量延长蹬冰距离，蹬冰结束时蹬冰力量最大，蹬冰速度最快时，将蹬冰腿充分展直。

⑦着冰动作

以冰刀的外刃（或平刃）和冰刀的后半部着冰，着冰动作与双支撑蹬冰动作是同步协调完成的。

⑧摆臂动作

摆臂动作可分为单摆臂、双摆臂和背手滑行（不摆臂）。一般来说，单摆臂多用于中长距离；背手滑行多用于弯道后的直道中，以延长滑步，放松。

（3）弯道滑跑训练

①滑跑姿势

上体前倾程度要比直道更接近水平状态，头部要与身体成直线，两肩保持平稳，处于半径延长线的平行位置；臀部与冰面平行。

②单支撑左腿蹬冰、右腿摆腿动作

保持两肩、臀部与冰面平行稳定状态；大腿和膝部位于胸下，并以左刀外刃牢固咬住冰面；展腿时，先展髋，压膝，当浮腿摆经蹬冰腿时，蹬冰腿膝关节加速伸展；沿弯道半径延长线向外侧蹬冰。右腿以膝盖领先摆收右腿，在重力和屈髋、膝肌群内收的作用下，使腿部由外展动作变为内收和前跨动作；右腿向左腿右前方朝着支撑腿加速摆动；右腿交叉经过左腿时，右刀跟要贴近左刀尖做交叉跨越，为右脚着冰动作做好准备。

③单支撑右腿蹬冰、左腿摆腿动作

单支撑右腿蹬冰、左腿摆腿动作与单支撑左腿蹬冰、右腿摆腿动作基本相同，方向相反。

④双支撑左腿蹬冰、右脚着冰动作

将蹬冰刀控制在臀下，用刀刃中部做快速向侧推蹬，蹬冰结束时，重心移向冰刀的前半部；右脚着冰点应在支撑脚冰刀左前方，刀尖抬起朝着切线方向，以刀跟内刃先着冰。

⑤双支撑右腿蹬冰、左脚着冰动作

展腿达到最高速，右腿快速展直完成蹬冰动作；两肩、臀部与冰面平行移动，随蹬冰腿加速伸展，使蹬冰角达到最小角度，蹬冰结束时，充分展直蹬冰腿；左脚着冰时，左腿前送，展膝屈踝，刀尖抬起，以外刃、冰刀的后部着冰。

（4）终点冲刺

对正确的滑跑动作和已取得的滑跑速度进行保持，注重向侧蹬冰的质量。同时，采用双摆臂加快蹬冰节奏，竭尽全力滑完全程。

2. 花样滑冰训练

花样滑冰技术可分为三种类型：单人花样滑冰技术、双人花样滑冰技术和冰上舞蹈技术，下面对单人花样滑冰训练进行具体分析。

（1）滑行训练

单脚向前滑行动作的准备姿势与双脚滑行相同，在蹬冰结束后滑行者应注意保持重心不变和单脚向前滑行姿势，蹬冰脚放在滑脚后，保持身体重心平稳，换脚时，浮脚要接近滑脚，两臂在两侧自然伸展。滑膝的伸屈要和两臂及浮脚的移动协调一致。

前内刃弧线滑行时，以右脚滑前内弧线、左脚内刃蹬冰为例，右脚用内刃向前滑出，重心向左倾斜，转体，右臂在前、左臂在后，面向滑行方向，右膝微曲，左脚蹬冰后沿滑线靠近滑脚前移，逐渐伸直，滑脚膝部逐渐伸直，换脚时右脚用内刃蹬冰，左脚用内刃滑出。

后外刃弧线滑行时，两肩和臂平放，右脚后内刃蹬冰，两臂动作协调配合，右臂用力向后滑行方向摆动，左臂在前。右脚蹬冰后迅速放在滑脚前，左脚做后外刃弧线滑行，滑行到弧线一半时头向圆内，上体外转，浮脚靠近滑脚移向滑线前，再做右后外弧线滑行。

急停时，可用右脚或左脚前外刃做横向刮冰急停动作，身体稍向后倾，另一脚离开冰面。

（2）旋转训练

以双脚直立交叉逆时针旋转（向左旋转）为例，起转后，左脚经右脚前方，顺旋转方向滑至右脚前外侧，双腿和双脚交叉，用右后外刃和左前内刃成对称的双脚交叉旋转，脚尖靠近脚跟分开。

（3）跳跃训练

跳跃动作是花样滑冰的一个重要技术，不同跳跃技术难度不同，同一跳跃也因在空中转体周数不同而有所差别，周数越多，难度也越高。跳起后，应注意收回四肢（加速转）、展四肢（减速转）、转体技术及其配合。落冰时，注意深屈滑腿和伸展四肢，保持身体平衡。

（二）滑雪训练

1. 越野滑雪训练

（1）蹬冰式滑行

蹬冰式滑行具体包括以下两点。

①一步一撑滑行

双杖推撑的同时，右脚蹬动并移重心至左板；左脚向前滑进，右脚蹬动后向左板靠拢；自由滑进的左脚再蹬动，同时开始撑杖。

②两步一撑滑行

右板向前滑进并利用内刃进行有效的蹬动，重心移到左侧板上并承担体重向前滑行，两侧杖推撑，左侧杖的推撑力要大于右侧杖；连续若干次后，调换至另一侧，反复进行。

（2）单蹬式滑行

滑雪者右腿雪板内刃向侧用力蹬动，两杖同时向后推撑；蹬动结束后，重心移向左侧板并承担体重前滑，同时，双杖前摆；左板向前滑进一段距离后，重心向右倾，右板着地后，准备再一次蹬动，两杖前摆插地；右脚准备再一次蹬动，两杖插入板尖两侧，反复进行。

（3）转弯滑行

身体向弯道圆心侧倾倒；内侧板沿弯道切线方向滑进，并时刻调整方向，勿远离圆心；外侧板应按弯道的法线方向向外侧蹬动，同时需要加快频率，以便与内侧板相配合，变换转动方向。

（4）登坡滑行

登坡滑行主要包括以下两种类型。

①两步一撑蹬冰式滑行

上坡时步频不需要明显加快；滑行板侧用力较大。插杖也不对称；随着坡度的增大，两步一撑第一步滑行距离较短，多用于过渡。

②交替蹬撑滑行登坡

与"两步一撑蹬冰式滑行"基本相同，只是两脚的蹬动与滑行方向不同。动作节奏和滑行距离应随坡度变化而变化。

（5）滑降

由于越野滑雪板的雪鞋后跟部不固定在板上，速度快时不易控制，容易失去平衡。因此，在滑降过程中应注意先控制速度。

2. 高山滑雪训练

（1）滑降训练

滑降训练主要包括以下几点。

①直滑降

双板平行稍分开，体重均匀地放在两腿上，两脚全脚用力；上体稍前倾，髋、膝、踝关节稍屈；两臂自然垂放两侧，肘稍屈以协助保持平衡，肩部放松，目视前方。

②犁式滑降

双膝稍屈并略有内扣，重心在两板中间，两脚跟同时向外展，推开板尾，使雪板呈"八"字形；上体稍前倾并放松，两手握杖自然置于体侧，杖尖朝后方撑地滑行，目视前方。

③斜滑降

斜对山下站立，肩、髋稍向山下侧转形成外向姿势。上体稍向山下侧倾而膝部向山上侧倾，用双板向山上侧刃刻住雪面；保持从山上向下踩住雪板的感觉，上侧板比下侧板向前一些，双板平行；两肩的连线、髋的连线和两膝的连线与坡面平行，目视前方。

（2）转弯训练

转弯训练主要包括以下几点。

①犁式转弯训练

在犁式滑降姿势的基础上，将体重逐渐向一侧板上移动，保持雪板外形不变，进行自然转弯。

②蹬跨式转弯

在双板滑进的基础上弧内侧（右）板稍抬起并跨出，注意左板向弧外蹬出、右板跨出、左板蹬出应同时进行；外侧板（左）强有力地用刃刻、蹬雪为右板增大了向新的转弯方向的推进力，右腿主要承担体重；左侧板蹬板结束，重心升高，收板向左侧倾倒。然后双板平行进入新的回转弧。

③跳跃转弯训练

借助雪包或自身力量跳起，在空中改变雪板方向或变刃后着地。着地时，注意屈膝降低重心的落地缓冲。

二、水上运动训练

（一）漂流训练

漂流运动在 20 世纪 50 年代左右才成为一项真正的户外运动。目前，漂流运动主要分为自然漂流、探险漂流与操控漂流三种。我们通常所说的漂流运动，一般指的是狭义上的自然漂流和操控漂流。漂流训练主要可从以下几点出发。

1. 读河训练

（1）激流

在漂流运动中，激流是不可避免的一种河流现象，一般来说，激流的状态不同，其产生原因也不同，激流的影响因素主要有平整度、斜度、构造、体积等。在漂流运动中，常见的激流种类和形态主要有通道、舌状潮水、排浪等。

（2）河道弯曲

在较急的河道拐弯处，潮水被离心力牵引，在外环线堆积。内环线则存在着流速较慢的水，且较浅，最深的通道和最快的流速应为外环线。

（3）间断

连续的波浪突然间断，可形成对漂流艇的一个打击力量，使漂流艇如同被推或撞了一下。

（4）逆流

在漂流运动中，逆流是最危险的河流特征之一，逆流的产生，是指部分河水在某一区段摆脱主流，逆向流动，形成一股与主流方向相反的猛烈的水流，并会有孔洞、阻塞、水力（阻力）、拖滞、卷曲、侧向卷曲、激流尾部和滚浪等情况的伴随出现。

（5）直立浪

直立浪多为冲天大浪，但是非常有规律，而被礁石激起的水浪往往是散乱不齐的。通过直立浪主要有以下两种技术方法。

第一，如果直立浪很高但坡度平缓，应让船头对准浪尖，直接骑过去，这就是"切浪"技术。

第二，如果直立浪非常陡峭汹涌，漂流者应从浪的边缘通过。

（6）倒卷浪

倒卷浪在漂流运动中经常出现，是危险的象征。倒卷浪多出现于隐秘水下的礁石的下游位置。如果潜藏于水下的礁石体积较大，相应地在其下游也会出现较大的倒卷浪，常被称作"洞"。这些"洞"的形态像抽水马桶，一旦误入，被吸住，就会陷在其中，甚至把船掀翻。因此应尽量避开或从边缘通过。

2. 操桨训练

（1）前进与后退

在漂流运动中，掌握前进和后退技术是漂流者应重视的方面。正对前进方向或背对前进方向，向前侧身，手臂打直，把桨伸到水里，全力把桨往回拉或前推，注意用力方向与桨对水的作用力相反、水的反作用力与推动艇筏前进的方向一致。力量均匀地作用于每个桨，保持双桨划动的持续性。

（2）改变船的角度

①单桨转动

一支桨划动时，另一支桨在水面，让船产生一些后退运动从而转变方向。

②双桨转动

双桨转动需要一点技巧，需一支桨推动时，同时拉动另一支桨，双手反向运动。双桨操作船比单桨操作船转得更快些，而且可以使船围着中心转。

（3）避开障碍

避开障碍可从以下几点入手。

第一，确定水的流向，不一定始终使船与河岸保持平行。

第二，让船左右转动以便与水流成一个角度。

第三，平滑拉动，持续操桨。

（4）激流摆渡

激流摆渡主要应做到以下两点。

第一，改变船的位置和方向。把船转到想要到达的角度上，改变船的位置，让船与流水保持一定角度，向后划桨。

第二，侧面滑过障碍。当船处于一个不是直对逆流的摆渡位置，用旋转船的方法将船从侧边滑过障碍。

3. 险情应对

（1）游过激流

在游过激流时应做到以下几点。

第一，平静面对。漂流者面对激流，应保持平和的心态，注意用脚避开前面的岩石，要抓住艇身内侧的扶手带，坐在后面的人身子略向后倾，让桨为自己把握方向。

第二，屏住呼吸。漂流船冲入大浪前先深呼吸，然后屏住呼吸冲入波浪，漂流船冲过激流、进入平缓水域后，调整呼吸。

第三，远离船边。当漂流船冲过激流时，如果靠船边太近，很有可能漂流船的重心不稳导致落入河中，或身体部位（手臂或脚）被甩出船外碰撞到岩石，造成损伤，因此应远离船边。

第四，举桨求救。如果无法控制漂流船，应快速向周围求救。一把竖直举起的桨，在漂流中就是求救的信号。

第五，注意保暖。在漂流运动中，漂流者应注意防止衣服和身体被水打湿，避免出现体温过低现象，寒冷不仅会导致感冒还会消耗漂流者的体力，因此，应加强保暖。

（2）陷入旋涡

在漂流过程中，如果不小心陷入旋涡，应用桨或橹划动顺流的水以从旋涡中脱身而出，尽管旋涡表层的水通常都是逆流，其实在其下层及旋涡的旁侧都有与主流方向一致的水流，可顺流冲出旋涡。如果条件允许，也可以先弃船上岸，用岸上的绳子把船从旋涡中拖出来。

（3）与岩石碰撞

当与岩石发生碰撞时，应做到以下几点。

第一，掉转船头。如果航道上有岩石，在漂流船撞上岩石前，操桨手应轻轻旋转船，掉转船头绕开岩石。

第二，船头撞上岩石。船体无法旋转，应选择让船头撞上岩石，船体受阻会降低速度或停下来，这时就可通过一些旋转来调整航线，再次出发。

第三，船上人员集中于一侧。如果船侧有岩石，全体船员应立即跳到离岩石最近的船侧，改变漂流船的重心，使其旋转，让船顺流绕开岩石。但要注意，如果重心过于集中于漂流船的一侧，可能会使漂流船失去平衡而导致倾覆与沉陷。

（4）搁浅

搁浅常出现在石头密集之处，多因水道变窄、水深变浅、水流变急造成。保持镇静，用桨抵住石块，用力使艇身离开搁浅处。若此方法无效，则需派人下水，从旁侧或拉或推让艇身重入水流，拉艇的人要眼疾手快，注意安全。

（5）倾覆

在漂流运动中，船只倾覆是一种较为危险的情况。漂流船倾覆必然会使船上的人落入水中，这时救援和自救就显得非常重要。面对倾覆时应做到以下几点。

第一，保持镇定，避免撞击到障碍物上，如果确定不会陷入船与石块之间的逆流中，尽量浮在水面上或上岸避开激流水域。

第二，用一根粗绳绕成 D 形环，穿过水道或船后面的船架，用一个拉力系统帮助提升，将船拉开危险水域。

第三，落水后，不要惊慌失措，救生衣的浮力足以将人托浮在水面上，艇上的同伴伸出划桨让落水者攀抓；若落水者离艇较远，要想办法上岸或停留在石头的背水面等待救援。

第四，实施救援时，注意检查是否有人被绳索或衣物缠在船下。

（二）潜水训练

潜水是一种在水面以下进行的观赏、体验活动，可以达到锻炼身体和休闲娱乐的目的，是当前人们十分崇尚的一种户外休闲体育运动，深受年轻人喜爱。

1. 入水姿势

潜水的入水姿势有四种，具体如下。

（1）正面直立跳水

双脚前后开立，一手按住面罩，一手按空气筒背带。水深在 1.5 米以上时可采用此入水姿势。

（2）正面坐姿入水

可供游泳初学者使用。双手撑住一侧平台，稍用力支撑身体，然后旋转身体进入水中。

（3）侧身入水

在橡皮艇上浮卧滚身入水。

（4）背向坐姿入水

面向里坐于船帮上，一只手按住咬嘴及面镜，另一只手抓住气瓶或按住后脑处的面镜带，向后仰面入水。

2. 潜降训练

目前，BC（浮力调解器）法是潜水者潜降时的常用方法，此方法根据是否配合使用浮力调节器可细分为以下两种方法。

第一，使用浮力调节器并配合配重带，头上脚下地进行潜降。

第二，不用浮力调解器时，头下脚上。

3. 上升训练

一般来说，合理的上升速度控制在每分钟 18 米以内，不要超过自己呼出的气泡的上升速度；上升过程中应始终保持呼吸不要停止；上升过程中时刻注意背后，身体缓缓自转。

第三节　拓展训练项目训练

一、拓展训练高空项目训练

拓展训练高空项目训练主要包括高空断桥、合力过桥、空中单杠、垂直天梯、空中飞狐、高空悬崖、高空速降等的训练。下面对高空断桥训练、合力过桥训练、空中单杠训练进行具体分析。

（一）高空断桥训练

高空断桥是一个以个人挑战为主的项目，它属于高空类心理冲击的项目，整个过程需独立完成。

1. 高空断桥训练需要的场地器材

进行高空断桥训练需要的场地器材如下。

（1）组合训练架或专项训练架，高 7~12 米（从避免身体伤害角度考虑，有时候越低越危险）。

（2）直径 10.5 毫米动力绳 2 条，连接后下垂：一根与桥上人员齐膝长，供拓展教师使用；另一根至腰，用于桥上保护学员。静力绳一根，与训练架高度相等或略长，用于攀爬保护的上升器引绳。

（3）D 形锁或 O 形锁 4 把，用于连接在两条平行的钢索上（有安全滑轮装置可省），主锁 4 把。

（4）上升器 2 把（拓展教师可用主锁与 80 厘米长的扁带代替）。

（5）至少准备 3 条坐式安全带、3 顶安全帽。

（6）40 厘米应急扁带 1 条、雨天大毛巾 1 条。

（7）足球护腿板 2 副。

2. 高空断桥的训练过程

高空断桥的训练过程如下。

第一，学会头盔、安全带、止坠器与主锁的使用方法，掌握护腿板的使用方法。

第二，连接好安全装备，接受全体队友的队训激励后，沿立柱爬上高空的断桥桥面，换好连接保护装备后沿板走到桥板的板头，两臂侧平举，然后大声地问队友："准备好了吗?"当听到"准备好了"的回答之后,自己大声喊"1、2、3",同时跨步跳到桥板另一端。单脚起跳,单脚落地,然后按同样的要求再跳回来。

第三,在桥面上不允许助跑,跳跃时最好两手不抓保护绳,确实紧张时可以一只手轻扶绳子以保持身体平衡,但不允许紧拽保护绳;完成后换连接保护装备,沿立柱慢慢爬下,落地时避免下跳。

第四,完成后休息片刻,解下安全带并开始帮助队友穿戴头盔与安全带,随后加入加油的队伍。

3. 高空断桥训练的注意事项

进行高空断桥训练需要注意以下几点。

第一,有严重外伤病史,或有严重心脑血管疾病、精神病、慢性病及并发症或医生建议不适合做此类挑战项目者,可以不做此类挑战项目。

第二,进行训练时,摘除身上穿戴的所有硬物,系安全带、戴头盔、连接止坠器时要进行多遍检查,指定一名队友帮助,一名队友负责检查,队长再做一遍全面检查。

第三,上断桥后,拓展教师先理顺保护绳,让学员背靠立柱,并为其扣上保护绳主锁,然后摘取上升器连接主锁,同时观察学员身体反应(摘锁顺序一定要先挂后摘),再次检查学员安全带、头盔的穿戴情况。

第四,在板端提醒学员将支撑脚脚尖探出板端少许,然后果断跃出。

第五,挑战结束学员下去时先扣上上升器主锁,再摘保护绳主锁。

第六,当学员不敢过桥,拓展教师可先将其引至桥的一端,自己到另一侧引导学员过桥。

第七,如学员在断桥的另一侧中心不稳定、摇晃、不敢前进,引导其放松稳定的同时,拓展教师用背部靠住立柱,直到训练架不再共振为止。

第八,拓展教师必须戴头盔,学员要戴足球护腿板。

(二)合力过桥训练

合力过桥是一个典型的个人挑战与团队挑战相结合的项目,个人挑战的成败除了自身的努力外,团队的支持起着至关重要的作用,想要成功最佳的方法就是融入团队。相信队友,目标一致,相互配合,不怕困难才是获胜的关键。合力过桥也经常作为拓展训练团队建设初期的项目让学员投入其中,感受生活中的每一步都与许多默默支持自己的人分不开。

1. 合力过桥训练需要的场地器材

进行合力过桥训练需要的场地器材如下。

（1）足够大的场地，能满足人员活动及保护的需要。

（2）专项训练架。

（3）25 米长、直径 10.5 毫米动力绳两根。

（4）丝扣铁锁 4 把，钢索 4 把。

（5）全身安全带 2 套，半身安全带 2 套，头盔 2 顶。

（6）8 字环 1 个或 ATC 两个，最好使用 8 字环。

（7）60 厘米绳套 2 条，足够数量的手套。

2. 合力过桥的训练过程

合力过桥的训练过程如下。

第一，学习安全带、主绳、锁具和头盔的使用方法。

第二，保护组一同学习"五步收绳保护法"并要求主保护演示，每组有两位副保护。

第三，讲解拉拽吊板下方保护绳的方法，并且尝试以上方吊索为支点寻求平衡的用力感受。

第四，安全要求的讲解，包括摘除饰品及佩戴的硬物，活动中的注意事项以及影响心理安全的沟通方式等。

第五，学员穿戴好保护装备，接受队友激励后，由地面通过扶梯爬到起点，做好准备，通过三块 30 厘米宽，不同长度摇晃不平衡的吊板，其他学员分组抓住吊板垂下的绳子，掌握平衡，让高空的学员顺利通过。

第六，通过之后从另一侧扶梯爬下，休息到直到下一位学员挑战完成后，参加保护。

3. 合力过桥训练的注意事项

进行合力过桥训练需要注意以下几点。

第一，有严重外伤病史，或有严重心脑血管疾病、精神病、慢性病及并发症或医生建议不适合做此类挑战项目者，可以不做此项目。

第二，摘除身上的所有硬物，系安全带、戴头盔、连接保护点时要进行多遍检查，学会安全护具的穿戴方法和保护方法。

第三，保护学员应该跟随桥上学员，并在其相对平行位置的后方进行保护。

第四，拉绳学员要有一名机动学员，以防止个别学员无法坚持。

第五，教师要统观全局，既关注桥上学员也要注意保护人员的情况，当出现不合理动作时及时提醒与叫停。

第六，提醒学员严禁脚踩绳索，不得将锁具跌落在硬地上。

第七，拓展教师不得强求不愿参加者。

（三）空中单杠训练

空中单杠是一个以个人挑战为主的项目，它属于高心理冲击的跳跃类项目，整个过程需独立完成。

1. 空中单杠训练需要的场地器材

进行空中单杠训练需要的场地器材如下。

（1）能够满足人员开展活动及保护需求的场地和海绵垫，8~12米高的专项训练架。

（2）25米长、直径10.5毫米动力绳两根。

（3）丝扣铁锁4把，钢索4把。

（4）长的绳套2条，手套4双。

（5）8字环或ATC两个，最好使用8字环。

（6）安全头盔2顶，全身式安全带和半身式安全带各两套。

2. 空中单杠的训练过程

空中单杠的训练过程具体如下。

第一，学习安全带的使用方法，了解主绳、锁具与头盔等安全设备的使用方法，主要包括全身式安全带、半身式安全带、胸式安全带。

第二，全体学习"五步收绳保护法"并要求主保护演示，每组有两位副保护。

第三，学员穿戴好保护装备，接受队友激励。由地面通过立柱扶手爬到顶端，通过自己的努力，站到立柱顶端的圆台上，站稳后两手侧平举并大声地问自己的队友和保护员："准备好了吗?" 当听到"准备好了"的回答之后，自己大声喊"1、2、3"，同时奋力跃出，双手虎口抓向单杠，完成之后松开双手，在保护绳的保护下慢慢回到地面。

第四，至少6位同学组成两个保护组。

3. 空中单杠训练的注意事项

进行空中单杠训练需要注意以下几点。

第一，有严重外伤病史，或有严重心脑血管疾病、精神病、慢性病及并发症或医生建议不适合做此类挑战项目者，可以不做此项目。

第二，摘除身上穿戴的所有硬物，系安全带、戴头盔，要进行多遍检查，指定一名队友帮助，一名队友负责检查，队长再做最后一遍全面检查。

第三，学生攀登时保护绳要跟紧，当学生跃出时要及时收绳。

第四，禁止戴戒指、留长指甲，长发学生应将头发盘入头盔。

第五，跳出后不要抓保护绳索及主锁，用尼龙搭扣将身后的两根保护绳包裹在一起。

二、拓展训练低空项目训练

拓展训练低空项目训练主要包括信任背摔、高台演讲、孤岛求生、荆棘取水、越障、求生电网等的训练，下面主要对信任背摔、高台演讲进行具体分析。

（一）信任背摔训练

信任背摔是最为经典的拓展训练项目之一，许多时候拿它作为第一个训练项目。这个项目看似简单，但也属于高风险的项目。当然如果操作规范，安全是能够得到保障的。参训者从这一项目中可以体会到彼此的信任来源于责任和关爱，也体会到团队的支持是敢于挑战的基础。

1. 信任背摔训练需要的场地器材

信任背摔训练需要的场地器材如下。

（1）1.4~1.6 米的标准背摔台（有扶梯或半角围栏更好）。

（2）0.8 米长、0.02 米径宽的背摔绳一根。

（3）海绵垫一块。

（4）物品整理箱一个，供上台的队员放置物品。

2. 信任背摔的训练过程

信任背摔主要分为个人挑战部分的学习、团队接人部分的学习。

（1）个人挑战部分的学习

个人挑战部分的学习主要应做到以下几点。

第一，调整好心态后接受队友的"队训"激励，然后沿梯子慢慢爬上背摔台，站到指定的安全区域。

第二，两臂前举，双手外旋，十指交叉相扣，内旋然后紧紧地靠向身体，由教师绑上背摔绳。

第三，在教师的引导下移向台边背向人床站立，脚后跟超出台面少许，两脚并拢，脚尖相靠，膝关节绷紧，臀肌收紧，下颌微收略含胸。

第四，调整呼吸，大声地问队友："准备好了吗?"当听到队友齐声回答"准备好了"后，喊"1、2、3"同时直体向后倒向人床。

（2）团队接人部分的学习

团队接人部分的学习应做到以下几点。

第一，身高体重比较接近的两人伸出右脚呈前弓步面对面站立，两脚左右间距略比肩窄，脚尖内侧相抵，膝关节内侧相触，保持重心稳定。上体正直略向后倾，腰部收紧。

第二，双臂向前平举与肩同高，双手搭在队友右肩前，掌心与肘窝都向上，手指伸直，手臂自然伸展进入用力状态。与对面的人的双臂平行或者双臂夹对面队友的左肩，放在对方肩前，两人四臂夹紧，略含胸，尽可能胳膊均匀分布减少空隙。

第三，抬头看着后倒队友的背，避免砸到头部，当队友倒下时将其接住。

3. 信任背摔训练的注意事项

进行信任背摔训练需要注意以下几点。

第一，学员如有严重外伤病史，或有严重的心脑血管及精神疾病、高度近视等则不适合做此项目。

第二，拓展教师应强调安全事项，关注学员动作的规范性。

第三，拓展教师试压接人学员的双臂，并强调每一个位置的重要性。

第四，学员上背摔台后应安排其靠护栏站立。

第五，学员背摔过程中，教师应一手拉住护栏，紧贴学员的手握住背摔绳随着学员的重心移动，保持学员的后倒方向，适时松开。必要时可以不松手或将其拉回。

第六，拓展教师安排接人学员由背摔台自外向内按弱、较强、强、强、较强、弱来排列，其中3、4组尽量安排男士。

第七，学员倒下被接住后，拓展教师下蹲控制学员的脚，学员落地站起时防止头前冲，碰到背摔台。

第八，摘除戴、装的所有硬物，雨天雨衣必须脱下。

第九，任何时候都不能在1.8米以上的背摔台后倒，由此导致头和肩先落会极其危险。

（二）高台演讲训练

高台演讲是在设定的高台上，面对下面的众多人，按照既定题目在规定的时间内进行演讲，以此锻炼自己在特殊情景下的逻辑思维和语言表达能力。

1. 高台演讲训练需要的场地器材

高台演讲训练需要的场地器材如下。

（1）室外开阔宽敞的开放场地。

（2）一个不低于 2 米的高台，最好有三面护栏，可利用背摔台加木箱代替。

（3）秒表一块，用于简单记录的笔和本。

2. 高台演讲的训练过程

高台演讲的训练过程具体如下。

第一，拓展教师先声明，为了表现特殊压力下的情景，所有的人都要轮流站到高台上进行演讲。

第二，演讲从双脚站到台上开始，时间是 3 分钟，到 3 分钟必须停止。

第三，用 1 分钟讲述过去，用 1 分钟讲述现在，用 1 分钟讲述想象中的未来（拓展教师强调 1 分钟，并可以将过去、现在、未来无规律重复一遍）。

第四，如果演讲结束而时间未到，请继续留在台上，可以随便讲些其他话题。

3. 高台演讲训练的注意事项

进行高台演讲训练主要应注意以下两点。

第一，要求上下演讲台注意安全，不得跳下演讲台。

第二，不得使用不文明用语。

三、拓展训练地面项目训练

拓展训练地面项目训练主要包括盲人方阵、牵手结、雷阵、有轨电车、击鼓颠球等的训练，下面对盲人方阵、牵手结进行具体分析。

（一）盲人方阵训练

盲人方阵，也叫黑夜协作，这是一个以团队挑战为主的项目。

1. 盲人方阵训练需要的场地器材

盲人方阵训练需要的场地器材如下。

（1）边长不小于 25 米的平整开阔场地一块。

（2）长 3 米、5 米、15 米左右，粗 1~1.5 厘米的绳子各一根，并预先打结并揉乱。

（3）眼罩 14 只或与学员人数相等。

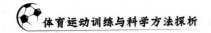
2. 盲人方阵的训练过程

盲人方阵的训练过程具体如下。

第一，为了真实地表现情境，所有的人需戴上一个眼罩，为了使我们的活动有价值，所以必须确认完全不能看到亮光。

第二，向大家介绍任务，学员附近不超过5米的范围内有一堆（捆）绳子，在宣布开始后把它找到，并在40分钟内，把它围成一个最大的正方形，组好后，所有人相对均匀地分布在这个正方形的四条边上。

第三，其他队伍也做了同样的正方形，要和他们一起竞标，并以足够的理由证明产品的优势。

第四，整个活动中任何人不得摘去眼罩，戴上眼罩后应将双手放置在身前，不得背手行走，严禁蹲坐在地上。

第五，当确认提前完成任务后，将绳踩在脚下，并通知拓展教师，得到准许后才可以按照拓展教师的要求摘下眼罩。

3. 盲人方阵训练的注意事项

进行盲人方阵训练需要注意以下几点。

第一，地面要平整、无障碍，保障学员安全。

第二，学员戴上眼罩后应将双手放置胸前，不得背手行走，更不能蹲坐在地上。

第三，不要让绳子绊倒学员，不要猛烈甩动绳子以免打到学员面部。

第四，及时阻止学员向不安全地带移动。

第五，提醒学员摘下眼罩时背对阳光，先闭一会儿再慢慢睁开眼睛。

第六，尽量避免在暑季烈日下或其他恶劣天气下完成任务。

（二）牵手结训练

牵手结，也叫解笼，这是一个以团队挑战为主的团队共同挑战性项目，它考验从纷乱的活动中找出头绪，厘清思路的能力，同时，逆向思维也是一种很重要的做事能力。牵手结训练需要的场地器材非常简单，只需要一块平整的空地。

1. 牵手结的训练过程

牵手结的训练过程具体如下。

第一，重点做肩臂部位关节的活动，可以用手臂波浪和轮流转身活动。

第二，所有学员站成一个肩并肩的面向圆心的圆圈；先举起左手，去握住与你不相邻的人的左手。

第三，再举起你的右手，去握住与你不相邻的人的右手，并且不握同一个人的手。

第四，团队成员共同努力，将其解开，整个过程不得松手用于解开绞锁的手臂；当出现反关节动作时，可在手保持接触的情况下松缚调整后再握紧。

第五，完成2~3回后，要求学员按照不抓相邻和同一个人的手的情况下，排列出最简单的解开组合；也可尝试人数为奇数时出现的结果以及不分左右手出现的结果。

2. 牵手结训练的注意事项

进行牵手结训练需要注意以下几点。

第一，要做关节操热身，并要求学员摘除戒指、手镯、手链等物品。

第二，在学员出现反关节动作并且感觉痛苦时，不得强行拧转。

第三，注意在跨越学员手臂时不要用膝盖和脚碰到其他学员的脸部。

第四，在活动过程中善于观察，结合实际生活用实际案例进行项目理念的提升。

第八章 休闲及武术运动训练的科学方法

第一节 时尚休闲运动训练

一、健身走跑

（一）健身走的形式与方法

1. 快步走健身

快步走健身是一种步幅适中或稍大、步频加快、步速较快、运动负荷稍大的健身锻炼方法。一般来说，"快走"要比"慢跑"消耗的热量更多，而且快走不易伤害足部、踝关节部，更为安全。快步走健身适用于中老年人和慢性关节炎、胃肠病、高血压病恢复期患者，另外对于减肥塑身者来说，这种手段也是非常有效的。

健身者在进行快步走时，身体适度前倾 3°~5°，基本姿势为抬头、垂肩、挺胸、收腹收臀。在行走过程中，两臂配合双腿协同摆动，前摆时肘部成 90°，手臂高度不高于胸，后摆时肘部成 90°，两手臂在体侧自然摆动，两臂摆幅随步幅的变化而变化。双腿交换频率加快，步幅尽量稳定，前摆腿的脚跟着地后迅速滚动至前脚掌，动作要柔和，后脚离地。

2. 踏步走健身

踏步走健身是在原地走或稍有向前移动的特殊走法。这种锻炼方法适用范围非常广泛，任何人都可以参加。它具有提高下肢、腰腹部肌肉力量和内脏器官系统机能的作用。

在做踏步走动作时，要求健身者身体直立，两臂自然下垂或屈臂。踏步走时两腿交换屈膝抬腿或前脚掌落地，两臂协同两腿前后直臂或摆动，屈膝抬腿至髋高达到抬腿最高点，直腿或膝落地均可，落地要轻缓、平稳。

3. 散步健身

散步健身法比较悠闲轻松，适宜于中老年人和体弱多病者，以及关节炎、心脏病和糖尿病患者，也可以缓解紧张心理和情绪。糖尿病人坚持在饭前 30 分结合饭后 30 分，散步 0.5~1 小时，可使血糖下降。

在散步的过程中，健身者要保持身体姿势正确，放松、自然、脚放平、柔和着地、抬头挺胸、收腹收臀、保持与脊柱成一直线，两肩放松，两臂自然下垂协同两腿迈步，动作自然，前后摆动，两腿交替屈膝前摆，足跟着地滚动至脚尖时，另一腿屈膝前摆足着地，步幅因人而异。

4. 倒步走健身

倒步走健身即向后行走的锻炼方法。倒退行走时，两腿交替向后迈进，增强了大腿后肌群和腰背部肌群力量，同时还保健小脑，有利于提高人体的灵活性、协调性。倒行锻炼是一种非正常的活动方式，对氧气的消耗和心跳速度都比正常走要高，血液中的乳酸含量也偏高。至于导致这种现象的原因，通过实验研究得知，当增加了走的动作难度和维持平衡的难度，人的氧气和热量消耗就会随之增加。倒步走适合各种年龄的肥胖者，也适用于腰部损伤、慢性腰部疾病的康复训练，同时还可防治脑萎缩。一般来说，倒步走可以分为摆臂式和叉腰式两种。

（1）摆臂式倒步走

上体自然正直，腰部放松，身体不要后仰，不要抬头，眼要平视。右腿支撑，左腿屈膝后摆下落，以左前脚掌先着地，然后滚动到全脚掌着地，身体重心随之移至左腿，按同样方法左右脚交替后退，两臂配合两腿动作自然前后摆动。步幅 1~2 脚长。

（2）叉腰式倒步走

健身者在行走的过程中双手叉腰，拇指在后按"肾俞"穴，四指在前，腿部动作同摆臂式。每后退一步，用两手拇指按摩"肾俞"穴一次，缓步倒退行走 100 步，然后再正向前走 100 步。一背一正反复走 5~10 次，可以起到补肾壮腰的作用。

（二）健身跑的形式与方法

1. 原地跑健身

原地跑是在室内进行的一种健身形式的锻炼。适用于绝大多数人。原地跑的时间可长可短，根据需要而定。跑的速度可逐渐加快，动作也可逐渐加大，以便逐渐增加运动强度和运动量，也可以根据跑步的速度挑选合拍的音乐，在音乐伴奏下原地跑步，提高练习兴趣，发挥跑步的健身功效。

2. 倒跑健身

倒跑是返序运动中的一个健身项目，是背部指向正常跑步方向的运动，两脚向后移动的跑步方式。倒跑时，上体正直稍向后，抬头挺胸，两眼平视，双手半握拳置于腰间，一条腿抬起向后迈出，脚尖着地，身体重心随之后移，再以同样的方式换另一腿，小跑步向后退去，交替进行，两臂自然前后摆动，身体不要左右摇摆。

对于初学者而言，可以将正常跑与步行结合起来进行，先步行，慢跑，再倒跑，逐步增加倒跑的距离。这种锻炼方法对腰肌劳损、腰椎病，腰、腿、脚骨质增生等患者具有很大的帮助。

3. 慢速跑健身

慢跑是一种主要的健身跑锻炼方式。它是根据自己的体质情况，以匀速慢跑的方式完成一定距离，来达到锻炼身体目的的运动方式。在最初可以以每分钟跑 90~100 步为好，然后逐渐增到每分钟 110~120 步、120~130 步。运动时间以每天 20~30 分钟为宜，距离 2500~3000 米。或先从 1000 米开始，待适应后，每月或每两周增加 1000 米，一般增至 3000~5000 米即可。速度指标：慢跑 1 千米距离，8~12 岁儿童用 8~9 分钟；青少年用 7~8 分钟；30~49 岁中年人用 8~9 分钟；50 岁以上老人用 10~15 分钟。锻炼应每日或隔日进行一次，老年人和体质较弱者可以比走步稍快一些，体质较好者可以适当提高跑速，选择适宜的运动量。

4. 变速跑健身

变速跑就是改变速度的跑类健身运动。这是适合体质较好的健身跑爱好者的一种锻炼方式。当慢跑时，肌肉活动不是很激烈，吸入的氧气就可以满足肌肉活动的需要，是有氧代谢；而快速跑时，肌肉活动激烈，氧需求量增多，吸入的氧气不能满足运动对氧的需求，属于无氧代谢。变速跑的锻炼，不仅对发展一般耐力有好处，而且也能提高机体的速度耐力素质，对提高人体机能大有益处。

变速跑可以根据自己的情况随时改变速度，逐渐提高变速跑的速度，逐渐增加运动量，以最大限度地发挥健身跑的作用。

5. 滑步跑健身

在进行跑步锻炼时，练习者不是面朝前方，而是侧身而跑，即向左跑或向右跑，这种锻炼方式称为滑步跑锻炼法。向左跑时，右脚先从左脚之前向左侧移动一步，左脚则从右脚之后向左移动一步，如此反复侧向前进，而向右跑时，正好相反。这种跑步方式适用人群广泛，多在其他跑步方式锻炼间隔中进行，可增加机体的灵活性、敏捷性、协调性及平衡性。

6. 迂回跑健身

在跑步的前方，有许多障碍物，障碍物与障碍物之间有一定距离，跑步时交替性地从障碍物的左右侧跑过。跑过之后，还可以设法再跑回来。这种跑步方法，是一种游戏式的跑步，可增加跑步的趣味性，并锻炼身体的灵活性。

7. 旋转跑健身

旋转跑是倒序运动中的一项特殊的健身运动，但不同于倒跑，是向前跑、侧身跑和倒跑几种方式的综合运动。旋转跑时，由于身体的旋转，使人体产生了一定的离心作用，破坏了习惯性重力的感觉，使身体各部位器官、血液循环系统，随着人体的旋转发生横向扩张，从而促进全身血液循环和脑部的供氧功能，使各器官得到锻炼，有利于提高人体的平衡能力。

8. 跑跳交替健身

跑跳交替即跑一段距离之后跳几下，再跑一段，再跳几下，这样跑跳交替进行，跑的速度可根据自己的身体情况采用慢跑或中速跑，或稍慢速度，动作要放松协调，轻松自如，具有良好的节奏。跳是身体向前跑的过程中尽量向上跳起几下，使身体肌肉、关节在长时间的连续活动中得到刹那间的休息，可缓解跑步的疲劳，同时锻炼弹力。

9. 跑楼梯健身

随着时代的进步，人们被钢筋水泥包围，高层办公、高层寓所等对于上班族来说已经越来越常见了，基于健身的需求越来越高，跑楼梯健身应运而生。据医学论证，跑楼梯既是增强心肺功能的全身性需氧运动，又是一项可以灵活掌握运动量、无须投资及男女老幼皆宜的锻炼方法。跑楼梯可延缓肢体肌群萎缩、韧带僵硬、骨质疏松脆弱，达到强肌肉、疏关节、柔韧带、坚骨质的健美效果。

10. 水中跑健身

在陆地上进行跑步健身，脚对地面的撞击容易造成脚步、膝盖和臀部肌肉或韧带拉伤，因此人们又发明了一种结合了游泳和跑步的新型健身运动——水中跑健身运动。

健身者身体垂直浮于水中，头部露出水面，四肢如在陆地跑步般前后交替运动。在深水中水的散热要比空气快许多，此项运动真不失为一个夏季避暑健身锻炼的好方法。另外，水的阻力是空气阻力的 12 倍，在水中跑 45 分钟就相当于在陆地上跑 2 个小时，运动强度亦足够。发展到现在，水中跑步得到了一定的推广，人们也对此有了新的认识。

除此之外，水还具有良好的美容、按摩效果。在水中运动，皮肤柔软、富有弹性。浸泡在水中还能消除忧郁和疲劳，减轻精神上和肉体上的负担。长期坚持水中跑步，可以改善血液循环，促进新陈代谢，消耗能量，对控制体重具有良好的效果。

二、游泳

（一）游泳概述

我国游泳运动的历史比较悠久，据史料记载，游泳产生于居住在江、河、湖、海一带的原始群落。当时的人们为了生存，经常要在水中捕捉水鸟和鱼类作食物，通过观察和模仿鱼类、青蛙等动物在水中游动的动作，逐渐学会了游泳。无论是为了生存时的逃避猛兽、捕猎，还是必要时的自救，游泳都是一门重要的求生技能。早期的游泳运动，只被视为贵族子女教育及士兵训练的一个重要部分。直至18世纪末期，工人阶级参与游泳的时间及机会增多后，游泳才得以在各个社会阶层中传播并流行开来，成为重要的健身项目。

经常参加游泳运动健身，能有效增强人体的心肌机能，加快血液循环，使血液更好地流到全身各处，给身体各部分提供足够的氧气和营养。除此之外，游泳运动还能有效提高人体内分泌功能，提高人体的免疫力。总之，游泳这一有氧与无氧结合的运动项目具有较高的健身价值，适合绝大多数人参与，在我国全民健身运动项目中占据着重要的一席之地。

（二）游泳基础技术

1. 熟悉水性

（1）水中行走

①在游泳池中，侧对池壁，手扶池边，向前、向后迈步行走；或面向池壁，手扶池边，向左、向右迈步行走。

②在游泳池中向前、向后、向侧行走。

③做向各个方向的跳跃式行走。

④进行各种水中行走的游戏或比赛。

（2）呼吸练习

①水中闭气

扶池边或拉同伴的手，深吸气后闭气，慢慢下蹲，把头浸入水中，睁开眼睛，停留片刻后起立，在水面上换气。反复练习，逐渐延长每次水下闭气的时间。可以采用比赛的办法，看谁闭气时间长。

②水中呼气

扶池边或拉同伴的手，深吸气后闭气，慢慢下蹲，把头浸入水中，睁开眼睛。稍停片刻后，用口、鼻慢慢呼气，直至呼尽，然后起立在水面上用口吸气。反复练习，逐渐习惯这种有控制的呼气动作。

③连贯呼吸

健身者站立在水中，上体略前倾，两腿略下蹲，两手扶池边或扶大腿。水面上吸气后，低头将脸浸入水中；闭气片刻，然后开始均匀缓慢地呼气，并向上抬头；当口露出水面时，不停顿地迅速将气吐尽，紧接着快速吸气。连续练习，体会"快吸→稍闭→慢呼→猛吐"的要领。开始时可慢速进行，尔后适当加快速度，做到连贯而有节奏。每组做20~30次呼吸，或持续1~2分钟，反复进行练习，以熟悉水中的环境。

（3）浮体练习

①展体浮体

健身者水中开立，略下蹲，两臂放松自然前伸。深吸气后闭气，身体前倒并低头，两脚轻轻蹬池底后，两腿上摆，自然伸直稍分开，身体成俯卧姿势漂浮于水中。站立时，先收腹屈腿屈膝，然后两臂下压，抬头，同时两腿下伸，脚触池底站稳，两臂在体侧轻轻拨水维持身体平衡。

②抱膝浮体

水中原地站立，深吸气后闭气下蹲，低头屈腿抱膝团身，双膝尽量贴近胸部，前脚掌轻蹬池底，身体就会自然漂浮于水中。站立时，两臂前伸下压，抬头，同时两腿下伸，脚触池底站稳，两臂在体侧轻轻拨水维持身体平衡。

（4）滑行练习

①蹬底滑行

健身者两腿并拢站立水中，两臂前伸并拢。深吸气后上体前倒，一腿向前迈出，略屈膝下蹲。头和肩浸入水中后，两脚掌依次用力蹬池底，两腿随即伸直上浮并拢，身体成流线型贴近水面向前滑行。

②蹬壁滑行

健身者两脚并拢背对池壁站立水中，两臂并拢前伸。深吸气后闭气低头，上体前倒成俯卧姿势浸入水中，头夹在两臂之间。同时，两腿轻蹬池底向上屈膝收腿，迅速将两脚掌贴在池壁接近水面处，臀部提高至水面。两腿随即用力蹬壁，全身充分伸展成流线型贴近水面向前滑行。

③蹬壁滑行

健身者背对池壁站立水中，一臂前伸，另一手拉住池槽。前伸臂一侧的腿站立池底，抓槽臂一侧的腿屈膝上提使脚掌贴在池壁接近水面处。深吸气后闭气低头，上体前倒成俯卧姿势浸入水中。此时，支撑腿迅速屈膝上提将脚贴在池壁上，臀部尽量提高并靠近池壁。抓池槽之手随即松开，臂迅速前伸与另一臂并拢，头夹在两臂中间。两腿接着同时用力蹬壁，全身充分伸展成流线型贴近水面向前滑行。

2. 出发技术

（1）出发台出发技术

出发台出发技术一般划分为预备姿势、起跳、腾空和入水、滑行及开始游泳五个阶段。

①抓台式出发技术

a. 预备姿势

健身者站在出发台上，两脚分开与髋同宽，脚趾扣住出发台的前沿，膝关节屈成130°~140°角，上体前屈，胸部贴近大腿，臀部抬高，体重均衡地落在两前脚掌上；两臂放松伸直，两手抓住出发台面前沿；颈部自然放松，眼看下方水面。此时全身肌肉适度紧张，身体保持静止，集中注意力听出发信号。两手在两脚之间抓台称内抓式，在两脚外侧抓台称外抓式。

健身者在做预备姿势时，两脚分开，使蹬台动作所产生的反作用力垂直作用于骨盆，有效地推动身体蹬离台面。双脚不宜并得太紧，也不宜分得太开，否则，蹬台动作所产生的反作用力将出现侧向分量，影响向前蹬跳的速度。两膝弯曲的程度因人则异，但一定要抬高臀部使身体重心尽量靠前，以便起跳时重心垂线能迅速向前移出台面，形成向前倾倒的力矩。过分屈膝会造成臀部位置降低，身体重心偏后，起跳时重心前移的距离较长，势必造成起动时间的延长。

b. 起跳

听到出发信号时，两臂屈肘向上提拉，上体贴紧大腿，身体重心迅速前移使重心垂线超出台面，膝关节进一步弯曲约成90°角。紧接着，两手松开，略抬头，两臂迅速向前摆出，两腿用力蹬伸，身体迅速展开。在蹬离台面的一瞬间，髋关节、膝关节、踝关节完全伸直，腿与水平面构成15°~20°的起跳角。

可以说，起跳是游泳出发的关键环节之一，应当做得快而有力。抓台式出发起跳时两臂的快速提拉是引起身体前倒、重心前移的直接原因。

c. 腾空和入水

腾空和入水主要包括展体式和洞式两种，内容如下。

展体式：两脚蹬离出发台后，身体伸展，两腿并拢，两臂前摆至前下方时制动，身体保持一定紧张度。由于起跳时身体重心位于台面对身体反作用力的作用线的下方，这就形成了一个转轨，使身体在腾空后沿抛物线运动的过程中绕髋部的横轴前翻，上体向下倾斜，两腿继续上摆，由头高于脚的姿势翻成头低于脚的姿势。随后，两臂充分伸直并拢，头稍低夹在两臂之间，身体按手指、臂、头、躯干、腿的顺序插入水中，入水角（入水时身体纵轴与水平面的夹角）为 10°～20°。

不同的泳姿，入水角也有所不同。一般来说，爬泳和蝶泳的入水角比较小，入水时身体比较平，以利于身体及时浮出水面转入途中游。而蛙泳出发后可以在水下做一次长划臂和一次蹬腿的动作，滑行比较长，因而入水角应大些，入水应深些。

洞式入水技术所具有的特点，主要有：起跳角较大，为 35°～40°；腾空较高，腾空至最高点时手臂即指向前下方入水点；入水时身体迅速依次展开，两手上下重叠，头夹于两臂之间。手、头、躯干和腿依次从水面同一位置像钻洞一样插入水中，入水角为 30°～40°；入水后身体略成反弓形向前上方滑行，注意用手臂控制滑行的深度，避免入水过深的错误。

健身者在利用洞式入水技术入水时，身体与水的接触面较小，可以有效降低入水时身体受到的水阻力，并能通过入水后的挺身动作把身体下落的速度转化为向前滑行的速度，因而水下滑行速度较快。但这种入水方式，由于技术比较复杂，较难掌握，初学者不宜选用。

d. 滑行

健身者在入水后，身体要保持适度的紧张，使身体成流线型，并利用起跳所获得的速度在水中向前滑行，注意用手臂和头控制滑行的深度与方向。当入水过深时，手臂应当上翘并略抬头，以使滑行路线接近水面。

e. 开始游泳

当滑行速度略降低接近正常游速时，即开始衔接正常游泳动作。若是蛙泳出发，则在水下做一次长划臂和一次蹬腿（同蛙泳转身后的水下长划臂和蹬腿动作），在第 2 次划臂至最宽点并在两手向内划水前头露出水面，转入正常的途中游；若是蝶泳出发，则先做若干次海豚式打腿，然后做第一次划水动作使身体浮出水面转入正常的途中游；若是自由泳出发，则先做上下交替打腿或若干次海豚式打腿，然后做第一次划水动作使身体浮出水面转入正常的途中游。

②摆臂式出发技术

绕环摆臂式出发技术具有蹬台力量大、腾空较高、入水点较远、滑行速度较快等优点。其弱点是预备姿势不够稳定，台上起动较慢。

a. 预备姿势

健身者站在出发台上，两脚分开与髋同宽，脚趾扣住出发台的前沿；两膝微屈成 160°

~170°，上体前屈，体重均衡地落在两前脚掌上；两臂伸直自然下垂，掌心向后；颈部自然放松，眼看前下方。此时身体保持静止，集中注意力听出发信号。

b. 起跳

健身者在起跳时，头略低，身体前倒，重心前移，膝关节进一步弯曲，两臂先向前、向上、向外摆起，然后向后、向下、向内弧形摆至体后。紧接着，略抬头，两臂经大腿两侧向前摆出，两腿在膝关节弯由至 90°左右时开始用力蹬伸。当两臂摆至前下方与躯干成 150°~160°角时，立即制动身体迅速展开，髋关节、膝关节、踝关节伸直，身体以 25°~30°的起跳角蹬离台面。

绕环摆臂式出发两臂的弧形摆动可以达到较高的速度，从而产生较大的角动量。当两臂绕摆一周在身体前下方制动时，手臂所具有的动量立即转移到身体上，从而带动身体快速向前上方跃出。同时，由于起跳角较大，所以绕环摆臂式出发比抓台式出发跳得高些、跳得远些。

c. 腾空

健身者在两脚蹬离出发台后，两腿并拢；身体在沿抛物线运动的过程中绕髋部的横轴前翻，上体向下倾斜，两腿继续上摆，由头高于脚的姿势翻成头低于脚的姿势。随后，两臂充分伸直并拢，头稍低夹在两臂之间，身体挺直成流线型，按手指、臂、头、躯干、腿的顺序以 15°~20°的入水角插入水中。

d. 入水

绕环摆臂式出发既可以采用"展体式"入水，也可以采用"洞式"入水。

e. 滑行和开始游泳

（2）仰泳出发技术

仰泳比赛的出发是在水中进行的，起跳后身体必须成仰卧姿势。由于出发条件的限制，以及身体姿势的不同，仰泳的出发技术与出发台出发技术相比有很大的差异。

①预备姿势

仰泳出发时，下水后，应面对池壁，两手握住出发台上的仰泳出发握手器，两臂伸直，屈膝收腿团身，大小腿自然折叠，两脚稍分开，两前脚掌平行蹬在池壁上，脚趾与水面平齐，臀部和大腿部分浸入水中。此时全身放松等待出发命令。

在做动作时，健身者的膝关节要稍微展开，两臂立即屈肘至 90°左右，将身体向前上方拉起靠近出发台，低头，胸腹贴紧大腿，两前脚掌抵紧池壁防止滑脱，使身体的大部分升出水面并保持静止。此时集中注意力听出发信号。

预备姿势时两脚的距离与髋同宽，蹬壁所产生的反作用力会直线作用于髋关节，推动身体向前跳出。如果两脚分得太开或靠得太紧，则反作用力会产生侧向分量，影响蹬跳速度。

在做准备动作时，两臂屈肘提拉身体的高度要适宜。若提拉过高，会使起跳角增大，造成身体腾空过高，还容易使脚蹬滑而失去支撑；若提拉不足，则难以使身体跃出水面，会使身体在蹬离池壁的过程中受到较大的水阻力。

②起跳

在做起跳动作时，健身者两腿迅速深屈做一个微小的预蹲动作。紧接着，两臂迅速伸肘推压握手器，仰头，挺胸，将身体向上向后推离池壁。两臂接着经上或经侧向头前挥摆，两腿同时用力蹬伸，身体像弹簧一样迅速展开，髋关节、膝关节、踝关节充分伸展，整个身体略成反弓形蹬离池壁。由于在预备阶段提拉身体等待出发信号时，臂、腿的肌群处于静力工作状态，为了使静力紧张的肌肉迅速转为动力工作，并使肌肉在收缩前适当拉长，以通过初长度的增加来增大收缩力量，在蹬壁前先做一个微小的预蹲是必要的。这个动作应做得快速而富有弹性。

健身者在做仰泳出发动作时，两臂的挥摆，既可加大双腿蹬壁的力量，又有助于控制起跳角度，使身体形成良好的腾空入水姿势。两臂的摆动方式主要有两种：一是两手分别抓握出发握手器的横杠，向下推压后，两臂略屈向上挥摆，并随着身体的后倒摆至头前并拢伸直。这种方式由于摆臂时肘关节稍后，缩短了转动半径，因而摆动速度较快，而手臂过头后的前伸动作又有利于增大腿的蹬壁力量，提高蹬离池壁的速度。但由于手臂向上挥摆会造成上体向后翻转，从而降低身体腾空的高度。因此，这种方式较适合于起跳早、腾空高的人采用；另一种是两手分别抓握出发握手器的竖杠，向内推压后，两臂伸直经身体两侧摆至头前并拢。这种方式可以使躯干保持较高的腾空位置，不致造成跃起高度的降低，适合于起跳晚、跃起低的人采用。

③腾空和入水

健身者双脚蹬离池壁后，两臂伸直并拢，头夹在两臂之间；两腿伸直并拢，脚尖绷直；继续保持仰头挺胸的姿势，身体成反弓形，沿一条低平的抛物线向前运动。在臀部经过抛物线的最高点时双脚提出水面；整个身体略后翻，由头高于脚的姿势转为脚高于头的姿势。腾空结束时，身体保持流线型姿势下落，以手指领先，按手臂、头、躯干、腿的顺序依次入水，手臂及躯干与水面形成一个不大的入水角。需要注意的是，腾空中健身者两腿要稍上摆，以使双脚能在臀部的入水点处入水。

④滑行和开始游泳

健身者在入水后，手臂适当上扬，躯干、髋关节、膝关节、踝关节伸直，身体伸展成流线型在水面下向前滑行。滑行中，用鼻缓缓呼气以防鼻腔进水。

健身者在滑行一段距离后，当滑行的速度略降低接近正常游速时，便开始仰泳的打腿动作，然后接着做划臂动作，使身体升出水面转入途中游。

3. 转身技术

（1）蛙泳、蝶泳摆动式转身

在游泳运动中，蛙泳和蝶泳在技术方面有着很多相似之处。游泳比赛规则对它们也有一些共同的要求，即在转身时，两手要同时触壁；手触壁前身体必须保持俯卧；转身后，从第一个手臂动作开始，身体应恢复俯卧姿势。因此，蛙泳和蝶泳都是采用摆动式转身，只是在蹬壁后的水下动作略有差别。

①游近池壁和触壁

健身者在游近池壁时，应尽量保持途中游的速度，并根据身体与池壁的距离及时调整好动作。蛙泳应该是最后一次蹬腿结束，两手前伸触壁。蝶泳应该是最后一次划水结束，两臂经空中前摆触壁。两手的触壁点在正前方水面处或略高于水面处，两手间的距离约为10~15厘米，手指向上。

②转身

以向左转身为例，健身者两手触壁后，在惯性的作用下身体继续接近池壁，这时两臂应屈肘缓冲，同时屈髋、屈膝，两腿前收，身体绕横轴转动，使头和肩部露出水面并张口吸气。紧接着，左臂屈肘拉回左胸前，同时身体绕纵轴向左转。当身体转到侧对池壁时，右手推离池壁，身体绕贯穿腹背方向的矢状轴向左侧倒；右臂在空中经头部上方甩向转身后的游进方向，并随着头、肩的入水以手指领先在头前插入水中。与此同时，继续屈膝团身提臀，使两脚向池壁贴靠。完成翻转动作后，两脚右上左下斜蹬在水面下约40厘米的池壁处，两腿屈膝，身体侧卧，躯干伸直，两臂稍屈，准备蹬壁。

③蹬壁

健身者的身体在沉入水中两脚贴壁后，两臂立即向前伸直并拢，头夹于两臂之间。接着，两腿用力蹬离池壁，身体伸直成流线型在水面下向前滑行，并逐渐转回俯卧姿势。

④滑行和开始游泳

滑行时，身体应保持一定的紧张度，两臂、两腿都要并拢伸直，腿尖绷直，在水面下40~50厘米深处滑行，以尽量减小压差阻力和波浪阻力。

蛙泳转身蹬壁时，身体应适当向下倾斜，以使身体在滑行中达到足够的深度，便于完成水下长划臂和蹬腿动作。当滑行速度下降至接近正常游速时，两掌心转向外斜下方，略屈腕，两臂开始向外划水；随后逐渐屈肘，形成高肘姿势，两手掌转为向下、向内、向后划水至腹部下方，此时两手相距较近；接着两臂加速伸肘向后、向外、向上划至大腿旁，掌心转朝上。在长划臂的过程中，头稍上抬，使身体向前上方水面滑行。当滑行速度再次下降接近正常游速时，两手贴着腿、腹收至胸侧，并不停顿地前伸。在收手的同时收腿、翻脚。两臂即将伸直时，两腿迅速向后蹬夹，使头向前上方升出水面转入正常的途中游。

蝶泳转身蹬壁时，身体基本成水平，滑行路线比较平直。当滑行速度下降至接近正常游速时，可先做一次或多次海豚式打腿动作，然后开始划水，使头向前上方升出水面转入正常的途中游。

（2）爬泳转身

①爬泳摆动式转身

一般来说，摆动式转身速度较慢，但动作结构简单，比较省力，便于呼吸，易学，适用于游泳初学者。

a. 游近池壁和触壁

以右手触壁做转身动作为例。游近池壁时不减速。随着左臂做最后一次划水动作，右臂经空中摆向头的正前方，手指向上在高于身体重心投影点的水面上触壁。

b. 转身

随着健身者身体向前游进的惯性，右肘弯曲缓冲，身体继续靠近池壁并围绕纵轴向左转动成侧卧姿势，同时开始屈髋、屈膝、向前收腿。紧接着，右臂伸肘推池壁，使身体围绕贯穿腹背方向的矢状轴转动，头、肩露出水面，张口深吸气。与此同时，髋部下沉，两腿由于运动惯性而继续靠近池壁。紧接着，头、肩积极侧倒，右臂经头上方甩向游进方向，稍屈肘，以手指领先在头前插入水中，两脚继续向池壁贴靠。此时左手由下向上划水，帮助身体侧摆并使上体迅速沉入水中。完成转身时，身体没于水中成左侧卧姿势，躯干伸直对着游进方向，两臂稍屈，屈髋、屈膝，两脚右上左下贴在水面下约 30 厘米处的池壁上。

c. 蹬壁

健身者在完成转体动作后，两臂在头前并拢伸直，头夹在两臂之间，两腿用力蹬壁，髋、膝、踝依次迅速伸展，身体继续绕纵轴向左转。

d. 滑行和开始游泳

健身者在两脚蹬离池壁后，身体成流线型姿势在水下向前滑行。在滑行中，腹背肌保持适度紧张，臂、腿并拢并充分伸直，以减少身体在游进方向上的投影截面，减少滑行阻力。当滑行速度下降至接近正常游速时，立即开始打腿，接着做一次划臂使身体升至水面向前游进。

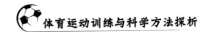

②爬泳前滚翻转身

前滚翻转身的速度较快，健身者在转身的过程中，手不触壁，身体先是围绕横轴前滚，再同时围绕横轴和纵轴转动，完成翻转后用脚触壁并用力蹬出。这种技术能很好地把向前的游进速度转化为旋转速度，故转身速度快。这种转身技术对健身者的技术要求较高，不适于初学者。

a. 游近池壁

游近池壁时尽量保持速度，并注意看池底的"T"形标志线，以准确地判断自己与池壁的距离，及时调整好划水动作。一般在距池壁 1.5~2 米时，即头部抵达池底"T"形标志线正上方或略超过时，做最后一次划水动作。身材较高或游进速度较快者做最后一次划水动作时可距离池壁远些，身体较矮者或游进速度较慢者则应近些。为了能在合适的位置做转身动作，在最后两次划臂期间不要转头呼吸，眼睛盯住池壁或池底"T"形标志线。

b. 转身

以右臂做最后一次划水为例。在转身前，左臂用力划水至大腿边停住，右臂入水后加速向后做最后一次划水至大腿旁。紧接着低头，并腿屈膝，两臂外旋使掌心转向下。随着头、肩的下潜，收腹屈髋，两手掌向下推压，两腿做一次轻快的海豚式打腿动作帮助提臀。此时头和背部受到水的强烈阻滞，上半身向前的运动趋于停止，而髋部和两腿仍继续向前运动，从而形成身体绕横轴的翻转。当向前滚翻臀部越过头部上方时，左手朝着头部的方向划水，使身体在继续向前滚翻的同时开始绕纵轴向右转动。当身体滚翻使两脚完全出水时，两腿屈膝，两脚迅速经空中甩向池壁。滚翻结束时，身体继续向右转成侧卧，两脚左上右下斜蹬在距水面约 20 厘米深处的池壁上，髋关节与膝关节都稍展开，两臂稍屈。在滚翻的过程中应始终用鼻慢慢呼气，以避免鼻腔进水。

c. 蹬壁

紧接着滚翻的结束，两臂前伸并拢，头夹于两臂之间，两腿用力蹬伸，身体继续绕纵轴向右转。

d. 滑行和开始游泳

两脚蹬离池壁后，身体继续绕纵轴转成俯卧姿势，全身充分伸展成一直线在水面下向前滑行。当滑行速度下降至接近正常游速时立即开始打腿，然后做第一次划臂动作使身体升到水面转入正常的途中游。

爬泳前滚翻转身的另一种形式是，身体先绕横轴完成正前滚翻成仰卧，然后在蹬壁和滑行的过程中再绕纵轴转体 180°成俯卧。

（3）仰泳转身

①仰泳平转身

平转身是仰泳转身中最简单的一种方式。平转身速度慢，动作简单，适用于初学者。

a. 游近池壁和触壁

对于仰泳来说，由于其是背向游进，所以对自己与池壁距离的准确判断比较困难。一般是当头部经过离池端 5 米的仰泳转身标志线下方时就开始数划水动作次数并调整划水动作。通过反复练习形成动力定型，做到准确触壁。

以左手触壁为例。健身者在游近池壁时，在右臂完成最后一次划水的同时，左臂经空中摆至头部右前方，同时头和肩偏向右侧，左手在右肩前方约离水面 20 厘米深入触壁。

b. 转身

左手触壁后，屈肘缓冲，身体因惯性而继续接近池壁，此时迅速屈膝团身收腿。由于触壁时左臂及头、肩的右偏，身体开始在水平面上绕垂直轴旋转，两腿屈膝并拢沿水面摆向池壁。此时左手向左推拨池壁，右手屈肘，掌心向内，朝自己头部的方向划水。左臂推拨池壁和右臂划水所产生的反作用力将加快身体的旋转。身体完成 180°平转后，两脚蹬在水面下约 30 厘米深处的池壁上，上体正对游进方向，两臂屈肘移至头侧。

头不出水的转身动作，上体较平，下肢位置较高，阻力较小。头抬出水面吸气的平转身动作，上体稍斜，下肢较沉，比较适合于初学者。

c. 蹬壁

健身者在完成转身动作后，两臂并拢向前伸出，头夹在两臂之间，两腿用力蹬伸，髋、膝、踝迅速伸展，身体伸直呈一直线以仰卧姿势蹬离池壁。

d. 滑行和开始游泳

健身者两脚蹬离池壁后，身体保持流线型姿势在水面下向前滑行。当滑行速度下降至接近正常游速时即开始打腿，然后接着做第一次划水动作使身体升至水面转入正常的途中游。

②仰泳前滚翻转身

需要注意的是，健身者在做前滚翻之前必须先使身体翻转成俯卧姿势，而滚翻之后正好成仰卧姿势，即可蹬壁滑行，不必像爬泳转身一样还要绕纵轴转成俯卧姿势。

由于做前滚翻转身时，身体团得紧，翻转半径短，同时能有效地将水平游进的速度转化为滚翻的速度，因而滚翻速度快。再加上滚翻之后身体即成仰卧姿势，双脚一触壁马上就可蹬壁，因而滚翻与蹬壁动作连得紧。整个动作圆滑、紧凑、快速，对于初学者来说较难掌握，可等运动水平提高后再做此练习。

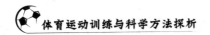

第二节　益智休闲运动训练

一、中国象棋

（一）中国象棋运动概述

一般的，中国象棋在中国都被统称为象棋，具体来说，这是一种两人轮流走子，以"将死"或"困毙"对方将（帅）为胜的健智性体育娱乐项目。这项运动棋具简单，老幼皆宜，在中国有着广泛的群众基础。通过下象棋，人们可以达到提高智力、陶冶情操、调剂身心、增进交流的目的。

象棋于春秋战国时期就已出现，唐宋时期称为"象戏"，直到北宋后期才定型成如今的样式。古代流传至今的有关研究象棋的著书和棋谱，明清时代出版最多，其中以明朝徐芝的《适情雅趣》、朱晋帧的《橘中秘》、清朝王再越的《梅花谱》和张乔栋的《竹香斋象戏谱》最尤为著名。

中华人民共和国成立以后，象棋得到了前所未有的发展。1956 年起象棋被列为国家体育运动项目，全国性的象棋比赛也开始出现，许多省、市、自治区还先后成立了协会、棋院、棋社、棋校等组织。由于群众性棋类活动的普及和比赛的开展，长期以来象棋名手辈出，大众棋艺水平普遍得以提高。

象棋在东南亚地区也有着较为广泛的流传。近年来，亚洲各国之间的象棋交往逐渐增多，尤其亚洲象棋联合会成立后，亚洲国家或城市间多次举行了比赛，促进了中国象棋向世界的推广。目前，中国象棋，这项中华民族智慧的结晶，在世界上已吸引了愈来愈多的爱好者，并已逐步成为世界人民共同的精神财富。

（二）中国象棋对弈方法常识

中国象棋对弈的方法和常识，主要分为以下几个方面。

1. 走棋

对局时，由执红棋一方先行，以后双方轮流各走一着，直到分出胜负或走成和局为止。走棋一方将棋子从棋盘一个交叉点挪到另一个空着的交叉点上，或吃掉对方某一交叉点上的棋子后占领那个交叉点，都算走了一步棋，双方各走一步棋为一个回合。

各种棋子的走法如下所示。

（1）将、帅

只许在九宫内活动，每步棋前进、后退、横走均可，但不许走出九宫，一次只能走一格。

（2）士

只许沿着九宫内斜线活动，每步只能走一格，进退均可。

（3）象、相

不许越过河界，每一步棋可以沿着对角线斜走两格（俗称相走"田"字），进退均可。若"田"字中心有其他棋子时，则不能跳过（俗称"塞象眼"）。

（4）车

可以沿着所有直线或横线随意行走，进退均可，但不可越过其他棋子跳着走。另外，它还可以吃掉棋子后占据这个棋子的位置。

（5）马

只能沿着"日"字形的对角线走（俗称马走"日"字），可退可进。但在马行走的方向上，与马紧邻的交叉点有其他棋子时，马就不能跳过去（俗称"蹩马腿"）。

（6）炮

在不吃子时，每一步棋的走法与车完全相同。

（7）卒、兵

在没过河界时，每步棋只能沿直线向前走一格，过了河界，则可以左右走一格。卒（兵）在任何时候都不能后退。

2. 吃子

吃子除炮以外，其余棋子吃法与走法完全相同，也就是说当棋子可以走到的位置上有对方棋子存在，就可以运用棋子走法把它吃掉，而占领那个位置。而炮吃子与它的走法不同，它必须沿着所在直线或横线隔一个棋子（不论哪一方）跳吃（俗称"隔山打炮"）。另外，将（帅）不可在同一直线上面对，主动将将（帅）与对方的帅（将）面对意味着送吃。

3. 将军、应将、将死、困毙

一方棋子攻对方的将（帅）并在下一着将其吃掉，称为将军。被将军的一方必须立即应将，即必须进行防护，如果无法应将则被将死。轮到走棋一方，将（帅）虽未被将军，但被禁止在一个位置上无路可走，同时己方其他子也不能走动，称为困毙。

4. 常用术语

中国象棋的常用术语，主要有以下几个方面。

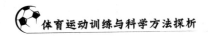

（1）将军

对局中，一方的棋子攻击对方的帅（将），并在下一着要把它吃掉，称为"将军"，或简称"将"。

（2）应将

被"将军"的一方所采取的反击、躲避或防卫的着法。

（3）将死

如果被"将军"而无法"应将"，就算被"将死"。

（4）困毙

轮到走棋的一方，帅（将）虽没被对方"将军"，却被禁在一个位置上无路可走，同时该方其他棋子也都不能走动，就算被"困毙"。

（三）中国象棋运动基本规则

中国象棋运动的基本规则主要有以下几个方面：

（1）摸子走子：规则规定，手摸到哪个棋子，就要走哪个。如果所摸的棋子超过一个，应该走最先触摸到的棋子。

（2）落子无悔：一着棋走完后，不许更改。若棋子在棋盘上滑行，则接触的第一个交叉点就是落子点，并记违例一次。

（3）对方得胜对局时，一方出现下列情况之一，就算输棋，对方得胜。

①帅（将）被对方"将死"。

②被"困毙"。

③走棋违犯禁例，应当变着而不变。

④自己宣布认输。

（4）和棋对局时，出现下列情况之一，就算和棋。

①属于理论上公认的双方均无取胜可能的局势。

②一方走出自己轮走的一着棋之后，提议作和，对方表示同意。

③双方走棋出现循环反复已达三次，符合"棋例"中"不变作和"的有关规定，又均不愿变着时。

二、中国围棋

（一）围棋运动概述

作为一项竞技运动，围棋中蕴含着显著的科学性、艺术性、趣味性特点。围棋也称

"弈""弈棋"等。围棋起源于四千多年前的我国原始社会末期，有"尧造围棋，丹朱善之"之说。到春秋战国时代，已在民间广泛流行，当时的围棋名手齐秋，被誉为我国棋类活动的祖师。围棋盘也由十三道演变为十五道、十七道。我国现行的十九道棋盘始于东汉时期。南北朝是我国围棋发展的重要时期，北周时所著《弈经》是今存最早的围棋论著。古代围棋盛行于唐代，乾隆中期为鼎盛时期。古代围棋也称座子棋，即在对弈之前，双方各自先在对角星上放上两子。座子棋阻碍了角上的变化，进而阻碍了布局的变化。

（二）围棋对弈方法常识

1. 围棋的基本知识

（1）棋子的气

棋子下在棋盘上，其上、下、左、右以直线紧连的交叉点，均称为棋子的"气"，无气的子必须从棋盘上拿掉。可见，"气"是棋子在棋盘上生存的最基本条件。

（2）棋子的连接

下围棋时，一定要对棋子的连接引起重视，究其原因，主要是由于连接在一起的棋子，气是合并计算的，因此，这就要求一定要先对哪些棋子连接在一起，而哪些棋子没有连接在一起是进行充分的了解。

（3）提子

把无气之子提出盘外的手段叫提子，俗称吃子。

（4）打劫与打二还一

双方互相可以提取对方一子的状况称劫。

（5）围棋的死活

围棋的死活与以下几个方面有着密切的关系，具体如下。

①眼

不懂得棋的死活同样无法下围棋。在死棋、活棋的基础知识中，首先要明白眼的概念。用棋子围成的一个或若干个点，这个点或若干个点就叫做眼。眼分真眼和假眼两种。

②两眼活棋

一块棋如果没有眼，一般是死棋，仅有一只眼，也只有一气，对方投一子就被提掉。因此，一块棋要有两只以上的真眼，才是活棋。

③公活

一般地讲，一块棋应具备两只眼才能成为活棋，但在特殊情况下，单眼、假眼或无眼也可成为活棋，这种特殊的活棋形式称公活或双活。

2. 吃子的基本手法

一般来说，围棋吃子的基本手法主要有以下几种：

（1）双打

下一着棋同时打吃对方的两棋子，形成两者必得其一的棋形称双打。

（2）征吃

下一着棋打吃对方，以后能够步步追吃到底并提掉对方棋子的手段叫征吃，俗名也叫扭羊头。

（3）枷吃

下一着棋能封住对方，使其不能逃脱的手段叫枷吃或封吃。

（4）扑吃

在对方的虎口中入子使其气紧，如果对方提吃，仍可再吃掉对方若干棋子的手段称扑吃或倒扑。

（5）接不归

若干棋子被追杀，通过紧气后，最终不能完整连回，而被吃掉一部分的着法称接不归。

（6）滚打包收

采用扑、打、枷等一系列手段，将敌子围成凝重棋形，再从外部将敌子围紧吃掉的着法称滚打包收。

（三）围棋运动基本规则

围棋运动的基本规则较为简单，主要包含以下几个方面的内容：

（1）对弈双方各执一色棋子，黑先白后，交替下子，每次能下一子，直到终局。

（2）棋子必须下在棋盘的点上。

（3）棋子下定后，不得向棋盘上其他点移动。

（4）没有气的棋子必须从棋盘上拿掉。

（5）不能在下子后该子立即呈无气状态，同时又不能在提起对方棋子的地方下子。

（6）提"劫"必须隔着。

（7）采用数子法计算胜负。终局时，先将双方死子全部清出盘外，然后对一方的活棋（包括活棋围住的点）以子为单位进行计数，多者为胜。

第三节　武术运动训练指导

一、武术的内容和分类

我国历史悠久，地域辽阔，伴随着这个特点产生发展的武术运动可谓根深叶茂，内容丰富而且分类方式繁多，一般按运动形式将武术分为三大类。

（一）功法运动

功法运动是以单个武术动作作为主体进行练习，以达到健体或增强某方面体能的运动。例如，专习浑圆桩可以调心、调身、调息，长时间站马步桩可以增强腿力等。

传统功法运动的内容丰富多彩，按其形式与内容可分为内养功、外壮功、轻功、硬功4种。其中前人根据实践经验总结出来的一些功法沿用至今，如"拍打功""沙包功"等仍是提高武术专项技能的有效训练方法与手段。

（二）套路运动

套路运动是指以技击动作为主要内容，以攻守进退、动静疾徐、刚柔虚实等矛盾运动的变化规律编成的整套练习形式。一般按练习形式分为单练、对练、集体表演。

1. 单练

是指单人练习的套路运动。其中包括拳术与器械两种形式。

（1）拳术

指徒手练习的套路运动。拳术的种类很多，如长拳、太极拳、南拳、形意拳、八卦拳、通背拳、象形拳等。

（2）器械

指手持武术兵器进行练习的套路运动。器械又可分为长器械、短器械、双器械、软器械等。目前最常见的器械是刀、剑、枪、棍，它们也是武术竞赛的主要项目。

2. 对练

指在单练基础上，由两人或两人以上，在预定条件下进行的假设性攻防练习套路。其中包括徒手对练、器械对练、徒手与器械的对练等。

3. 集体表演

指6人以上徒手或手持器械同时进行练习的演练形式。练习时可变换队形，也可采用

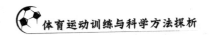

音乐伴奏，要求队形整齐，动作协调一致。

（三）搏斗运动

搏斗运动是两人在一定条件下，按照一定的规则，根据双方的攻防实际情况，运用相应的功防技法进行的实战练习形式。目前武术竞赛中正在开展的有散打、太极推手等。

1. 散打

又称散手，古称手搏、白打等，由于徒手相搏、相角的运动形式在台子上进行，又称"打擂台"。现在的散打是两人按照一定的规则使用踢、打、快摔等方法制胜对方的竞赛项目。

2. 太极推手

太极推手是两人遵照一定的规则，使用太极拳技法的掤、捋、挤、按、採、挒、肘、靠等方法，双方粘连黏随，寻机借劲发力将对方推出，以此决定胜负的竞赛项目。

（四）武术的特点和作用

1. 武术的特点

（1）攻防技击性

武术作为体育项目，动作具有攻防技击性仍然是它的本质特征，如散打的技术与实用技击术基本是一致的，集中体现了武术攻防格斗的特点，只是从体育的观念出发，以不伤害对方为原则，严格规定了禁击部位和保护器具。作为中国武术特有表现形式的套路运动，虽然拳种不同，风格各异，有的还具有地方特色，但无论何种套路，其共同特点是以踢、打、摔、拿、击、刺等攻防动作构成套路的主要内容。虽然套路中不少动作的技术规格在原技击动作的基础上略有变化，或因连接贯串及演练技巧的需要，穿插了一些不具备攻防意义的动作，但通过一招一式表现攻与防的内在含义仍然是套路技术的核心。

（2）内外合一，形神兼备的民族风格

讲究动作形体规范，又求精气神传意，内外合一的整体运动观，是中国武术的一大特色。所谓内，指人的精神、意识和气息的运行；所谓外，指人体手眼身步的活动，如太极拳要求"以意识引导动作"，形意拳讲究"内三合、外三合"。套路演练在技术上特别要求把内在的精气神与外部的形体动作紧密结合，做到手到眼到，形断意连，使意识、呼吸、动作协调一致。这一特点充分反映了武术作为一种文化形式在长期的历史演进中备受中国古代哲学、医学、美学等方面的渗透和影响，形成独具民族风格的运动形式和练功方法。

（3）广泛的适应性

武术的内容和练习形式丰富多样，不同的形式和内容都有与其相适应的各种练功方法，其动作结构、技术要求、运动风格和运动量不尽相同，分别适应不同年龄、性别、职业、体质的需要，人们可以根据自己的条件和兴趣爱好加以选择。同时，武术运动不受时间、季节的限制，场地器材也可以因陋就简，这种广泛的适应性给开展群众性体育活动创造了有利条件。

2. 武术的作用

（1）强身健体作用

武术之所以从军事技术分离出来，其中的一个重要原因是，练习武术对身体有着良好的影响，能起到强身健体的作用。练习武术时，无论是人体大的肌肉群，还是一些小的关节韧带，无论是人体外部的各个部位，还是内在的精神、意识、呼吸，都需协同作用，因此对人体的锻炼是全方位、多层次的。千百年来人们的习武实践和近年的科学研究都表明，武术注重内外兼修，对身体有着多方面的良好影响，经常练习可以收到壮内强外的健身效果。

2. 防身技击作用

武术由我国古代的技击术发展而成，其直接来源是攻防格斗。尽管现代的武术属于体育的范畴，然而技击性仍然是它的本质属性。通过练拳习武，不仅可以提高人体的各种身体素质，而且可以掌握一定的攻防技法，起到防身自卫的作用。另外，武术散打项目更是以攻防格斗为目的，坚持长期系统的学习，不仅可以提高防身自卫能力，还可以为国防、公安建设服务。

（3）教育娱乐作用

中华民族素有"礼仪之邦"之称，根植于中华传统文化土壤中的中华武术，也必然以具有浓郁的伦理思想色彩为其主要特色，尚武与崇德便成为习武实践密不可分的两个方面。中华浩浩历史长河中，戚继光等无数民族英雄和武术家，无不是德行和技艺同时修炼，甚至德先于技。实行尚武与崇德的教育，无疑可以陶冶人们的思想情操。另外，艰苦的习武实践，对于培养人们良好的生活习性和意志品质也具有积极作用。

中华武术独有的审美情趣也给武术增添了无穷的魅力。套路运动的动静疾徐、起伏跌宕，散打运动的巧妙方法、激烈对抗，不仅能培养人们的审美情趣，给人以美的教育，还能在节庆集会时丰富人们的业余文化生活，带给人们美的享受。同时，以武会友，切磋技艺，还能扩大交往，交流思想，增进友谊，能为东西方的文化交流做出贡献。

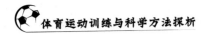

（4）经济作用

不同的历史时期，武术表现的价值功能侧重点不同。随着我国社会主义市场经济的逐步建立，传统的武术在体育产业化过程中所表现出的经济价值越来越被更多的有识之士认同。首先，作为一种精神产品，武术能不同程度地满足人们对精神文化生活的需求。各种武术表演、比赛以及武侠文学和影视，在丰富人们文化生活的同时，也带来了巨大的经济效益。其次，武术作为一种劳务，在进行武术教学、训练以及辅导等活动时，也具有一定的经济效益。另外，作为一种资源，武术还能够带来相关产业的发展，如武术服装、器材以及各种武术书籍、期刊、音像制品等武术附属产品的销售，还有各种国际武术文化节等，都是以武术搭台相信随着改革开放的深入，武术发挥的经济效益将会越来越大。

二、武术的训练

（一）套路运动训练

1. 训练内容

根据武术套路运动的特点和训练目的，训练内容可分为：身体训练、技术训练、心理训练和智能训练。

（1）身体训练

身体训练的目的在于提高学生的身体机能和素质，为技术水平的提高打下良好基础。它包括一般身体训练和专项身体训练。

①一般身体训练：主要是增强学生身体的健康水平，提高各器官系统的机能，全面发展身体素质。而其中又以身体素质的训练为主要内容。多采用其他运动中的各种跑、跳、举等练习方式进行训练。

②专项身体训练：系指与武术专项技术有直接联系的身体训练。采取与武术技术动作结构、动作方向、速度、幅度及用力性质有关的练习手段，来增强学生身体的武术活动能力，为学习、改进、提高武术技术动作提供直接的身体条件。武术基本功是训练专项身体素质的最佳途径，其中的腰、腿、臂、桩四功对身体主要部位的素质训练起着积极有效的作用。

（2）技术训练

技术训练是训练工作中的核心环节，它分为基本技术训练、基本动作训练和套路技术训练。

①基本技术训练。武术中的基本技术，是从武术运动实践中提炼出的规范化的常用技术，只有将基本技术做的标准、规范，才能更好地保证套路完成的质量。它主要包含三方面的内容：

a. 动作的发力顺序：武术竞赛规则中强调动作要劲力充足、用力顺达、力点准确、发力完整。而发力顺序则是劲力体现的重要所在。因此在训练中应解决动作发力的顺序性，使之身体各部位间协调配合，按照一定的顺序进行用力。

b. 动作技击特点：武术动作的技击特点是基本技术的重要因素。因此，在训练各种基本技术动作时，要掌握并体现出左顾右盼、声东击西、指上打下、攻防兼有的攻防意识和动作特点。

c. 八法的协调配合：武术运动中的八法，是指动作时手、眼、身、步、精、气、力、功八个方面。要求做到"拳如流星，眼似电；腰如蛇行，步赛粘；精要充沛，气宜沉；力要顺达，功宜纯"。

②基本动作训练

基本动作是指典型的、常用的，但又比较简单的动作。一般包括：手型、手法、步型、步法、腿法、身法、平衡和基本跳跃等内容。并随技术水平的发展提高而逐步增多。在训练中，对基本动作的姿势必须严格要求，做到一丝不苟，以便形成准确的动力定型，为套路演练打下良好的基础。

③套路技术训练

套路技术训练，是指提高套路的演练技巧和水平，不断增强身体素质、机能，取得最佳的运动成绩。训练的形式有以下几种。

a. 分段训练：是指把整套动作分成若干段落进行反复练习。主要是解决局部动作的技术和节奏等问题，强化、改进段落的技术质量。根据训练目的和任务，可分为重点段、难度段、高潮段、起势段和收势段来进行训练。

b. 整套训练：是把在单个动作和分段训练中获得的动作规格、速度、节奏及意识的表现技能在成套训练中加以运用，增强高质量完成整套动作的能力。重点是要处理好整套的节奏和体力的分配，使其表现出动静分明、刚柔相济、章法清晰的演练效果。

c. 超套训练：是指一次上场完成一套以上数量的练习。其目的是增强"套路耐力"，提高无氧代谢能力，培养顽强的意志品质。

d. 对练套路训练：采用的训练步骤和方法一般有单人基本方法练习，双人配合练习，先慢练后快练，先分解练后整套练等，使之逐步达到方法准确，配合默契，攻防逼真的效果。

（3）心理训练

心理训练是指通过各种手段有意识地对学生的心理过程和个性特征施加影响，使学生掌握调节自己心理状态的各种方法，为更好地参加训练和争取优异成绩做好各种心理准备的训练过程。它主要分为一般心理训练和短期心理训练两部分。

2. 训练计划的制定

训练计划是对未来训练过程预先做出的理论设计，是运动训练过程的重要决策之一。训练计划一般包括多年计划、年度计划、周计划和日计划。

（1）多年计划

武术的多年训练计划一般分为基础训练阶段、专项提高阶段、最佳竞技阶段和竞技保持阶段。计划中主要有总任务、情况分析、训练指标和各阶段的主要内容。

①基础训练阶段：主要任务是打好武术技术基础和体能、智力、心理的全面基础。内容以基本功、基本技术、组合动作、长拳套路和一般身体素质的训练为主。

②专项提高阶段：主要任务是提高武术竞技能力。进行全面套路技术的掌握和专项所需的身体素质与机能的训练。

③最佳竞技阶段：主要任务是创造武术竞技的优异成绩。内容以"升华"专项技术为主线，进行提高完成套路动作质量和演练技术，以及专项所需的心理素质和发展难新动作的训练。

④竞技保持阶段：主要任务是保持高水平竞技能力。进一步发展专项身体素质和专项技术技巧，并进行编创适应个性的套路和比赛中心理稳定的训练。

（2）年度计划

年度训练计划主要是围绕年内的竞赛任务，来安排运动负荷控制、训练内容和手段。年度计划一般划分为以下 4 个周期进行训练。

①准备期

训练内容以提高全面身体素质和机能，掌握和改进武术基本功、基本技术为主。时间为 4~5 个月。

②基本期

训练内容以套路技术训练为主，着重专项素质和套路质量的提高，并安排适宜的心理训练。时间为 2.5~3.5 个月。

③竞赛期

训练内容是进一步精雕细刻套路技术，提高难度的稳定性，并通过各种形式的比赛提高适应和应变能力，促进竞技状态向最佳水平发展，参加比赛，创造优异成绩。时间为

1.5~2 个月。

④过渡期

训练内容以整改、学习和一般性活动为主，进行积极性休息、调整，以便消除疲劳，总结经验。时间为 1~1.5 个月。

（3）周计划

周训练计划是组织实施训练的极为重要的基本单位。根据训练任务的不同，可把周训练分为基本训练周、赛前诱导周、比赛周和恢复周 4 种类型。

①基本训练周

是采用最多的一种，主要通过负荷的改变促使机体出现新的适应，来提高竞技能力。又分为加量周、加强度周、强化训练周等，根据不同情况用于准备期及竞赛期。在内容上应用节奏交叉的负荷训练，以利于运动者接受大负荷训练和负荷后的恢复。基本功训练和身体训练可着重训练部位的交替，套路训练可进行不同项目的交替。

②赛前诱导周

主要任务是更有效地发展参赛套路的竞技能力，在内容上以参赛套路内容为主，在练习形式上更接近于比赛要求。

③恢复周

主要是通过降低训练负荷和改变练习内容，消除比赛带来的生理、心理上的疲劳。

4. 日计划

日训练计划又称课时训练计划（即课时教案），它应根据各周的任务要求和训练内容进行具体安排。一般包括每次课的目的与任务、日期、训练时数、训练次数、训练内容、训练方法及要求、运动负荷、课程组织等。

（二）散手运动训练

散手运动训练主要包括身体训练、技术训练、战术训练和心理训练。

1. 身体训练

身体训练是指在运动训练过程中运用各种训练手段，改善运动者的身体形态，发展运动素质，提高机体机能和健康水平的训练。散手身体训练是技、战术训练的基础和进行散手比赛的有力保证。它主要有以下内容与方法：

（1）力量训练

力量训练在散手中占有重要位置。抱、扛、摔需要最大力量；出拳、出腿既要有速度，又要有力度；攻防中反复完成技术动作和战术动作并使之不变形，则需力量耐力。因此，训练中应着重发展运动者的最大力量、快速力量和力量耐力。常用的方法有重复法、强度法、极限法、静力法、循环法、间歇法以及阶梯式训练法等，以进行各种负重和持重的力量练习。

（2）速度训练

速度素质是运动者进行快速运动的一种能力。由于散手运动的技战术都是以不同的速度形式表现出来的，因此速度能力决定着散手技战术运用和发挥的成效。按速度在散手中的表现形式，又可分为反应速度、动作速度、动作频率和位移速度。常采用的方法有通过打移动靶、条件实战、空击训练、负重训练以及比赛等，来进行视动反应、重复反应、预先激发和变速训练。

（3）耐力训练

耐力素质是人体在长时间负荷下抵抗神经、肌肉疲劳以及疲劳后迅速恢复的能力。散手比赛要求运动者具备坚持到比赛结束的充沛体力，以保证技巧战术的运用和发挥。所以，耐力素质对散手运动的影响十分显著。散手耐力素质的训练则包含有氧耐力和无氧耐力以及体力训练三种。多采用长时或短时的持续训练和强化性间歇训练方法，进行台阶跑、越野跑、跳绳、空击、打沙袋、打脚靶，以及"坐桩"式实战等练习。

（4）柔韧训练

柔韧素质是指人体各关节的活动幅度和肌肉、韧带的伸展能力。散手运动对柔韧素质的要求很高，如果柔韧性训练不足，往往会造成肌肉、韧带僵硬，动作幅度小，不仅直接影响散手技击技能的提高，而且会阻碍力量、速度、协调能力的发展，还易使运动者在训练中发生损伤。柔韧训练包括肩、臂、腕、腰、髋、腿、踝等部位，常采用动力拉伸和静力拉伸相结合的方法，其中又有主动训练和被动训练两种方式。

（5）灵敏训练

灵敏素质是指身体在短暂时间中变换位置的能力，是运动者各种素质和技击技能在运动过程中的综合表现，它取决于运动者的爆发力、动作速度、反应速度、协调能力等。训练方法有：静物躲闪、躲闪摸肩、多吊袋摆荡闪身及各种游戏性练习等。

（6）功力训练

功力训练是指以提高打击力量和抗击打能力为主要目的一种专门性训练手段。它融力量、速度、耐力、柔韧等身体素质为一体，是散手运动者必备的一项能力和独特的练习形式。击打力量训练的方法有：打沙袋、打脚靶、打墙靶、打木桩等。抗击打训练的方法有：拍打功、倒地功、靠撞练习等。

（7）眼法训练

"眼为人之苗""拳技以眼为尊"。一双锐利的眼睛能使人心理上受到刺激，同时能及时发现空档，给予有力的打击，还能以此迷惑对手，造成错觉。眼睛的视觉分为定点视觉、周围视觉和感应视觉。训练的方法有：定视练习、观察练习、感应练习和假设性练习等。

2. 技术训练

散手技术，是双方在格斗时，为合理有效地击中、摔倒对方而充分发挥身体能力的动作方法。散手技术训练，则是指在散手训练过程中运用各种技术练习手段，改进技术动作方法，提高运动者技术水平和运用能力的训练。技术训练的方法主要有以下几种：

（1）空击练习

空击练习是熟练自如地掌握动作技术的重要训练手段，并能以此来加强和改善神经传导通路的信息传递功能，进而提高动作的应变能力和反应速度。空击练习可分为个人单体技术空击、个人组合技术空击和随机组合空击三种形式。

（2）不接触式的攻防练习

是在排除阻抗条件的前提下，两人进行的攻防练习。目的是提高对对方攻防动作的判断和及时做出相应的动作反应的能力。它又可分为一攻一防和相互攻防式练习。

（3）模拟练习

是为提高某个单体或组合动作的运用能力，由助手使用规定的方法反复地向练习者递招，而练习者则根据递招的具体情况做出相应的攻防动作，以此来提高反应速度，建立稳定的条件反射，直至动作技术的运用进入自动化阶段。

（4）条件实战练习

是指有条件限制的实战，是为提高运动者的某种技术能力而设置的、具有较强针对性的训练手段。包括拳的实战、腿的实战、摔的实战、拳与腿的实战、拳与摔的实战、腿与摔的实战等。

3. 战术训练

散手战术，是根据比赛双方的具体情况，为战胜对方而采取的计策和方法。散手战术训练是指在散手训练过程中运用各种战术练习手段，培养运动者的战术意识，提高熟练、准确运用战术能力的训练。战术训练的方法主要有下列几种。

（1）假设性训练

是设想对方各种不同的打法，"身临其境"，假设性运用相应的打法形式。这种想练结合的方法，主要目的是培养战术意识，掌握各种战术的具体用法。

（2）战例分析训练

是从比赛录像中选择一些反应战术特点和应用战术较典型的片段，组织运动者观看。借助声像获得的直观印象，启发运动者的综合分析能力，研究战术运用中的特点和问题，制定切实可行的战术方案。

（3）战术分解训练

一种战术形式一般要由几个技术动作组成，为了使每一个技术动作掌握的牢靠、扎实，可先分解进行训练，有一定质量后再进行完整的战术形式训练。

（4）模拟训练

是采取效仿不同战术训练所需的动作，陪队员练习的一种方法。这种方法主要是模拟各种战术观念和个性特征的对手，以提高练习者的适应能力和战术运用能力。同时也可以模拟比赛环境和条件等。

（5）条件实战

是根据战术训练的需要，在规定一定的内容或使用动作的范围内，进行对抗战术训练。组织方法可固定对手，也可根据需要轮流"坐庄"，但重点都应放在培养练习者的战术意识和战术运用能力方面。

（6）实战比赛

是训练和检验战术运用效果的唯一手段。训练中的条件和环境必须按照竞赛规则的要求，以丰富运动者的临场比赛经验，培养和锻炼其运用战术的能力。同时也可根据比赛需要，安排有特定条件的对抗实战。

参考文献

［1］刘建．体育运动与科学训练［M］.长春：吉林出版集团股份有限公司，2022.

［2］樊文娴，马识淳，王冬枝．高校体育教学与大学生体育运动管理［M］.长春：吉林出版社，2022.

［3］翟一飞．体育运动促进青少年体质健康的攻略研究［M］.哈尔滨：东北林业大学出版社，2022.

［4］侯彦朝．现代体育教育与运动训练协同发展研究［M］.长春：吉林人民出版社，2022.

［5］白震，李德玉，史国轻．大学体育与户外运动［M］.长春：吉林人民出版社，2021.

［6］谢宾，王新光，时春梅．高校体育教学与运动训练研究［M］.长春：吉林人民出版社，2021.

［7］赵禹，王红杰，陈志华．体育运动学［M］.北京：航空工业出版社，2020.

［8］李兴昌．体育运动科学理论探索［M］.长春：吉林美术出版社，2020.

［9］沈竹雅．大学生体育运动与体育文化研究［M］.长春：吉林出版集团股份有限公司，2020.

［10］龙军．大学生体育运动与健康［M］.成都：电子科技大学出版社，2020.

［11］钟贞奇．大学生体育健康与体育运动［M］.长春：吉林人民出版社，2020.

［12］丁霞．大学生体育锻炼与户外运动［M］.长春：吉林人民出版社，2020.

［13］岳慧灵．体育课程运动处方教学模式［M］.长春：吉林人民出版社，2020.

［14］蔡开疆，郭新斌，宋志强．体育运动与教学指导［M］.天津：天津科学技术出版社，2019.

［15］覃朝玲，付道领．体育运动中的科学［M］.重庆：西南师范大学出版社，2019.

［16］唐进松，陈芳芳，薛良磊．现代体育运动训练理论与方法探索［M］.北京：中国商务出版社，2019.

［17］于洋．高校体育运动理论与训练方法实践研究［M］.北京：北京工业大学出版

社，2019.

[18] 房殿生，蔡友凤．新视角下休闲体育运动理论与方法研究［M］．北京：北京工业大学出版社，2019.

[19] 郭庆．体育运动中的体能训练分析［M］．北京：北京工业大学出版社，2019.

[20] 刘建进，沈翔，唐芳武．大学生体育运动［M］．青岛：中国海洋大学出版社，2018.

[21] 冯婷．体育运动与训练研究［M］．北京：九州出版社，2018.

[22] 杨烨．大学生体育运动技能准则［M］．上海：上海教育出版社，2018.

[23] 王云峰，王学成．教学改革视角下体育运动开展的理论与实践指导［M］．北京：中国商务出版社，2018.

[24] 周梅芳．大学体育运动与康复训练研究［M］．西安：西安交通大学出版社，2017.

[25] 何巧红．大学体育文化与运动训练研究［M］．长春：吉林科学技术出版社，2020.

[26] 张鹏．高校体育文化教育与运动研究［M］．长春：吉林科学技术出版社，2020.

[27] 陈正江，华景梅，杨添朝．大学体育教育理论与运动实践指导教程［M］．北京：北京工业大学出版社，2020.

[28] 张世榕．大学体育［M］．北京：北京理工大学出版社，2020.

[29] 马超．高校体育教学与训练研究［M］．长春：吉林出版集团股份有限公司，2021.

[30] 朱晓菱，倪伟．体育健康与实践［M］．上海：上海大学出版社，2021.